人權思潮導論

卓春英主編

蔡明殿、廖福特、施正峰
黃松林、高德義、林佳和
李明峻、林雍昇、余永禧
江雅綺等著

序

　　2004 年春天，我有機會受美國東西文化中心邀請，前往加州大學柏克萊分校短期研究，參加 Rachel Shigekane 教授的 Introduction to International Human Rights 課程。這個課程以 Rachel Shigekane 教授從各項人權主題論述彙編而成的講義為題綱，提供學生全面而精闢的見解，課程時間不長，但我受益良多。

　　回國後，我深感台灣人權教育仍有許多改善空間，因此邀請各界耕耘人權議題的學者專家，針對大學新鮮人，以由淺入深的方式，撰寫人權入門的教材。從介紹國際性的人權思潮開始，並結合台灣本土案例，希望能結合眾力，讓更多人關注台灣的人權發展。

　　2005 年，承蒙當時高執行長英茂的促成，獲得台灣民主基金會的贊助，展開此項出版計畫。期間有許多學者專家的熱情參與，終於完成本書：書中計有人權理論導讀、原住民人權、婦女人權、醫療人權、兒童人權、勞動人權、移民人權、反恐與人權、戰爭與人權等九項議題，涵蓋層面由全盤性的人權理論至具體的人權議題。

　　雖然本書是國內首次嘗試編寫一本給大學新生的人權入門教材，體例錯誤疏漏之處難免，期待各界高明指正，但書中所呈現對人權關懷的熱情，則永遠不熄，希望可以與有心人權教學者互相切磋、參考。

　　這本人權入門書的出版，要特別感謝各位撰寫稿件的學者專家：蔡明殿理事長、廖福特教授、施正峰教授、黃松林教授、高德義教授、林佳和教授、李明峻教授、及林雍昇教授（以上按所撰寫章節排序）。另於附錄中收有高醫大語言治療師余詠禧女士所撰之

醫療人權文章，及英國 Leeds 大學法學研究所博士生江雅綺小姐所譯
Hilary Charlesworth、Rhonda Copelon 教授所著婦女人權相關文章，
在此一併感謝。

卓春英

目次

《人權思潮導論》各篇作者及譯者簡介

序

作者：卓春英（前總統府公共事務室副主任，中山大學公共事務管理研究所教授、現任長榮大學社工系教授。香港中文大學社會福利研究所博士，歷任高雄縣副縣長、台灣省政府委員、行政院南部聯合服務中心執行長、總統府機要室副主任等要職，為本「人權思潮導論」出版計劃發起人與主持人）

人權理論導讀——棒球與人權

作者：蔡明殿（現任國際特赦組織台灣總會理事長）

婦女人權導讀

作者：廖福特（英國牛津大學法學博士，曾任台灣人權促進會執行委員、行政院人權保障推動小組委員、總統府人權諮詢委員會副主任委員，現任中央研究院法律研究所籌備處副研究員）

醫療人權導讀

作者：蔡明殿（現任國際特赦組織台灣總會理事長）

原住民人權導讀

作者1：施正峰（美國俄亥俄州立大學政治學博士，現任淡江大學管理學院公共行政學系專任副教授）

作者 2：黃松林（英國新堡大學社會政策與立法博士，現任屏東美和技術學院助理教授、台灣省社會發展研究學會理事）

作者 3：高德義（國立政治大學政治學研究所博士，現任國立東華大學民族發展研究所助理教授）

兒童人權導讀——認識兒童人權

作者：蔡明殿（現任國際特赦組織台灣總會理事長）

勞動人權導讀

作者：林佳和（台灣大學法學博士，現任文化大學勞動暨人力資源系助理教授）

移民人權導讀——外國人的人權

作者：李明峻（華梵大學通識中心講師，曾任政治大學國關中心助理研究員、台灣國際法學會副祕書長、行政院公投審議委員會委員，現任台灣國際法學會副秘書長）

戰爭與人權導讀

作者：林雍昇（雲林科技大學科法所講師，現任歐盟協會理事、台灣國際法學會監事）

反恐與人權導讀

作者：林雍昇（雲林科技大學科法所講師，現任歐盟協會理事、台灣國際法學會監事）

附錄一　醫療人權

作者：余詠禧（美國杜魯門州立大學溝通障礙系碩士，現任高雄醫
　　　學大學附設中和紀念醫院耳鼻喉科語言治療師，及中華民國
　　　聽力語言學會聽語諮詢委員）

附錄二　獨立的婦女人權？

作者：Hilary Charlesworth（現為澳洲國立大學法律系教授，亦是該
　　　校國際法及公法研究中心的主任）
譯者：江雅綺（現為英國里茲大學法律學研究所博士生，真理大學
　　　財法系講師）

附錄三　親密關係中的暴力──家暴與虐待

作者：Rhonda Copelon（現為美國紐約市立大學法學教授，並為該校
　　　國際婦女人權研究中心主任）
譯者：江雅綺（現為英國里茲大學法律學研究所博士生，真理大學
　　　財法系講師）

人權理論導讀
——棒球與人權

蔡明殿

壹、前言

　　棒球是拿棒子打球，人權是談人的權利。原則上這兩句話都沒有錯，但是棒球有各類的遊戲規則而人權也有各類的學說和詮釋，兩者雖都不是極複雜，但有必要認知的是，兩者也都有一定的規範。

　　今天在我國境內，從小學生到職棒，到處都有人在玩棒球，同時也隨時有人在論人權，再經由各類媒體的重複報導，至今深植人心的是台灣人權不及格的錯覺。近年每到兒童節，就有人開記者會說兒童人權不及格；到了三月八日國際婦女節，有人說婦女人權不及格；到了五月一日國際勞動節，有人說勞動人權不及格；時到十二月十日國際人權日的前夕，總必有人宣稱：「台灣的人權不及格！」，「台灣的人權慘不忍睹」的危言和迷思。

　　這麼多人權不及格的訊息，從未有媒體去更正自己的錯誤報導，幾可說要迫人不容懷疑，台灣是世界上公認的人權不及格特區。但是，如果台灣的人權不及格，那麼世界上還有什麼國家及格呢？事實是，聯合國現有的所有會員國，沒有一個國家的人權及格，也沒有一個國家的人權不及格。連近年來嚴重侵犯人權而在執

政六年後已垮倒的阿富汗神學士政權，也未聞在國際上被以人權不及格評之。

　　「人權」的意涵並不是極高深的學問，但也不是隨各人之喜好而隨意詮釋。人權的觀念事實上自古在東西方文化中皆有跡可循，如吾人熟識的禮記中：「老吾老以及人之老，幼吾幼以及人之幼」、四書中的：「己所不欲，勿施於人」等，和西方學者潘恩（Thomas Paine）、洛克（John Locke）等的學說，在東西文化中皆先後貢獻各層面多元的人權思想。而近代正式統合和界定人權內涵的，是在 1948 年通過的聯合國《世界人權宣言》的卅條條文中，明示人權的公民、政治權利以及經濟、社會、文化權利的兩大項。

　　聯合國通過的《世界人權宣言》事實上是在界定並規範一種人類共同的理想，於今在探討人權理論時，有必要先瞭解聯合國《世界人權宣言》的意涵，再由此追溯其在人類歷史上的源起。

貳、世界人權宣言

　　《世界人權宣言》一共有三十條。緣起於二次大戰後，聯合國各會員國有鑑於戰爭中種族屠殺等暴行之殘忍，而感到需要制定條約來促使全世界的政府和民眾尊重人權，以圖減少人間的慘劇。此之前，在歷史上及一次大戰後國際上也有同樣尊重人權的呼聲。十九世紀早期的反奴隸運動，1864 年日內瓦公約約束各國交戰中不得攻擊醫療設施及人員，1899 年海牙公約規定海戰中的人道準則，各國的憲法中也有明列保護本國和外國人的權利條文。但是，這一些努力到了一次大戰時，也無法制止壕溝和毒氣戰的殘忍。一次大戰

後國聯的章程上載明，會員國要在其管轄領域上促進人民福祉和開展。國聯並呼籲為男女和兒童提供公平和人道的勞動環境，促成 1920 年「國際勞動組織（ILO）」的成立。國聯也企劃在一些國家中，設立保護少數民族權利的體制。

　　歷史上有這些保護人權的努力，演變至四十年代二次大戰末期時，各國以制定公約來保護人權的需要已成共識。1944 年秋天，四國（英、中、俄、美）領袖在美國華盛頓會商，討論在戰後如何維持國際和平。他們的最終目標是要設立國際機構，來維護安全和繁榮。但此會議的商討僅止於畫分地區的管轄，對人權則少有涉及。世界人權宣言的產生，要歸功於國際民間團體共同的努力。

參、世界人權宣言的產生

　　1945 年 3 月在墨西哥市舉行的泛美洲國家會議，一些拉丁美洲的國家堅決要求在聯合國憲章中放入保護人權的條款，接著有一千三百多個民間團體在各地登報作同樣的呼籲。以至於 1945 年 10 月 24 日，46 國代表在舊金山開會討論成立聯合國時，憲章中有五處提到人權。包括在憲章前言，指明保護人權是成立聯合國的四大宗旨之一；憲章第 1 條，明述聯合國的各會員國要達成合作……，促進並鼓勵尊重人權及基本自由，不分種族、性別、語言和宗教；第 55 條明述聯合國將推動「普世尊重和遵守人權及基本自由」；第 56 條要求會員國承諾，採取個別或合作的行動來達到此目標；第 68 條授權聯合國經濟和社會委員會，成立委員會來提倡人權，此為創設聯合國人權委員會的法源。

　　人權委員會在 1946 年 6 月成立，安全理事會決定 18 國代表為人權委員會的成員，美國代表羅斯福總統夫人被選為為主席，中華民國（ROC）的張彭春（P.C. Chang）及法國的 Rene Cassin 被選為副主席，黎巴嫩的 Charles Malik 為記錄。人權委員會在 1947 年 1、2 月間首次開會，推舉羅斯福夫人、P.C. Chang（張）、Malik、代表秘書處的 John Humphrey 以及澳洲、智利、法國、菲律賓、蘇聯、烏克蘭、英國、烏拉圭和南斯拉夫等國代表來草擬人權宣言的條文。

　　歷經多次的會議和辯論，綜合各民族、文化、宗教和各國憲法條文，人權委員會終於在 1948 年 12 月 6 日完稿，並在 12 月 10 日的聯合國大會中表決通過。投票紀錄是 48 國贊成，8 國棄權（蘇聯集團、沙烏地阿拉伯和南非），兩國不在場。

　　世界人權宣言也許仍非完善的，如今天的一些國家所指出的，而且宣言也僅有道德約束的作用。所以聯合國通過此宣言之後再有通過經濟、社會和文化權公約、公民和政治權公約等條約，今年（1998）7 月 17 日並在羅馬通過國際刑事法庭的章程─羅馬規約。這些，都是延續世界人權宣言保護人權的基本精神而來的。人類的歷史，由神權、君權而演變至今的民權時代，1948 年通過的世界人權宣言，仍是世界性的首次界定人權，明確代表現今人類尊嚴的最低條件，也是最受企求的希望。

肆、人權在人類歷史上的源起

　　眾人今可同意，人權和 human rights 都是近代的名詞，我們應該承認其定義是由聯合國宣言所規範的世界共識，依此再來研究及追

溯其起源。因研究法和思考角度之別所衍生的現有人權學派都是學子有必要研讀的，但是更有必要點出來的是，所有的東西方人權學說都是翻閱史卷歸納而來的，然而人權概念有可能是史前史之中即存在並經千萬年的累積和演化而來，屬於人類文明的重大一環。其形成並非由一位人權理論祖師所傳述的，而是因為人性已由不需要學習的動物基本生存本能——食物、呼吸和性需求，提昇到互相尊重彼此的生活空間和生存權利的文明社會規範。人類共有的特性——同理心和思考能力，是有別於動物的弱肉強食的叢林法則，並以之作為人類和其他動物的區別。

於此我們由觀察兒童的捧球遊戲移到高雄的柴山爬步道，就可親睹人性、人權觀念和動物野性的區別。我們看到柴山猴群中那些最強最壯的猴子，是最能夠搶到食物來維持其生理優勢，吃夠了之後還可再將食物塞在臉頰帶走。而最老弱的，最需要糧食滋養的，是最不能取得食物的輸家。

有些人看到猴群的爭食，忍不住會開口罵那些強者。如此的生氣，對猴子來說是不公平的，因為牠們是依循叢林法則弱肉強食的本能生存模式，牠們不必有人權理念，因為那是人類社會才有的價值觀，也是人和其他動物的主要區別。我們在這裡可以看到，卅條的世界人權宣言並不適用於動物世界。

世界各地的社會所累積和傳承的人權概念，可以斷言說，並非是因為先有各家人權理論之後而來的。各家人權理論因其歸納及解釋方式的不同，而有區別和爭論。理論有其重要性，卻不是人權概念的起源、傳承和豐富的必要條件。

人權概念由遠古史前史的社會演化至今，在近代數百年來世界交通發達和資訊交流後，發現各國社會的人權概念大同有異，因此半世紀前經由聯合國人權宣言的統合，可算是有一個共識的基礎。然而，這個共識的基礎也再受到世界上某些國家的政治性挑戰，所謂的亞洲價值即是一例，以此引例說明。

伍、亞洲價值（Asia Value）

廿世紀的末代在人權的領域中，所謂的「亞洲價值」（Asia Value）曾經引起國際間廣泛的辯論，在世紀的交接時這種爭論雖有稍歇，但是未有定論，在未來還可能重燃議題引發另一波的討論。

「亞洲價值」的討論本身是些許亞洲價值的意味，因為這雖是一個全世界人權界的議題，實際上是亞洲區各國的政、學界人士的圈子較給予注意並花費很多精力討論。但是「亞洲價值」這個名詞的提出，本身是帶有缺陷的。因為這個爭論的一邊，以新加波、印尼、馬來西亞和中國，都是位於亞洲無誤，但以聯合國的分類，由阿富汗以至於葉門總計有 46 個國家被列為亞洲區，而這些國家的文化和歷史等背景頗有差異，因此此四個政權倡言「亞洲價值」並自居為代表，是頗有爭議的。目前「亞洲價值」所代表的人權觀點還未被重新命名，因此以下的討論仍延用之。

提出「亞洲價值」的起源，一般是認為是由新加坡前總理李光耀首先提出的。1992 年在公開的訪談中說到：「東亞國家如日本、韓國、台灣、香港及新加坡等等在追趕發展的過程中，其群體價值

觀和社會行為是很重要的助因。東亞的價值觀，例如犧牲個人利益
來追求群體利益，是這一個地區快速發展的一大動力。」

　　1993 年 4 月，一些東亞國家在曼谷為當年在維也納即將召開的
聯合國人權會議召開準備會議，在曼谷會中包括中國、印尼、馬來
西亞和新加坡等國，共同簽署「曼谷政府宣言」（Bangkok
Government Declaration）。這些國家認為人權議題「應該將國際規範
建構過程的變化和進展併入考量，並認知各國或各地區獨特的歷
史、文化與宗教背景。」爾後同一年，聯合國在維也納舉辦世界人
權會議中，數國的政府代表曾為「亞洲價值」和「西方價值」的差
異而多加討論。由此人權上的「亞洲價值」的討論，逐漸擴展。

陸、文化相對論（Cultural Relativist）

　　世界是一個大拼盤，各地的人種生理結構有些微的差異，文化
的獨特性和多元性是千萬年演變而來的。因為人權是因人的存在而
有的，而人的思考和反應會受到其教育、生活環境和習俗等等的影
響，各地區的居民長時間發展出同質但有異於其他區的價值觀，這
些價值觀來決定其生活中的重要順序。這種文化上的特異性因此而
被引用為，不必與他國完全相同的人權觀點的理由。某一國認為非
常必要的國民權利，在其他國家可能是次要的，反之亦然。這種非
絕對性的論斷，並以文化的差異和相對性為基礎的論點形成了「文
化相對論」，也是「亞洲價值」的理論基礎，與之完全相反的則是
人權的「普世價值論」，這是聯合國在 1948 年通過「世界人權宣

言」後，國際人權觀念的主流。而「文化相對論」則為一部分非洲和亞洲國家所依持。

　　極端的「文化相對論」者認為文化是建立規章和道德的惟一根據，另一方面，極端的「普世價值論」則認為普世的人權價值與文化毫無關係。在這兩種極端和對立的觀念之間，可以再略分並有重疊的強烈「文化相對論」者，和輕微的「文化相對論」者。強烈的「文化相對論」者是可以接受少數的共同基本人權觀念運用於全世界，但僅同意有些微的文化差異。而觀點更接近普世價值並有部分重疊的，是輕度的「文化相對論」，這種論點基本上是承認人權的普世價值，但允許偶而有地區性的偏離。這種區分事實上也可以換一個方向來看，而變成極端的、強烈的、微弱的「普世價值論」和強烈的「文化相對論」四類。

　　但是單純的以此作為個人或國家的分類並不完全適當，因為各國在不同的年代，對於各種人權的內涵、解釋和執行不一。在歸類時可以發現，同樣的一個人或國家在不同的人權領域會歸屬於不同的類別。我們可以看到在聯合國有最多國家簽署《兒童權利公約》，可知在保護兒童是普世性的觀念，而其他涉及公民權的條約，例如涉及各國傳統主權完整性的「國際刑事法院」上則有岐見。

　　前面提到，世界文化是多元的，那麼「文化相對論」理應是必然的，只是程度的差別而已，為何還有所謂的「普世價值論」，而且還是世界的主流？答案是，「普世價值論」的基礎是《世界人權宣言》，這是 1948 年聯合國各國代表，包括中華民國的代表，張彭春先生，擔任副召集人的籌備小組，綜合各種文化、宗教、哲學等多方考量草擬而成，再經聯合國大會通過的。《世界人權宣言》的

卅條條文是各種人權理念的最大公約數，每一項條文都有寬廣的空間，預留為各種文化和社會的解釋。例如說，第 16 條提到每個人都有權利結婚和家庭的保護，但是考慮到世界上尚有一些國家的一夫多妻或一妻多夫的社會，因此並未明文訂下「一夫一妻」者才享有結婚的權利。條文的精神主要在保障婚姻是基於男女的自由意願而成，而條文中並未設定婚姻必然是異性的結合。這種認知的廣度可以看出遠在半世紀之前，草擬條約者的遠見和包容度，並認定這麼寬廣且基本的普世價值，世界各國應該都可以接受。

「普世價值論」者的看法是，《世界人權宣言》已經將文化差異考慮在內並預留空間，這卅條的條文已是生為一個現代人的最低要求，不能稍減或消除。這種觀點久已在國際間建立，未曾受到挑戰，直到今日的聯合國文件中隨處可以看到支持的觀點，例如聯合國秘書長安南（Kofi Annan）說過：「從來都不是民眾來抱怨人權的普世化，也不是民眾來認為人權是西方或北方（國家）強加於人的，通常都是他們的領導人來說的。」這段話即是他代表聯合國整體，對於人權的普世價值最強烈的證言。

人權的普世價值因此可說早已建立並得國際社會的認定，但是各國的文化和社會差異使得《世界人權宣言》的卅條條文中所述的權利，在現實的環境中並無法完全立即達到和實現。因此在宣言通過後的五十周年，各國領袖和世界各地的人士在巴黎還再簽署誓約，宣告「將盡我的能力，促使宣言中所述的權利在全世界實現。」這種誓言也在指出，《世界人權宣言》中所述的權利不僅在國際間，事實上在各國國內也未完全實現，甚且各國都還有不同的

侵犯人權的情況。只是,至少大家都還能承認《世界人權宣言》中的理想,並力求實現。

「亞洲價值」的支持者因為強調文化的差異,認為「亞洲文化」的特屬性會建立起與西方社會不同的人權觀念,並因此而否定現有人權價值的普世性。換言之,現今的聯合國的「世界人權宣言」中間的某些條文,或是某些條文在各國間的實踐方式並不適用於某些亞洲國家。當 1992 年新加坡前總理李光耀提出這種觀點時,「亞洲價值」遂成為一項人權的爭論,在國際間劃分為正反的兩邊陣營。支持以「文化相對論」為基礎的「亞洲價值」的四國是很明顯的一邊,而西方國家的學者和領袖給予批評的頗多,但是這些人在反對極端的「文化相對論」之餘,亦對極端的「普世價值論」有所批評。一些亞洲國家的領袖在這項「亞洲價值」的爭論上並未發言支持或反對,記錄上只有李登輝總統在 1998 年 2 月為國際特赦組織的全球簽名活動中,寫下:「人權是普世價值觀,沒有東西之分。人權獲得尊重是現代文明國家的一個表徵。」這一段話可以說是支持人權的普世價值。

因為支持「亞洲價值」的四個國家各有不同的文化和社會背景,因此其爭議點僅在於建立其本國存有不同的人權觀點,和個別國家實現各項人權優先順序的合理性的共識。依此邏輯,四個國家之間並不必要形成一致的亞洲價值觀,或另再籌備或簽署一種《亞洲人權公約》,或是對現有聯合國《世界人權宣言》中間的某些條文的具體駁斥。因此「亞洲價值」的爭論,大多屬於哲學理念的探討而已。

　　基於新加坡是「亞洲價值」的首倡者，因此由其文化背景來探討。新加坡自 1965 年由馬來西亞獨立以來，雖有西方形式的選舉，但實際上其過程並不能被認為是公平和自由的。執政的「人民行動黨」向來以各種方式騷擾反對黨，當反對派人士批評政府或執政黨人士時，會被以毀謗罪起訴，再以政府控制的司法體制作出對執政黨有利的判決，對反對派人士處以徒刑和高額罰款，逼其入獄、破產或流亡國外。在 1968 年至 1981 年之間，國會中沒有反對派的議員，執政黨因而必須指派部分成員坐在反對黨的座席上，在黨的指揮下扮演其「虛擬」的反對黨角色。1981 年後先後有少數幾位反對黨進入國會，其中有一位被李光耀控訴毀謗而遭受國會停權。另一位在 1988 年當選，但他立即被以稅務問題起訴，並判處鉅額罰款讓他不得就任議員。而且，政府還延後國會的開議日期，等待審判終結並確保此反對派人士不能就任。其他的批評政府者也會受官僚體制和警察的騷擾，在 1987 年曾經拘禁 22 位社區和教堂領袖，這些人並受到刑求，包括 72 小時剝奪睡眠的持續偵訊、拷打、冰點以不著衣物的長期曝露受寒等。其他還有很多干擾反對派人士的事件，至今還繼續在發生。種種的對反對派人士的壓制，使他們無法形成一種有效的制衡力量，直到廿世紀末，執政黨人士仍佔有國會中 83 席中的 80 席。

　　新加坡的執政領導人由李光耀起，都是受到英國等的西方教育，然而他們執政的觀念並不完全基於代表選民的原則，而是認為自己超人的道德和智慧。為了顯示出他們的優越性，在選舉的廣告上刻意列出本黨候選人的在學成績、分數和各項的成就。執政黨在 1984 年甚至於實驗性的，以智能、語彙和心理測驗篩選本黨候選

人，以此來昭告選民，執政黨的人是最有能力來統治的。這種介入和干涉的從政方式，執政黨人認為是正當的亞洲文化的一部分，他們認為亞洲人喜歡被菁英份子所統治。一位新加坡學者指出：「一個領導人有責任保証被統治者的一般福祉，被統治者則有責任尊敬並信賴領導者。但是要指出的是，這種互惠是藏諸於一種不平等的階級結構之中，因此是不可避免的變成菁英主義。」李光耀在 1982 年的談話說：「我常被指摘為介入國民的私人生活，但是我不這樣做的話，我們就不能達到今天的成就。我是毫不自責的這樣講，如果我們不介入每一項的國民生活，包括你的鄰居是誰、你如何生活、你做出的噪音、你如何吐痰、或使用甚麼樣的語言，那麼我們就不能有今天，我們不能達到這種經濟成就。我們要決定甚麼才是正確的，不必顧慮國民怎麼想。」

　　新加坡領導人物這種介入私人生活的政策，使得為了群體的利益而無法保障個人的人權。這種觀點得到其他國家，包括印尼、馬來西亞和中國的共鳴，共同在國際間的討論人權場合中先後提出，遂逐漸形成一種「亞洲價值」的類似學說，以之與其他尊崇「世界人權宣言」的普世人權價值的國家形成對立，並在學界引起一些辯論。

　　「亞洲價值」由形成至消音約有十年之久，中間的一些辯論在此略過。「亞洲價值」為何會自動消音呢？道理非常非常的簡單，因為「亞洲價值」是一種政治上的口號，而非經由理性的思考而來的，其否定 1948 年所通過「世界人權宣言」的各國人權共識有基本上的邏輯錯誤。事實上，如果世界各地的人類社沒有一個共同的人權理想，而亞洲人有獨特的人權觀時，那麼誰來代表亞洲國家呢？四個國家能夠代替亞洲的卅幾國發言嗎？

　　當沒有威權的壓制時，有思考能力的人都可以指出，四個國家當然不能代替亞洲的卅幾國發言，所以而今也少再有人提起這個令人困惑的名詞了。

柒、導讀結語

　　從亞洲價值論點的錯誤，可以看出政治人物官大學問大的政治運作，是經不起世界公論和歷史的檢驗。另一方面在台灣以大學教授的權威而營造出來的台灣人權不及格說，雖屢獲媒體大幅報導，卻是一種引人失足的陷阱。這兩者是明顯的錯誤，學習者能稍予瞭解和透視即可，至於國際上其他各家的人權論說，是值得探討和研究的，但仍需要保持冷靜的辨識力，因為這些人權論說還有學派和觀點的主觀立場和區別。

　　舉例來說，人權有第幾代之別並非是所有人都可接受的理論，因此那種第幾代人權的區別，並非是公認的絕對性真理。而更有爭議性的所謂東方人沒有人權觀念的說詞，更普遍在國際上受到挑戰，吾等不可貿然呼應。

　　人權觀念在國際間事實上持續在演化及修改，有時會有先後立場相反的判定。例如說對戰爭犯罪行為的處置，在二次戰後的東京和紐倫堡大審，在近十幾年來西方國家人士有在檢討，認為那是一種戰勝者的正義（winner's justice），因為類似屠殺平民的行為，如投在長崎、廣島的原子彈，真正目的就是在殺害平民，然因為屬戰勝一方，因此未受起訴。這種反省引至聯合國為南斯拉夫及盧安達組成任務性國際法庭，以至於近年成立永久性的國際刑事法院，期

冀將普世司法管轄權涵蓋全世界，這些都是人權觀念快速演化所形成的改變。

　　能夠體認，人權理論是有派別之差，人權理論是持續在演化和增補中，用這兩種基本觀點來研讀學者的著作是一種客觀的學習態度。同時，讀者可以信任文章寫作者已盡其心力，試圖呈現人權理論、人權發展史和國際人權的全面性內涵。作者的努力應予鼓勵，然而其所呈現的屬於個人視野所見，就如同導讀者書寫相同的主題，亦有個人角度和面向的局限性。可能在多方閱讀，稍予時間的酵化之後，就能領會棒球是拿棒子打球，人權是談人的權利這麼簡單的事。

婦女人權導讀
──婦女權利憲章之建構及內容

廖福特

壹、前言

　　從國際人權法發展的歷史觀之，反對性別歧視很早就出現在聯合國之文件，例如：《聯合國憲章》（Charter of the United Nations）前言「重伸基本人權，人格尊嚴與價值，以及男女與大小各國平等權利之信念。」而《聯合國憲章》第一條表示聯合國之宗旨為「促成國際合作……不分種族、性別、語言、或宗教，增進並激勵對於全體人類之人權及基本自由之尊重」。同時《聯合國憲章》第十三條規定，「聯合國大會」（General Assembly）應發動研究，並作成建議「以促進經濟、社會、文化、教育、及衛生各部門之國際合作，且不分種族、性別、語言、或宗教，促成全體人類之人權及基本自由之實現。」同樣地《聯合國憲章》第五十五條規定，為造成國際間以尊重人民平等權利及自決原則為根據之和平友好關系所必要之安定及福利條件起見，聯合國應促進……全體人類之人權及基本自由之普遍尊重與遵守，不分種族、性別、語言、或宗教。

　　《世界人權宣言》（Universal Declaration of Human Rights）前言亦闡明，鑒於各國家的人民已在《聯合國憲章》中重申他們對男女平等權利的信念。人人有資格享受本宣言所載的一切權利及自由，

不因性別而有任何區別。因此《公民及政治權利國際公約》（International Covenant on Civil and Political Rights）第三條規定，男女在享有本公約所載一切公民及政治權利方面有平等的權利，而《經濟社會及文化權利國際公約》（International Covenant on Economic, Social and Cultural Rights）第三條亦規定男女在本公約所載一切經濟、社會及文化權利方面享有平等的權利。《經濟社會及文化權利國際公約》第七條也闡明，人人有權享受公正和良好的工作條件，特別要保證……公平的工資及同工同酬而沒有任何歧視，尤其是保證婦女享有不差於男子所享受的工作條件，並享有同工同酬。

《世界人權宣言》、《公民及政治權利國際公約》與《經濟社會及文化權利國際公約》合稱為國際人權法典，理論上國際人權法典已將婦女納為人權之主體，並且明訂男女應該享有相同之公民及政治權利與經濟、社會及文化權利，因此男女權利應有相同之保障，但是實際上恐怕不是如此。事實上婦女人權之保障無論是從政治、經濟、社會或家庭面向都受到相當大之挑戰，因此乃有後來「消除婦女歧視公約」之簽訂，而此公約乃是聯合國對於各種主題式人權例如婦女、兒童、難民及無國籍人等之重要一環[1]。

提倡婦女人權之重大意義是使權利概念由人的權利進展到婦女人權，如上所言雖然國際人權法典已規範不同性別之各種權利保障，但是婦女屬於人類之一部分還不足以使婦女權利得到完全保障，因此提供保護婦女權利之其他手段便被視為有其必要[2]。而由各

---

[1] 參見俞寬賜，《從國際人權法、國際人道法及國際刑法研究個人的國際法地位》，台北：編譯館，2002，頁 37-38。

[2] Centre for Human Rights, *Discrimination against Women: The Convention and the Committee* Fact Sheet No. 22, (2002), p. 4.

項有關婦女人權之國際文件觀之，女權的提升逐漸由政治權、經濟權伸展至社會權[3]。

貳、歷史發展

聯合國成立之後便有國家提議應成立一機制以便對婦女議題作研究並提出建議，於是聯合國「經濟社會理事會」（Economic and Social Council, ECOSOC）於 1946 年依據《聯合國憲章》第 68 條規定成立「婦女地位委員會」（Sub-Commission on the Status of Women, CSW）[4]，然而其實「婦女地位委員會」形式上是「人權委員會」（Commission on Human Rights）之次委員會，也就是說層級上是低於「人權委員會」，但是「婦女地位委員會」直接向「經濟社會理事會」報告，而且其在「人權委員會」開了一個會期之後就成立了，其原因是有許多婦女代表及非政府組織認為「人權委員會」所要關注面太廣了，對於婦女權利無法有充分之探討，因此形成「人權委員會」及「婦女地位委員會」兩個機制並存之情形[5]。

---

[3] 林心如，〈聯合國與女性人權〉，《新世紀智庫論壇》，4 期，頁 22-33，1998 年 11 月。Felice D. Gaer, "*And Never the Twain Shall Meet? The Struggle to Establish Women's Rights as International Human Rights,*" in Carol Elizabeth Lockwood, Daniel Barstow Magraw, Margaret Faith Spring & S. I. Strong eds., *The International Human Rights of Women Instruments of Change,* (United States, American Bar Association, 1998), pp. 30-45.

[4] 參閱邵瓊慧，〈婦女人權與國際法〉，《台灣國際法季刊》，1 卷 1 期，2004 年 1 月，頁 128-153。

[5] 而有學者認為兩個機制並存對於過去一般人權活動長期忽視婦女人權是有貢獻的。See Christine Ainetter Brautigam, "International Human Rights Law: The Relevance of Gender", *in* Wolfgang Benedek, Esher M. Kisaakye & Gerd Oberleitner (eds.), *The Human Rights of Women: International Instruments and*

　　「婦女地位委員會」早期之工作限於兩種功能，一者是在各種
婦女權利領域包括公民政治經濟社會教育權利等提供建議及報告給
「經濟社會理事會」，以提昇婦女權利[6]。另一者是「婦女地位委員
會」可以接受有關婦女地位之溝通意見（communication）[7]，並針對
緊急之婦女權利問題提供建議給「經濟社會理事會」，以實踐男女
平等之原則[8]。而經歷了幾次世界婦女會議之後，「婦女地位委員
會」亦被賦予實踐各項行動計畫之角色[9]。

　　「婦女地位委員會」的最大成就之一是在其支持之下形成許多
有關婦女權利之國際人權條約[10]，例如 1949 年的《遏止販賣人口及
賣淫公約》（Convention for the Suppression of Traffic in Persons and of
the Exploitation of the Prostitution of Others）[11]、1952 年《婦女政治權
利公約》（Convention on the Political Rights of Women）[12]、1957 年
《已婚婦女國籍公約》（Convention on the Nationality of Married
Women）[13]、1962 年《同意結婚及最低結婚年齡與登記結婚公約》

　　African Experience, 1998, p. 4.

[6]　See Economic and Social Council Resolution II (II) of 21 June 1946.

[7]　See Economic and Social Council Resolution 76 (V) of 5 August 1947.

[8]　See Economic and Social Council Resolution 1993/II of 27 July 1993. Shaheen
Sardar Ali, *Gender and Human Rights in Islam and International Law Equal
before Allah, Unequal before Man*?, (The Hague ; Boston : Kluwer Law
International, 2000), p . 201.

[9]　See Economic and Social Council Resolution 50/203 of 22 December 1995 and
Economic and Social Council Resolution 1996/6 (V) of 22 July 1996.

[10]　See Laura Reanda,"The Commission on the Status of Women", *in* Philip Alston
(ed.), *The United Nations and Human Rights A Critical Appraisal*, (New York :
Oxford University Press, 1992), p. 269.

[11]　96 UNTS 272 (1950).

[12]　193 UNTS 135 (1950).

[13]　309 UNTS 65 (1957).

（Convention on Consent to Marriage, Minimum Age for Marriage and Registration of Marriages）[14]等。同時「婦女地位委員會」亦協助「國際勞工組織」（International Labour Organization）及「聯合國教科文組織」（United Nations Educational, Scientific and Cultural Organization）建立有關改善婦女在工作教育及退休等事項權益之國際準則。

如上所述 1960 年代以前已有一些與婦女權益有關之人權條約，但是其範圍相當限定，而且缺乏監督之機制，因此這些國際文件對全世界婦女之處境並無多大改善，這些文件亦無法使婦女權利成為國際人權架構之主流，因此 1960 年代之後開始嘗試建構全球性婦女權利概念，所以「聯合國大會」在 1967 年通過《消除所有婦女歧視宣言》（Declaration on the Elimination of Discrimination against Women），然而此宣言只有 11 個條文，雖然其架構了消除婦女歧視之基礎，但是依然不夠完善。

《消除所有婦女歧視宣言》面臨兩個困境，一者是其本身只是宣言而已並沒有法律拘束力，另一者是此宣言的內容還不夠完善，因此下一個階段是將一消除婦女歧視之宣言進一步推進為各國所接受且有拘束力之條約。「消除婦女歧視公約」之訂定可分為兩個時期，一者是 1972 年至 1976 年，另一者是 1977 年至 1979 年，前者由「婦女地位委員會」負責，後者由「聯合國大會」第三委員會負責。

---

[14]　521 UNTS 231 (1962).

　　聯合國秘書長於 1967 年要求「婦女地位委員會」徵詢聯合國各會員國有關如果訂定一國際婦女權利文件之形式及內容，隔年「經濟社會理事會」設立一工作小組以考量如何建立此公約，1974 年「婦女地位委員會」起草一有關消除婦女歧視之公約，而隔年第一次世界婦女會議在墨西哥舉行，其行動計畫要求訂定一消除婦女歧視公約[15]，並應包括有效之實踐程序。此行動計畫對於「婦女地位委員會」之起草工作有相當助益，因而以後幾年「婦女地位委員會」持續其工作並將公約草案送交「聯合國大會」，「聯合國大會」後來聘任一特別工作小組完成草擬公約之工作[16]。最後「聯合國大會」於 1979 年 12 月 18 日通過《消除婦女歧視公約》。

參、條約內容

　　而簽訂《消除婦女歧視公約》之理由或許可由此公約本身之前言探討之，此公約前言之範圍廣泛同時有相當之長度，這兩部分都是超出其他人權條約的。而其中有兩個重點，首先公約前言表明儘管有一些不同的國際條約及宣言等文件已明文要求確保男女平等，但是歧視婦女的現象仍然普遍存在。其次，歧視婦女違背了權利平等及尊重人格之原則，亦限制婦女公平參與政治、社會、經濟及文化生活之機會，阻礙社會及家庭之蓬勃發展，並使婦女無法得到充分發展。

---

[15] Leila Rassekh Milani (ed.), *Human Rights for All CEDAW* (Working Group on Ratification of the UN Convention on the Elimination of All Forms of Discrimination against Women, 2000), p. 8.

[16] Centre for Human Rights, *Discrimination against Women: The Convention and the Committee* Fact Sheet No. 22, (2002), pp. 4-5.

　　《消除婦女歧視公約》可說是國際上有關婦女權利之非歧視型公約的最重要文件。《消除婦女歧視公約》乃是國際法律規範不因性別而有歧視努力之集合[17]，其乃是國際人權法之重要突破，因為此公約代表著必須超越法律文件而著重於男女間事實上之不平等。《消除婦女歧視公約》乃是國際上第一份人權條約有系統地且實質地說出婦女之需要。此公約架構對於致力於地方、國家及國際法律及政策之改變者而言是有非常大之幫助的[18]。《消除婦女歧視公約》乃是促進婦女平等之最有效工具[19]，但是對於婦女平等之保護而言，《消除婦女歧視公約》之通過只是開端而已。

　　《消除婦女歧視公約》共有三十個條文，並且分為六個部分。第一至第四部分是有關實質權利條款，其中第一部份定義何謂歧視並規定國家之義務，第二條要求各國在法律層面消除婦女歧視，第三條則是要求各國制訂法律，積極地謀求婦女之發展及權利保障，第四條要求各國為加速實現男女事實上的平等而採取暫行特別措施，第五條要求各國應採取一切適當措施以改變男女的社會和文化行為模式，以消除基於因性別而分尊卑觀念或基於男女定型任務的偏見、習俗和一切其他方法，同時家庭教育應包括正確了解母性的社會功能和確認教養子女是父母的共同責任。第六條要求各國消除一切形式婦女販賣和迫使婦女賣淫以進行剝削的行為。第二部分保

---

[17] Diana G. Zoelle, Globalizing Concern for Women's Human Rights the Failure of the American Model, (Palgrave , 2000) p. 31.

[18] UNIFEM, *Bringing Equality Home Implementing the Convention on the Elimination of All Forms of Discrimination Against Women,* (CEDAW, 2002), pp. 3-4.

[19] Elisabeth Friedman, "Women's Human Rights: The Emergence of a Movement," *in* Julie Peters & Andrea Wolper (eds.), *Women's Rights Human Rights International Feminist Perspectives*, (New York : Routledge, 1995), p. 23.

障婦女參與公眾及政治生活之平等，包括選舉權、被選舉權、擔任各級政府公職、參加各國際組織的工作、取得、改變或保留國籍的權利。第三部分規定婦女在經濟、社會及文化權保障之平等，包括教育平等、工作平等、醫療保健平等、經濟福利平等、農村婦女之平等。第四部分則是有關私法領域之平等，包括私法契約能力平等、婚姻和家庭關係平等，此部分亦包括私人領域之歧視，是婦女人權條約相當大之突破[20]。第五部分規定監督之機制，而第六部分則是一般條款。

至 2005 年 3 月為止已有 180 個國家批准《消除婦女歧視公約》，其數目是聯合國主要人權條約中僅次於《兒童權利公約》（Convention on the Rights of the Child）的，由此亦可看出《消除婦女歧視公約》是非常具備普世性之特質。目前為止只有十幾個國家不是《消除婦女歧視公約》之當事國，這些國家包括一些太平洋島國，例如諾魯、庫克群島及馬歇爾群島等，亞洲國家包括印尼、Brunei Darussalam、伊朗、阿曼、卡達、阿拉伯聯合大公國等。歐洲包括教廷、摩納哥（Monaco）等。非洲有肯亞、索馬利亞等國家。這些國家沒有批准《消除婦女歧視公約》的原因可能是因為只是一小島國所以不重視，或是因為是回教國家，或是政權不是很穩定。但是其中最特別的是美國 1980 年 7 月 17 日簽署《消除婦女歧視公約》之後並沒有批准之，當時卡特政府將批准《消除婦女歧視公約》送交國會審議，但是美國國會到 1988 年以前從來沒有審查過此

---

[20] International Women's Tribute Centre, in Rights of Women A Guide of the Most Important United Nations Treaties on Women's Rights, (New York : International Women's Tribune Centre, 1998), p. 22.

公約[21]，美國國會至今尚未通過批准此公約，其是唯一一個沒有批准《消除婦女歧視公約》之已開發國家。同時美國國會在審議過程中已提出對許多公約條文保留，並認為《消除婦女歧視公約》不是自動履行公約[22]，這也是與其他國家不同的。

肆、國家義務

　　就實踐義務而言，《消除婦女歧視公約》有相當廣泛之要求，首先是各國有義務在法律層面消除婦女歧視，《消除婦女歧視公約》第二條要求各國立即採用一切適當辦法推行政策以消除對婦女的歧視，因此第一步驟是如果各國男女平等的原則尚未列入本國憲法或其他有關法律者，應將其列入，並以法律或其他適當方法，保證實現此項原則。第二步驟是在有了法律原則之後各國必須採取適當立法和其他措施禁止對婦女的一切歧視。第三步驟是確立男女平等權利的法律保護，因此要求各國之法院及其他國家機構都不能違背這項義務。第四步驟則是要求各國家之機關不採取任何歧視婦女的行為或作法。第五步驟則是要求消除任何個人、組織或企業對婦女的歧視。第六步驟則是改善傳統規範，因此各國應該採取一切適

---

[21] Julie A. Minor, "An Analysis of Structural Weakness in the Convention on the Elimination of All Forms of Discrimination against Women," *Georgia Journal of International and Comparative Law* Vol.24, (1994-1995), pp. 137- 138.

[22] Malvina Halberstam, "United States Ratification of the Convention on the Elimination of All Forms of Discrimination against Women," *George Washington Journal of International Law and Economics*, Vol. 31, (1997-1998), pp. 49-66. Julia Ernst, "U.S. Ratification of the Convention on the Elimination of All Forms of Discrimination against Women," *Michigan Journal of Gender and Law*, Vol. 3, (1995-1996), pp. 299-308 299, 303-308 (1995-1996).

當措施以修改或廢除構成對婦女歧視的現行法律、規章、習俗和慣例，而其中亦包括各國應廢止本國刑法內構成對婦女歧視的一切規定[23]。

第二是各國必須制訂法律維護婦女之各項權利，《消除婦女歧視公約》第三條要求各國積極地謀求婦女之發展及權利保障，而且其範圍必須包括婦女在政治、社會、經濟及文化各領域中之權利。

第三是各國為了加速實現男女事實上平等可以採取暫行特別措施，《消除婦女歧視公約》第四條規定為加速實現男女事實上的平等而採取的暫行特別措施，不得視為本公約所指的歧視，但是這些措施應在男女機會和待遇平等的目的達到之後停止採用。同時各國為保護母性而採取的特別措施不得視為歧視。

第四是各國必須採取一切適當措施以改變男女的社會和文化行為模式，以消除基於因性別而分尊卑觀念或基於男女定型任務的偏見、習俗和一切其他方法，同時家庭教育應包括正確了解母性的社會功能和確認教養子女是父母的共同責任。

第五是各國必須採取一切適當措施，包括制定法律，以消除一切形式販賣婦女及迫使婦女賣淫以進行剝削的行為。

由以上亦可知一個已批准《消除婦女歧視公約》公約之國家必須負擔相當廣泛之義務，包括修改憲法或法律、制訂新法律、採取特別措施、甚至改善國家內之社會和文化行為模式及風俗習慣等。

---

[23] 有關各國國內法院適用《消除婦女歧視公約》之情形，請參閱 Andrew Byrnes, "The Convention on the Elimination of All Forms of Discrimination against Women," *in* Wolfgang Benedek, Esher M. Kisaakye & Gerd Oberleitner (eds.), *The Human Rights of Women: International Instruments and African Experience*, (1998), pp. 141-153.

　　就報告義務而言，《消除婦女歧視公約》第十八條規定各國應就其本國為使本公約各項規定生效所通過的立法、司法、行政或其他措施以及所取得的進展，向聯合國秘書長提出報告，供「公約委員會」審議。而其提出之期限是在公約對其國家生效後一年內提出，並且自此以後至少每四年提出，或是隨時在「公約委員會」的請求下提出。而第十八條也規定各國報告中得指出影響履行本公約規定義務的各種因素和困難。

　　因此《消除婦女歧視公約》要確實實踐必須要有幾項要件配合，第一是各國確實實踐其義務，第二是各國定期提出報告，第三是「公約委員會」有能力並且確實監督各國是否履行義務。

伍、監督機制

　　人權條約系統乃是國際法律及實踐中保護人權之礎石，其提供規範架構及最高之國際監督系統，其中六個條約監督機制所進行之監督乃是與各會員國有關人權處境之無止盡的檢視、分析及對話[24]。在《消除婦女歧視公約》方面，其第十七條規定「公約委員會」之設立，「公約委員會」是由「本公約所適用的領域方面有崇高道德地位和能力的專家組成」，在人數方面公約開始生效時為 18 人，到第 35 個締約國批准或加入後成為 23 人，因此現在維持 23 位委員之規模。而其選舉程序是先由每一締約國自其本國國民中提名一人候選，爾後以無記名投票方式自締約各國提名的名單中選出，「公約

---

[24] Justice P. N. Bhagwati, Foreword, *in* Michael O'Flaherty Human Rights and the UN: Practice before the Treaty Bodies, (The Hague ; New York : M. Nijhoff Publishers, 2002), p. vii.

委員會」委員的選舉是在聯合國總部由聯合國秘書長召開的締約國會議中舉行,該會議以三分之二締約國為法定人數,凡得票最多且佔出席及投票締約國代表絕對多數票者當選為「公約委員會」委員,而選舉時必須顧及公平地域分配原則及不同文明與各主要法系的代表性。

「公約委員會」委員以個人資格任職,任期四年,如有出缺時,其不復擔任「公約委員會」委員的締約國應自其國民中指派另一專家,經「公約委員會」委員認可後填補遺缺。

「公約委員會」有權自行制訂其議事規則,同時「公約委員會」應自行選舉主席團成員,任期兩年。然而特別的是《消除婦女歧視公約》第二十條規定「公約委員會」一般應每年開會為期不超過兩星期,以審議各國依《消除婦女歧視公約》第十八條規定所提出之報告,而其開會地點應在聯合國總部或在「公約委員會」決定的任何其他方便地點舉行。「公約委員會」審查的方式是針對各國的報告和資料提出意見和一般性建議,「公約委員會」亦得邀請聯合國各專門機構就其工作範圍內各個領域對本公約的執行情況提出報告。

「公約委員會」應每年就其活動透過聯合國經濟及社會理事會向「聯合國大會」提出報告,同時聯合國秘書長應將「公約委員會」的報告轉送「婦女地位委員會」,以供其參考。

《消除婦女歧視公約》第二十九條規定,兩個或兩個以上的締約國之間關於本公約的解釋或適用方面的任何爭端,如不能談判解決,經締約國一方要求,應交付仲裁。如果自要求仲裁之日起六個月內,當事國各方不能就仲裁的組成達成協議,任何一方得依照國

際法院規約提出請求,將爭端提交國際法院審理。也就是說如果各
國對《消除婦女歧視公約》有解釋或適用之爭端可透過談判、仲裁
及國際法院訴訟三種途徑解決。

　　《消除婦女歧視公約》一方面設立「公約委員會」以監督及審
議各國之報告,另一方面則設立了談判、仲裁及國際法院訴訟的爭
端解決機制,理論上此監督及爭端解決機制應該可以使《消除婦女
歧視公約》落實,但是實際上卻面臨監督機制之結構問題,而許多
國家也不願意參與《消除婦女歧視公約》之爭端解決機制,因此
「消除婦女歧視公約」之監督機制面臨諸多困難。

　　學者曾經評論認為,從 1945 年至今人權運動發展有幾個盲點,
其中最令人驚訝的是國際人權運動並沒有注意到違反婦女權利之事
件,或是將其列為優先之事項[25]。確實對於違反婦女權利個案之救濟
制度是近幾年才形成的,《公約議定書》直到 1999 年才通過,但是
其他賦予個人申訴權利之國際人權條約卻是已行之有年,例如:
《公民及政治權利國際公約第一任擇議定書》(Optional Protocol to
the International Covenant on Civil and Political Rights)是在 1966 年簽
訂,《消除一切形式種族歧視國際公約》(International Convention
on the Elimination of All Forms of Racial Discrimination)及《禁止酷
刑和其它殘忍、不人道和有辱人格的待遇或處罰公約》(Convention
against Torture and Other Cruel, Inhuman or Degrading Treatment or
Punishment)則分別在 1969 年及 1984 年簽訂。

---

[25] H. J. Steiner & P. Alston (eds.), *International Human Rights in Context. Law,
Politics, Morals,* (New York : Oxford University Press ,1996), p. 887.

　　《消除婦女歧視公約》起草過程中曾考慮過幾種監督機制，在「婦女地位委員會」起草公約之過程中，有國家提出比照經濟及社會文化權利國際公約第 16 條之模式設立政府間組織之監督機制，亦有國家認為應依照公民及政治權利國際公約之模式建立由專家委員組成之獨立監督機制，甚至有國家提議建立類似公民及政治權利國際公約第 41 條規定之國家間訴訟之制度，而其中比利時代表曾經提出個人申訴制度之可能性，但是最後被否決。而在「聯合國大會」第三委員會的草擬過程中荷蘭代表亦曾提起應建立個人申訴之制度，但是依然沒有成功[26]。因此「消除婦女歧視公約」中只有「公約委員會」審查各國家報告之監督機制，並沒有賦予個人申訴權利之制度。

　　而《公約議定書》之通過則是補此方面之不足。相對而言「公約議定書」的通過是花費非常短之時間，主要為 1991 年至 1999 年之過程[27]。1991 年聯合國秘書長提出報告認為應該強化《消除婦女歧視公約》之監督機制，而在 1993 維也納「世界人權會議」舉行之前亦有許多人權團體要求應強化有關婦女權利之監督機制，於是《維也納宣言及行動綱領》提出呼籲，其認為「婦女地位委員會」及消除對婦女所有形式歧視委員會應迅速擬訂《消除婦女歧視公約》的任擇議定書，研究採納申訴權的可能性。

　　「公約委員會」在 1994 年開會時立即建議「婦女地位委員會」設立一專家委員會起草《公約議定書》，其亦預測「公約委員會」

---

[26] United Nations, *The Optional Protocol: Text and Materials*, (New York: United Nation, 2000), pp. 1-2.

[27] *Ibid.*, pp. 2-5.

會有成員參與此一專家委員會，但是「婦女地位委員會」並不贊成此一建議，反而認為應該先由各國專家表達意見之後，再決定是否建立個人申訴權，因而「婦女地位委員會」並未設立任何專家委員會以起草《公約議定書》。然而有部分「公約委員會」之成員後來參加荷蘭 Limburg 大學「馬斯垂克人權中心」（Maastricht Centre for Human Rights）所舉辦之國際研討會並形成《公約議定書》之草案，此草案被提到「公約委員會」討論並做成建議送交「婦女地位委員會」，而經濟社會委員會亦同意「公約委員會」可派代表參與《公約議定書》之起草。後來經濟社會委員會在「婦女地位委員會」之外設立一工作小組負責起草《公約議定書》，此小組歷經 1995 年至 1999 年之工作終於完成《公約議定書》之起草，而「聯合國大會」於 1999 年 10 月 6 日通過《公約議定書》，並於 1999 年 12 月 10 日開放給公約之會員國簽署、批准或加入。依據《公約議定書》第十六條規定，必須有十個國家批准或加入本議定書才生效，因此《公約議定書》在 2000 年 12 月 22 日生效，至 2004 年 2 月 20 日為止有53 個國家批准或加入，主要集中於歐洲及美洲，另外有 32 個國家已簽署但是尚未批准。

　　《公約議定書》之前言特別強調，簽署本議定之各國再次確認他們確保婦女完整且平等享有人權及基本自由之決心，並且採取有效行動以阻止這些權利及自由之違反。因此其實《公約議定書》最主要是建立機制以阻止違反《消除婦女歧視公約》之行為。

　　聯合國秘書長 Kofi A. Annan 認為，當我們進入二十一世紀後更應該實踐女性平權規範，而《公約議定書》將會是無價之工具，其理由有二：一者是其使《消除婦女歧視公約》與其他國際人權條約

有相同之基礎，另一者是其給予各會員國壓力促使其實踐此公約之法律義務。當 1999 年 12 月「聯合國大會」以全體一致之方式通過《公約議定書》時便已傳遞一非常重要之訊息，此訊息是各國政府不只是要提供必要之法律架構以保護及促進婦女之權利，更必須要提供程序使這些權利得以實踐。

　　《公約議定書》建立兩種監督程序，即申訴程序（communication procedure）及詢問程序（inquiry procedure）。所謂個人申訴程序乃是消除一切婦女歧視公約之附加議定書第 2 條所規定，凡是在此議定書會員國司法管轄權內之婦女個人或是婦女團體或是其代表，認為其是此會員國在有關消除婦女歧視公約所保障任何權利之被害人，均可以提出申訴。申訴案件被受理之要件包括：1.以書面為之；2.需被申訴國為此議定書之當事國；3.需已用盡國內救濟，但如其程序過渡拖延或無法得到有效救濟者不在此限；4.本案件非已經國際調查或爭端解決機制審查過之同一案件；5.非不符合公約條款之規定；6.非顯無理由或無充分理由；7.非濫用權利；8.其事實在本議定書對當事國生效前發生，但是在其生效後繼續之。而為了保護提出申訴之人，各國應該採取必要措施以確保在其司法管轄權內之個人不因提起申訴而遭受不良待遇或威脅。

　　所謂委員會詢問程序，乃是指如果「公約委員會」收到可靠之消息顯示，在一當事國中有嚴重或是集體性之違反「消除婦女歧視公約」所保障之權利時所進行之程序，而此程序包括兩部分，第一部份是「公約委員會」得邀請（invite）該當事國合作以檢視此訊息，並提出其對此訊息之觀察意見，而「公約委員會」亦得指定一位或多位委員進行調查，同時亦得在此當事國同意之前提下直接訪

視其領域，這些程序是不公開的並盡可能取得該當事國之合作，最後「公約委員會」得提出評論及建議送交該當事國，而該當事國必須在收到「公約委員會」之意見後六個月內提出其觀察意見（observation）。第二部分是「公約委員會」得邀請該當事國在其國家報告中闡述其針對上述事項所採取之措施，同時「公約委員會」亦得在上述六個月期間過後邀請該當事國告知其針對上述事項所採取之措施。

　　但是《公約議定書》第十條卻同時規定，任一國家在簽署批准或加入本議定書時得聲明不接受「公約委員會」詢問程序之權利。而其實這是《公約議定書》之後門提供各國逃離之途徑，也就是說《公約議定書》所強制的只有申訴程序，但是不包括詢問程序，如上所述已有 53 個國家批准或加入《公約議定書》，有 32 個國家簽署但是尚未批准，所幸的是只有孟加拉在加入時及古巴在簽署時聲明不接受「公約委員會」詢問程序之權利。

　　問題是《公約議定書》到底有何貢獻？這些貢獻足夠解決《消除婦女歧視公約》之困境嗎？首先就申訴程序而言，《公約議定書》之規範最主要是參考《公民及政治權利國際公約第一任擇議定書》有關個人申訴之規定，而其他國際人權條約，例如：《禁止酷刑和其它殘忍、不人道和有辱人格的待遇或處罰公約》第二十二條及《消除一切形式種族歧視國際公約》第十四條亦有相類似之申訴制度，因此《公約議定書》所賦予之申訴制度並不是國際人權條約之創舉，而只是跟上其他人權條約之制度，但是這應是《消除婦女歧視公約》之重大突破，因為申訴制度之建立有關個人權利之直接保障，從其他人權條約之發展觀之，此制度之建立與個人比較有直

接之關係，但是因為《公約議定書》是在 2000 年才生效，因此到目前為止「公約委員會」還沒有審理過個人申訴案件，不過從《公約議定書》簽訂到現在才 4 年時間卻已有超過 50 個當事國，可說是發展非常快速的，或許未來幾年便會有許多個人申訴案件發生。

　　其次就詢問程序而言，有學者認為「公約委員會」之詢問程序有幾項優點，第一是個人申訴可能無法反應廣泛及集體性對婦女人權之違反，因為有些對婦女人權之違反是因為文化上之歧視。第二在集體侵犯人權之情況發生時，個人可能擔心其本身或家人受到報復而不敢提出申訴。第三由「反酷刑委員會」（Committee against Torture）之經驗可以得知，由國際機制監督集體性人權違反，可以比較有效地提供建議以改進結構性之問題。確實理論上詢問程序之產生是將國際人權監督機制之最新發展納入《公約議定書》中，這應該可以有所幫助，而且只有非常少數之國家聲明不接受此制度，因此該制度之發展應是樂觀的，不過制度建立之後依然必須透過機制實踐之，所以問題的重點是「公約委員會」以後是否會積極運用此制度，而且不懼各國之壓力確實實踐之，目前似乎尚未有此方面之案例發生，未來是否有效實踐有賴「公約委員會」之努力。

　　但是最後應強調的是申訴程序及詢問程序是增加了兩種監督機制，但是卻無法改善既有之缺失，減少保留及準時提出報告仍然有賴於各國之實踐，而「公約委員會」結構及其審查意見之缺失，依然尚未改善，新的程序帶來新的契機，但是沒有改善既有之缺失。

醫療人權導讀

蔡明殿

壹、前言

　　國內目前媒體及學界所論及的人權項目極多，幾乎各行各業都有專屬的人權，如教師的人權、學生的人權、軍人的人權、醫師的人權、病患的人權等等，幾乎是秉持著頭有頭的權利，腳有腳的權利的原則作詳細分項。這種分類方式一般人皆習於接受，未聞人有異議，大概是認定這是一種言論自由的範圍，故未予評論。然於此在論及醫療人權之前，有必要先來釐清醫療人權是否須要獨立為一個項目來嚴肅探討。

　　人權的議題分項目前在國外及國內均為多元化，各有所異，此乃無可厚非。但是如何去獨立出一個分項，通常都有一個通性，即是所舉出的議題都是涉及一個社會中的多數人口或影響面較廣的。以人口數來說，婦女佔全人口數的一半，且有史以來其人權廣受侵犯，因此所有的人權教育、政策和討論時必然要談到婦女人權。其他的，老人、青少年兒童、少數民族及原住民、流動勞工、難民、勞工及其工作環境等，其項內所有人數皆在社會結構中佔有相當比例。以影響面較廣的議題，也有種族關係、教育、環境、開發、糧食、衛生、貧窮、宗教、居住、和平等等議題。

　　如此多種的議題，如何去選定並深入探討事實上在各國是不同的，因為各國的社會環境和社會問題都不相同，其關注的重點必也不同。我們若要追尋國際共同的人權焦點，那麼要由聯合國開始。近代界定人權並給予理想願景和規範的是聯合國的國際人權憲章（International Bills of Human Rights）的一項宣言及兩項公約，這裡聯合國界定人權有公民和政治權利以及經濟、社會、文化權利兩大分項。在台灣，我國人士常常著重於公民和政治權利的討論，除此還有不少待加強的領域。

　　聯合國在訂定宣言和公約之後，每一年的人權委員會的討論有兩大方向。於此筆者以出席近年歷屆聯合國人權委員會以及一個重要的國際非政府組織——全民人權教育協會（Peoples' Movement for Human Rights Education）作說明。

貳、聯合國人權委員會

　　人權委員會的程序和機制是要檢視、監督和公開報告特定國家及地區（稱為 country mechanisms or mandates），以及世界各地主題項目的侵犯人權現況（稱為 thematic mechanisms or mandates）。每一年人權委員會都有近廿項的議程，在每一次的人權委員會中都會通過近一百項的決議、記錄和主席裁示。經濟、社會、文化權利通常排在第十項的議程，而公民和政治權利則被排在第十一項的議程。以下以第 59 屆人權委員會的程序和機制來說明[1]。

---

[1]　參見 www.nafia.idv.tw。

　　第 59 屆會議（2003）的特定國家及地區（country mandates）侵犯人權的報告，這些國家是因為有侵犯人權的情況，經前一年的人權委員會決議派專人調查，並在一年後的下一屆會議中提出報告。2003 年的報告包括：

1、阿富汗

　　　　由孟加拉籍的 Mr. Kamal Hossain（專案報告）；

2、波士尼亞赫滋哥維那及前南斯拉夫

　　　　由葡萄牙籍 Mr. Jose Cutileiro（專案報告）；

3、浦隆地

　　　　由象牙海岸籍的 Ms. Marie-Therese Aissata Keita Bocoum（專案報告）；

4、剛果共和國

　　　　由羅馬尼亞籍的 Ms. Iulia-Antoanella Motoc（專案報告）；

5、伊拉克

　　　　由塞布魯斯籍的 Mr. Andreas Mavrommatis（專案報告）；

6、緬甸

　　　　由巴西籍的 Mr. Paulo Sergio Pinheiro（專案報告）；

7、巴勒斯坦被佔領區

　　　　由南非籍的 Mr. John Dugard（專案報告）；

8、蘇丹

　　　　由德國籍的 Mr. Gerhart Baum（專案報告）；

9、古巴

　　　　由法國籍的 Ms. Christine Chanet（聯合國最高人權專員個人代表報告）；

１０、阿富汗

　　　　由孟加拉籍的 Mr. Kamal Hossain（專案報告）；

第 59 屆會議的主題項目（thematic mandates）程序報告包括：

１、居住

　　　　由印度籍的 Mr. Miloom Kothari（專案報告）；

２、種族主義、種族岐視等

　　　　由塞內加爾籍的 Mr. Doudou Diene（專案報告）；

３、經濟、社會、文化權利公約的任擇議定書

　　　　由突尼西亞籍的 Mr. Hatem Kotrane（獨立專家報告）；

４、教育

　　　　由克羅埃西亞籍的 Ms. Katarina Tomasevski（專案報告）；

５、法制外私刑

　　　　由巴基斯坦籍的 Ms. Asma Jahangir（專案報告）；

６、極度貧窮

　　　　由比利時籍的 Ms. Anne-Marie Lizin（獨立專家報告）；

７、言論自由

　　　　由肯亞籍的 Mr. Ambeyi Ligabo（專案報告）；

８、宗教和信仰自由

　　　　由紐西蘭籍的 Mr. Paul Hunt（專案報告）；

９、原住民的人權和基本自由

　　　　由墨西哥籍的 Mr. Rodolfo Stavenhagen（專案報告）；

１０、人權捍衛者

　　　　由巴基斯坦籍的 Ms. Hina Jilani（聯合國秘書長特別代表報告）；

１１、移民者的人權

　　　　由哥斯達黎加籍的 Ms. Gabriela Rodriguez Pizarro（專案報告）；

１２、非法搬運及丟棄有毒廢棄物

　　　　由阿爾及利亞籍的 Ms. Fatima Zohra OuhachiVesely（專案報告）；

１３、法官及律師的獨立性

　　　　由馬來西亞籍的 Mr. Param Cumaraswamy（專案報告）；

１４、國內被迫遷徒人口

　　　　由蘇丹籍的 Mr. Francis Deng（聯合國秘書長特別代表報告）；

１５、傭兵

　　　　由秘魯籍的 Mr. Enrizue Bernales Ballesteros（專案報告者）；

１６、保護免受被迫或非自願性的失蹤

　　　　由奧地利籍的 Mr. Manfred Nowak（獨立專家報告）；

１７、開發的權利

　　　　由印度籍的 Mr. Arjun Sengupta（獨立專家報告）；

１８、享有糧食的權利

　　　　由瑞士籍的 Mr. Jean Ziegler（專案報告）；

１９、販賣兒童、雛妓、兒童色情

　　　　由烏拉圭籍的 Mr. Juan Miguel Petit（專案報告）；

２０、外債及政策調整

　　　　由肯亞籍的 Mr. Bernards Andrew Nyamwaya Mudho（獨
　　立專家報告）；

２１、刑求及其他非人道虐待及懲罰

　　　　由荷蘭籍的 Mr. Theo C. van Bpven（專案報告）；

２２、對婦女的暴力，其原因及後果

　　　　由斯里蘭卡籍的 Ms. Radhika Coommaraswamy（專案
　　報告）；

２３、隨意拘留工作小組

　　　　由法國籍的 Mr. Louis Joinet（召集人報告）；

２４、被迫或非自願性的失蹤工作小組

　　　　由秘魯籍的 Mr. Diego Garcia-Sayan（召集人報告）；

第 59 屆會議的特別合作方案報告包括：

１、柬甫寨

　　　　由奧地利籍的 Mr. Peter Leuprecht（聯合國秘書長特別代表
　　報告）；

２、海地

　　　　由法國籍的 Mr. Louis Joinet（獨立專家報告）；

３、索馬利亞

　　　　由科威特籍的 Mr. Ghanim Alnajjar（獨立專家報告）；

賴比瑞亞的「1503 程序」迦那籍的 Ms. Charlotte Abaka（獨立專家報告）。

上述的專案報告大都在每年議程的第十項：經濟、社會和文化權利之中提出，其列入議程的原因是根據人權委員會前一年，即 2002 年的各項決議案而來的，但是所有的決議中並沒有說這些國家的人權不及格。在 2003 年的專案報告有：Mr. Jean Ziegler 提出有關享有糧食的權利，包括附件至孟加拉及巴勒斯坦的調查報告；聯合國秘書長報告人權與單方面的壓迫政策；根據人權委員會第 2003/18 號決議案第 17 段，聯合國秘書長報告各國實現世界人權宣言以及經濟、社會和文化權利國際公約中所述的經濟、社會和文化權利的現況和問題，以及開發中國家達到這些人權的努力時所面臨的特別問題；聯合國秘書長報告面對嚴重疾病如愛滋病、結核病和瘧疾時所得到的醫療救治情況；聯合國人權最高專員報告全球化的內涵中的反岐視基本原則；根據人權委員會第 2002/26 及 2003/26 號決議案，聯合國人權最高專員報告推動使每一個人都能享有文化的權利以及尊重不同文化認同；聯合國秘書處報告，使每一個人享有高標準的精神和身體衛生照護的權利的現況報告；獨立專家 Anne-Marie Lizin 報告極度貪窮概況，附件葉門調查報告；首席報告者 Ms. Catarina de Albuquerque（葡萄牙籍）報告，研究經濟、社會和文化權利國際公約任擇議定書之可能選項工作小組於 2004 年 2 月 23 日至 3 月 5 日第一次會議報告。專案報告者 Ms. Katarina Tomasevski 報告教育的權利現況報告，附件中國調查報告及附件哥倫比亞調查報告[2]。

---

[2]　參見 www.nafia.idv.tw；蔡明殿著，〈日內瓦的人權春聚〉，收錄於蔡明殿著，《人權筆記》，高雄：春暉，2004 年，頁 57。

　　由上述 2003 年的人權委員會的議程十，可以看出醫療保健是屬
於經濟、社會和文化權利之一。同樣的，在 2004 的人權委員會的議
程十，聯合國秘書長報告面對嚴重疾病如愛滋病、結核病和瘧疾時
所得到的醫療救治情況。而 2005 年，有關於患有愛滋病毒/愛滋病、
肺結核和瘧疾等傳染病情況下獲得藥物的問題亦在議程十。安南秘
書長的報告是概述從各國、聯合國機構和非政府組織收到的關於如
何採取步驟改善艾滋病毒/愛滋病、肺結核和瘧疾等傳染病患者獲得
藥物的情況[3]。

參、全民人權教育協會（PDHRE）

　　全民人權教育協會成立於 1988 年，其理事大都是參與聯合國人
權事務者，有一些是各國派駐聯合國的外交人員，有些目前還擔負聯
合國任務。此團體成立後強調以聯合國「世界人權宣言」為基礎的人
權教育，並聯合所有各國 NGO 及政府代表促成聯合國通過 1995-2004
為「聯合國十年人權教育」（Decade of Human Rights Education）。

　　由 1988 年成立時即命名「全民十年人權教育」至七年後，終於
使聯合國以其團體之名變為全世界的行動，可見本團體在聯合國體
系中之影響力。全民人權教育協會近年並獲聯合國經費補助，在世
界各國推行「人權城市」方案，目前加入此教育方案的城市包括
有：高雄（台灣）、Edmonton（加拿大）、Rosario（阿根廷）、
Mogale（南非）、Porto Alegere（巴西）、Wale Wale（迦那）、

---

[3]　參見 www.nafia.idv.tw；蔡明殿等七人著，《四色日內瓦-聯合國人權委員會
　　第 61st 會議出席報告》，http://www.aitaiwan.org.tw/html/geneva.htm。

Bamako（馬利）、Nagpur（印度）、Graz（奧地利）、Iowa City（美國）等城市。

PDHRE 創辦人 Shulamith Koenig 於 2002 年 12 月初訪台，與高雄市新興社區大學人權班學員座談說明「人權城市」方案之重要性，鼓勵學員組成協會推動此世界性的城市方案，以和世界各國之「人權城市」結盟。爾後，Shulamith Koenig 於 2003 年獲聯合國頒予人權貢獻獎之崇高榮譽。

PDHRE 在國際上與國際特赦組織、人權觀察等團體都屬具有份量的非政府組織，其網頁 www.pdhre.org 有多種語文提供人權教材，其中點選中文時會聯結到台灣非政府組織國際交流協會（Taiwan NGOs Association for International Affairs）的網頁 www.nafia.idv.tw。

PDHRE 對人權議題的分項包括：老人；小孩與青少年：開發的人權；才能各異人士；歧視；教育；環境；種族；食物；健康；適合的居所；原住民；生計及土地；流動勞工；少數民族；和平與裁軍；貧窮；種族歧視；難民；宗教；性別角色定位；婦女；工作與勞工。在這幾項目中可以看到，衛生保健是重要的人權議題之一。

肆、世界衛生組織推展和維護健康權利

在確認衛生保健是重要的人權議題之一後，來談到世界衛生組織（WHO）推展和維護健康的職責可能會引起國人的反感和質疑，因為 WHO 的責任理應照顧到全世界的每一位居民，然而當台灣有 SARS、禽流感及其他醫療危機時卻被排除在 WHO 運作機制之外。

國人的這種反應可以理解，不過 WHO 受到政治干涉而無法依理想行事，在國際事務及聯合國體制中都不是單獨的事件。

世界衛生組織（World Health Organization）源起於 1945 年在舊金山的聯合國會議中，通過巴西和中華民國（Republic of China）的提案，在聯合國的體系中成立一個獨立性的衛生組織。至 1948 年 4 月 7 日有 26 個國家批准其章程而正式成立，至今 4 月 7 日被紀念為世界衛生日。

世界衛生組織的宗旨是讓全世界所有的人得到最高標準的衛生照護，這是每人應有的基本權利，不因種族、宗教、政治信仰、經濟與社會情境而異。依據 WHO 的章程，「衛生」的定義是指完整的身、心和社會福祉，而不僅限於疾病和羸弱的消失而已。為達此目標，WHO 具有廣泛的功能，包括：

1、在國際的衛生工作上行使具有指導和協調的權威；

2、推動技術合作；

3、當各國政府提出請求時，提供協助以加強其衛生工作；

4、提供適當的技術指導，在緊急時經各國政府提出請求或同意時提供援助；

5、推動流行病和各國國內疾病的預防和控制；

6、必要時推動各特別機構的合作，以改善營養、環境衛生、休閒、生活和工作條件等；

7、推展改善衛生、醫療和相關專業領域的教育和訓練標準；

8、建立或促使建立食品、生物、藥品和相關產品的國際標準，以及分析程序的標準化；

9、培植精神健康領域的活動，特別是涉及人際關係的和諧[4]。

世界衛生組織在世界性的層級上負有最廣泛的責任照顧全世界的每一位居民，WHO 評估近五十年來的成就，包括低收入國家的壽命提昇 20 年（由 44 昇至 64 歲）；嬰兒死亡率降低五成；小學入學率增加八成；能取得清潔飲用水的人口增加一倍；徹底消滅天花並幾近消滅小兒麻痺症，這些成就是在人口幾乎加倍的情況下達成的[5]。

WHO 的研究並指出貧窮與衛生保健的缺乏是一種惡性循環，而目前各國醫療研究也有偏差，全球總共將百分之九十的資源投入解決百分之十的病症。這是因為很多藥廠僅投入研發可以有商業利益的藥物和器材，然而一些就現有科技可以治癒的病症卻予忽視，並被放棄治療的機會。有鑑於此，WHO 力圖改善這種 10／90 的差距，呼籲各國協力共同在近年內達到 20／80 的改進。就此大方向來說，WHO 的行事是承擔著保障全球居民的醫療人權。

伍、導讀小結

人權以一句話來歸納之，就是「老吾老，以及人之老，幼吾幼，以及人之幼」的千古理想的實現。生老病死是每個家庭都可能面對的危機，我國在施行全民健保之後，雖不完善且有很多改進之處，但已基本上為全社會架設了一個安全網，這就是一種醫療人權的實踐。比較起一些富足的國家，如美國，因為其國內利益團體如美國醫師協會的阻擾，而長期的爭辯後仍未能通過全民健保的法

---

[4]　參見蔡明殿、王淑英編著，《與世界衛生組織有正式工作關係的非政府組織 WHO 工作手冊》，高雄：春暉，2003 年。

[5]　資料摘自 WHO, 10/90 Report on Health Research 2001-2002, 2002 年。

案，我國的健保制實質上優於美國。吾等見到不少長居國外的人士專程回台享受健保之福利，即可看出醫療人權之良劣。

我國健保制度固已超越他國，但在國內醫療資源的分配仍不平均，山區及偏遠地區的醫療仍待改善，因此有必要持續討論醫療人權的理論和實務。醫療人權和所有各項的人權一樣，在所有的國家都有改善的空間，人權的理想事實是一種永遠在追求的目標。

原住民人權導讀

施正鋒、黃松林、高德義

壹、原住民族群人權概念內涵與來源

　　當前有關少數民族或原住民人權思想之主軸，大致上在於對人權關懷。其中是由人道主義開始，重點在少數族群個別重要人士的保護，並未重視原住民整體之權利。至 1950 年代，隨著多元文化主義（Multiculturalism）與原住民運動在北美洲興起，並漸次擴散全球，學術界才逐漸有以原住民為主體的有系統研究，因此多元文化主義對原住民人權思想是極正面的影響。

　　二次大戰後，多元文化主義已成為世界各國處理族群關係或建構民族政策的主流思潮，其重點在強調社會上各種文化族群應該平等相待、共存共榮的思想主張，其所以如此主張之主要原因乃在於學者們發現，族群關係問題具有長期性與複雜性，針對此種複雜族群關係之處理不宜躁進，不應偏激，更應重視族群關係正義，尊重其他族群的主體性，各族群如能接受多元文化，社會才有充足的創新活力，族群間接關係也才有可能相互尊重、相互學習、造成雙贏的局面（高德義，1996）。多元文化主義主張：凡是在社會中呈現的文化體系或價值觀都應受到和主流價值觀相同的尊重，還不只是被容忍而已。在英美，多元文化主義的價值觀所特別看重的除了不同族裔的文化外（如黑人文化、西裔美國人、印地安人、和亞裔美

國人文化等），還包括女性主義（feminism）的價值觀，各種不同宗教信仰以及因不同癖好所產生的價值體系（如同性戀者所產生的文化或價值體系）。在多元文化主義的要求之下，教育的內容就須顧及各種不同族群、各種不同宗教信仰者、各種不同語言使用者，乃至各種不同價值體系支持者的需要，而不只是成為主流文化或主流價值觀的服務工具。

　　一般而言，多元文化主義對於原住民人權之影響可以從歷史的反省、價值相對主義、個人主義的觀點、文化生態的觀點來看，茲說明如下：

一、歷史的觀點

　　人類的歷史經驗告訴我們：執著於某一文化觀點或價值觀點，進而試圖以此一觀點當作一切價值判斷的規準來進行判斷和行動，並要求另類份子的接受或服從，是有問題的，它常是製造人類悲劇或痛苦的來源。德國對猶太人和吉普賽人的迫害便是個典型例子；又如澳洲的白澳政策、早期台灣學校教育中的語言政策等。即便是以個人來說，假如一個非屬於主流文化或價值體系的人，生活在一個不被尊重（遑論不被容忍）的社會中，他一生當中也必然會飽受創傷，也會妨礙他去追求他想要過的理想生活。是以從一個道德的觀點而言，不論在種族、大規模社會乃至個人的層次上，多元文化主義在實際上都要優於以往以一種單一的主流文化價值當作主要標準，而強要他人服從的作法；在實際作為上，依多元文化觀或價值觀所實施的政治政策、社會政策和教育政策，也比較能夠避免人類

以往所發生的悲劇。我們總是要從歷史當中學到一些教訓，多元文化主義的被接受正是學到這種教訓的結果。

二、價值相對主義

　　從某一種知識論的觀點而言，所有的文化體系或價值體系在基本上都應是平起平坐，沒有高低之分。儒家價值觀和個人主義價值觀的支持者不會同意這個觀點。儒家體系中勾勒著一個理想的人倫體系，凡不符這個體系的主張或作為，都會受到鄙視和譴責。個人主義強調個人的自主，凡是不尊重個人自主的價值觀和作為，也會受到揚棄。但從某種知識論的觀點而言，所有運用文字去論述的體系在基本上都是相對待的體系，都沒有辦法來肯定自己絕對為真；既然如此，作為論述體系的所有價值論述，也都僅止於相對的。除了從知識論的觀點我們可以得到「所有價值體系的主張都是相對」的主張，當代後設倫理學（meta-ethics）中「情緒論」（emotivism）的主張同樣的也會導致價值相對主義。情緒論的基本主張是所有的道德要求、道德語句或道德判斷在本質上都是人的情緒的表達，並沒有什麼客觀的基礎。有一陣子，道德哲學家以為情緒論已被揚棄了，但近年來麥肯泰（A. MacIntyre）在他的書《德性之後》（After Virtue）中提醒我們，其實仔細分析到最後，所有的道德要求、道德原則和判斷說起來都是斷言（assertions），客觀的基礎是不容易找的。麥肯泰最後終究是要替道德體系或道德要求找一個客觀基礎。但我們懷疑這基礎是不是能找到，在還沒有找到之前，我們是不是應該對不同價值體系給予適當的容忍和尊重？

三、個人主義的觀點

　　前面提過個人主義的基本主張，個人主義的發展也有其階段性。在早些時候，個人主義的一個重要想法是：每一個人都應有相等的尊重與關懷（equal respect and concern）；除此之外，每一個人都應有均等的機會（equal opportunity）來追求自己為自己規劃出來的幸福生活。在這種精神下，社會生活中首先建立的是「法律之前人人平等」的觀念及作為（如國民義務教育，各種考試或入學資格乃至社會福利措施不得有歧視排外的設計）。但後來社會的事實卻顯示，即便是切實落實了「法律之前人人平等」的精神，社會中卻總是有一批人（如有色人種、社經階層較低的成員、女性、或社會中非主流文化的成員等等），事實上並沒有獲得應有的尊重與關懷，也沒有均等的機會來規劃及追求幸福生活。有些學者，如泰勒（C. Taylor），於是指出，如果真要逼近「對個人的尊重及關懷的理念」，非得要認可（recognize）那些被系統性歧視的個人所來自的文化（如拉丁美洲文化，或非洲文化）的價值，甚至應該認定（presume）那些非主流文化與主流文化在價值上是一樣的（equal worth），如果不這麼做，這些來自非主流文化圈的人在人格或自我（self）形成的過程中就會不斷的被扭曲、矮化、甚至醜化，這些人在成年後不免的會是以一個不健康的自我來經營其社會生活。在如此的情況下，要過一個有自尊及有尊嚴的生活是非常難的。泰勒於是主張應該以多元文化主義當作政治、社會或教育政策的主軸。由泰勒支持多元文化主義的論證來看，多元文化主義的應該成立，原來建基於對個人的尊重及關懷。

四、文化生態的觀點

近來時興的環保運動對多元文化主義的崛起也應有功勞。環保的一個精神是保存在自然狀態中生存下來的物種和環境，凡現有存在的狀態即儘可能予以保存，近幾十年來隨著我族中心態度（ethnocentrism）的放棄，這個精神終而也讓我們以一個新的態度來看待人類在不同環境及不同歷史脈絡下所發展出來的不同文化。環保的精神讓我們接受：不同的文化是「不同的人類求生存及生存的有價值和有意義」的一種結果。只要一種文化不具有破壞性、毀滅性、或像癌症般的組織結構，都應受到認可，也都應被保存。再者，我們甚至可以用物種多樣性的觀點來看文化生態。從生物學的眼光來看，物種基因的多樣性與物種基因單一性相較之下，物種基因的多樣性比較能夠讓物種保存下來（台灣泡桐的繁衍即為一例）；我們也可將這種觀點運用在文化生態上，來主張多樣文化的保存對整個人類福祉而言會比單一文化來得有利。

多元文化主義的興起，說明了尊重原住民族人權的重要性，原住民在爭取民族權的漫長過程中，定義基本名詞的論述本身就是抗爭的場域。對於國家來說，只要否認原住民在國際法的地位，就可拒絕原住民的權利要求[1]。中國、前蘇聯、印度、及孟加拉等國甚至於否認其境內有任何原住民存在。然而，聯合國於 1992 年 12 月 10 日世界人權日，於紐約聯合國總部舉行的聯合國會議中有一項重大的決議：1993 年為聯合國國際原住民族年。這個聯合國國際原住民

---

[1] 施正鋒，〈國際潮流與原住民族的權利〉，於作者《台灣原住民族政治與政策》，台中：新新台灣文化教育基金會／台北：翰蘆圖書出版公司，2005年，頁 29-56。

族年的主題定為：原住民族：一個新夥伴。由此，將鼓勵發展原住民族與政府、原住民族與國際社會的新關係，這種新關係必須公平地建立於互相尊重與了解的基礎上。

1993 年 12 月 21 日聯合國大會第 48／163 號決議 1994-2003 年為世界原住民族國際十年，主要目標是加強國際合作，解決原住民族在人權、環境、發展、保健、文化和教育等領域的問題。聯合國系統各專門機構、其它國際機構和國家機構、以及各個社區和私營企業均應特別注意有利於原住民族社區的發展活動。世界原住民族年國際十年活動方案之主要目標有：

1、教育原住民族和非原住民族社會了解原住民族的處境、文化、語言、權利和願望。特別是，應努力同聯合國人權教育十年合作。

2、促進和保護原住民族的權利，增強他們的選擇能力，使他們能夠保留自己的文化特性，同時可以參與政治、經濟和社會生活，要充分尊重他們的文化價值、語言、傳統和社會組織方式。

3、進一步實施所有高級類別國際會議有關原住民族的建議，包括聯合國環境與發展會議、世界人權會議，特別是應當考慮在聯合國系統內為原住民族設置一個常設論壇的建議、聯合國人口與發展會議、社會發展問題世界首腦會議以及將來的所有高級類別會議的有關建議。

通過聯合國《原住民族權利宣言草案》和進一步制訂保護和促進原住民族人權的國際標準和國家立法，包括監測和保障這些權利的有效手段。

誰是原住民：當前世界上原住民的總人口約 250,000,000 人，分屬 12,000 族。除了美洲的印第安人及北極圈的愛斯基摩人（又稱 Inuits）外，國際上公認下列民族為原住民[2]：

1、大洋州：包括居住於澳洲、紐西蘭、巴布新幾內亞及夏威夷較為偏遠地區的原住民。

2、亞洲：包括東南亞之印尼、婆羅洲、菲律賓、台灣、印度、巴基斯坦、孟加拉、及中國的部落民族（Tribal or hill peoples）；日本的蝦夷人（Ainu）、西伯利亞的原住民。

3、非洲：北非的柏柏人（Berber）、南非的布希人（Bushman）等。

4、歐洲：格林蘭島、瑞典、芬蘭、挪威、及蘇聯境內的拉波民族（Lapp people，又稱 Saami people）；西班牙、法國、及葡萄牙的巴斯克民族（Basque people）；西班牙的加里西亞人；法國的布列塔尼亞人；英國的塞爾特民族（Celtic peoples）。

另外，我們將分別針對「原住的」「原住民族」、「人權」等名詞作釋義與剖析，進而探究原住民的集體權在國際上的發展，原住的（indigenous 或 aboriginal）：當前的國際潮流是強調由原住民作自我定義（self-definition），因此，上述原住民的共同點除了被征服外[3]，最基本的是他們都自認為原住民[4]。除了客觀上存在的有形的特

---

[2] 同註 1。

[3] 施正鋒，〈國際潮流與原住民權利〉，發表於台北市政府原住民事務委員會主辦《台灣原住民民族權及人權學術研討會》，1998 年。

[4] Shaw, Malcolm N. "The Definition f Minorities in International Law," n Yoram Dinstein, and Mala Tabory, eds. The Protection of Minorities and Human Rights.

色，以及無形的被征服、被支配的共同歷史經驗外[5]，一般還會強調原住民在主觀上具有集體認同感、以及休戚以共的生存慾望[6]。另外，「原住民」一般是指該地最原本（first）的住民，但也可能不是該地最原本的住民，而只是指當西方墾殖者前來、取得政治權力及土地資源的控制之前，他們的祖先已在那裡住過多年者[7]。部分西方國家採用「少數」〔族群〕（minority group），似有予以矮化或否定原住民地位之意。

另外[8]，「民族」（people）西方國家對於原住民族使用「民族」（people）一詞也極為保守，其重點乃擔心原住民一旦取得民族的身份後，會據之要求行使自決權，甚至於要求獨立[9]。聯合國基本上對於民族（peoples）、少數族群（minorities）、原住民族（indigenous peoples）等名詞並無明確的定義，比如其有關原住民族事務的機構稱為「原住人口工作小組」，故意避開爭議，採用「人口」（population）來取代「民族」。國際勞工組織原本用「人口」，後來在原住民的壓力下改用「民族」，但又指出，此並無意

Dordrecht, Netherlands: Martinus Nijhoff,1992,pp.13-16.

[5]　Lerner, Natan. Groups Rights and Discrimination in International Law. Dordrecht, Netherlands: Kluwer. 1991.pp.9-10.

[6]　Martinez, Miquesl Alfonso. "Study on Treaties, Agreements and Other Constructive Arrangements between States and Indigenous Population." (http://www. halcyon.com/FWDP/untrtst2.html) ,1995. pp.8-9.

[7]　李明峻，〈少數民族國際性保護的歷史回顧〉，論文發表於台灣歷史學會主辦《民族問題學術研討會》，台北，1998年。

[8]　Capotorti, Francesco. "Are Minorities Entitled to Collective International Rights? " in Yoram Dinstein, and Mala Tabory,eds. The Protection of Minorities and Human Rights, Dordrecht, Netherlands: Martinus Nijhoff. 1992, pp. 508.

[9]　Anaya, S. James. Indigenous Peoples in International Law. New York: Oxford University Press, 1996,pp.48-49.

賦予原住民在國際法上伴隨民族所享有的各種權利。而「peoples」
與「people」也引起爭執，前者指涉的是「民族」，後者則籠統的指
「人民」，因此，當聯合國在宣佈「世界原住民國際十年」及草擬
《原住民族權利宣言》之際，成員國相當地不安，以為原住民只是
各國的個人公民，而非獨立的民族[10]。最後，前者用「people」，後
者終得以採「peoples」，要歸功於原住民團體 20 年的不懈爭取[11]。

　　在所謂人權部分，一般是指做為一個人理應享有而不可剝奪的
基本權利亦即是使人過著具有人性尊嚴的生活所必須加以保障。所
以，人權也是作為一個人所必備的條件。人權不只是個人的自由與
權利的問題，而且也涉及社會、政府與國家，甚至會涉及國際的世
界性問題[12]。人權的內涵，包含：1.自由權：(1)人身自由，(2)表現自
由（言論、講學、出版、表演、傳播等自由），(3)集會結社自由，
(4)宗教自由，(5)居住遷徙自由，(6)秘密通訊自由。2.隱私權。3.社
會權：(1)生存權，(2)環境權，(3)學習權，(4)勞工基本權。4.請願
權、訴願權、訴訟權與接受公平審判之權。5.參政權：(1)選舉權，(2)
罷免權，(3)參與全民公決；6.應考試服公職之權。7.抵抗權（林山
田，2000）。當然，學者專家對於其中有部分權利觀點有所不同，
本文仍就以下各項說明之。

---

[10] Daes, Erica-Irene. "Indigenous People and Their Relation ship to Land." (http://www.unhchr.ch/html/menu4/subrep/97sc17.html) ,1997, pp.3.
[11] 同註 1。
[12] 林山田，〈人權〉，於蔡漢賢主編《社會工作辭典》，台北：社區發展雜誌社，2000 年，頁 p. 9。

貳、原住民基本人權

在基本人權部分，是國際人權法律所承認的一切人權和基本自由、尊嚴和權利、平等、文化、土地與自然資源、社會福利、自我統治與國籍權。聯合國於 1995 年草擬《原住民權利宣言》，其有關原住民基本人權內容說明如下：

聯合國宣言之第一條：原住民族有權充分、有效地享受《聯合國黨章》、《世界人權宣言》和國際人權法律所承認的一切人權和基本自由。第二條：原住民和原住民族有其自由，享有與所有其他個人和人民同等的尊嚴和權利，有權免受任何歧視，尤其是基於原住民出生或身份的歧視。第三條：原住民族享有禁止歧視、文化完整、土地與自然資源、社會福利與自我統治。據此權利，他們可自由地決定自己的政治地位和自由地追求經濟、社會和文化發展。第四條：原住民族有權維護和加強其獨特的政治、經濟、社會和文化特徵及其法律制度，同時，如果他們願意，保留充分參與國家政治、經濟、社會和文化生活的權利。第五條：每個原住民享有國籍權。此乃認可原住民一切人權和基本政治、經濟、社會和文化自由權與國籍權利，這在一般的相關法律中較易受到認同。

第二部分是每人享有生命權、身心完整權、人身自由、遷移和安全權、有權維護和發展其特性和特徵及武裝衝突時期之特別的保護和安全。因此，聯合國宣言之第六條：原住民族集體有權作為獨特民族自由、和平與安全地生活，得到充分的保障，不對其實行種族滅絕或任何其他暴力行為其中包括不以任何借口將原住民兒童從其家庭和社區帶走。此外，他們每人享有生命權、身心完整權、人身自由和安全權。第七條：原住民族集體和個人有權免遭種族滅絕

和文化滅絕，必須防止和糾正：1.任何旨在或實際剝奪其作為獨特民族的完整性的行動，或剝奪其文化價值觀或民族特性的行動；2.任何旨在或實際奪走其土地、領土或資源的行動；3.任何形式的旨在或實際上侵犯或損害其任何一種權利的人口轉移；4.任何形式的通過立法、行政或其他措施將其他文化或生活方式強加於他們的同化或融合；5.任何形式的反對他們的宣傳。第八條：原住民族集體和個人有權維護和發展其特性和特徵，包括有權自認為原住民并被承認為原住民。第九條：原住民族和個人有權根據所涉社區或民族的傳統和習俗歸屬某一原住民社區或民族。行使這種權利絕不得引起任何一種損害。第十條：不得強迫原住民遷離其土地或領土。未經有關原住民族自由和知情的同意、沒有議定公正和公平的賠償、可能時還有選擇返回的自由之前，不得重新安置原住民族。第十一條：在武裝衝突時期，原住民族有權得到特別的保護和安全。國家應遵守關於在緊急和武裝衝突情況下保護平民人口的國際標準，特別是 1949年日內瓦四公約，而且不應：1.違反原住民意願招募他們加入武裝部隊，特別是用於反對其他原住民族；2.在任何情形下招募原住民兒童加入裝部隊；3.強迫原住民族放棄其土地、領土或謀生手段或為軍事目的把他們重新安置在特別的中心裡；4.按歧視性條件強迫原住民族從事軍事目的的工作。

　　此乃就原住民的特質，加強其生命權、身心完整權、人身自由、遷移和安全權、維護和發展其特性和特徵之權利。目前雖有部分受到認同，但也有部分人權受到不同層面的反對與限制，未來仍有進一步加強的空間。

參、政治權與經濟權

《聯合國宣言草案》在政治權與經濟權部分，包括發展他們自己的原住民決策機構，參與影響立法或行政、維護和發展其政治、經濟、就業、醫療保健和社會福利制度等。

因此，《聯合國宣言》之第十九條：原住民族有權按本身意願通過他們按自己程序挑選的代表在各決策層次上均充分參與可能影響到他們的權利、生活和命運的事務，也有權維護和發展他們自己的原住民決策機構。第二十條：原住民族有權按本身意願通過自己決定的程序充分參與制訂對他們可能有影響的立法或行政措施。國家在通過和執行這種措施之前，應先徵得有關人民的自由和知情的同意。第二十一條：原住民族有權維護和發展其政治、經濟和社會制度，有權安穩地享用自己的謀生和發展手段，自由從事他們的一切傳統活動和其他經濟活動。被剝奪了謀生和發展手段的原住民族有權獲得公正和公平的賠償。第二十二條：原住民族有權要求在諸如就業、職業培訓和再培訓、住房、衛生、保健和社會安全等領域採取特別措施，立即、有效、持續不斷地改善其經濟和社會條件。原住民原住民、婦女、青年、兒童和殘疾人的權利和特殊需要應得到特別關注。第二十三條原住民族有權確定和擬訂他們行使發展權的優先次序和戰略。原住民族尤其有權確定和擬訂一切會影響他們的保健、住房和其他經濟和社會方案，并盡可能通過自己的機構管理這種方案。第二十四條：原住民族有權使用自己的傳統醫藥和保健方法，包括有權保護重要的藥用植物、動物和礦物。他們還有權使用一切醫療機構、保健服務和醫療，不受任何歧視。

　　另一部分是自決權，包括公民資格、獨特的司法習俗、傳統、程序和慣例、國家履行和尊重同國家或其繼承國締結的條約、協定和其他建設性安排等。因此，其聯合國宣言之第三十一條：作為行使自決權的一種方式，原住民族有權在有關其內部和當地事務的問題上實行自治，在諸如文化、宗教、教育、宣傳、媒介、保健、住房、就業、社會福利、經濟活動、土地和資源管理、環境和非本族人的進入以及資助這些自治職能的方式方法等問題上實行自治。第三十二條：原住民族集體有權根據其習俗和傳統決定他們自己的公民資格。原住民族公民資格無損於原住民族獲得所居住國家公民資格的權利。原住民族有權根據自己的程序決定自己的機構體制，選擇這些機構的成員。第三十三條：原住民族有權根據國際上承的人權標準促進、發展和維護其機構體制及其獨特的司法習俗、傳統、程序和慣例。第三十四條：原住民族集體有權確定個人對其社區應負的責任。第三十五條：原住民族，特別是被國際邊界分開的原住民族，有權與國界那邊的其他人保持和發展接觸、聯繫和合作，包括從事精神、文化、政治、經濟和社會目的的活動。各國應該採取有效措施，確保這一權利的行使和落實。第三十六條：原住民族有權要求他們同國家或其繼承國締結的條約、協定和其他建設性安排按其原來的精神和意圖得到承認、遵守和執行，有權要求國家履行和尊重這種條約、協定和其他建設性安排。無法解決的衝突和爭端應訴諸有關各方議定的主管國際機構。

　　另外是土地資源之所有權部分，包括收回或獲得公正和公平的賠償有關土地、領土、水域、近海和其他資源佔用獲得補助，及文化和知識財產的全部所有權、控制權和保護權，另外是確定和制訂

發展或使其土地、領土和其他資源的優先次序和戰略等。因此，聯合國宣言之第二十五條：原住民族有權維護和加強他們同歷來挪有或以其他方式占有或使用的土地、領土、水域、近海和其他資源之間特有的精神和物質關係，在這方面負起他們對後代的責任。第二十六條：原住民族有權擁有、發展、控制和使用土地和領土，包括他們歷來挪有或以其他方式占有或使用的土地、空氣、水域、近海、海冰、動植物群和其他資源構成的整體環境。這包括有權使他們的法律、傳統、習俗、土地所有權制度以及資源發展和管理體制，得到充分承認，有權要求國家採取有效措施，防止任何對這些權利的干涉、剝奪或侵犯。第二十七條：原住民族有權收回他們歷來挪有或以其他方式占有或使用但未經其自由和知情的同意而被沒收、佔據、使用或破壞的土地、領土和資源。如無法收回，則他們有權獲得公正和公平的賠償。賠償形式應是質量、面積和法律地位相等的土地、領土和資源，但有關的人民自由地另行商定者除外。第二十八條：原住民族有權保持、恢復和保護其整體環境及其土地和領土的生產能力，有權得到國家和通過國際合作為此提供的援助。在原住民族的土地和領土上不得進行軍事活動，但有關的人民自由地另行商定者除外。國家應採取有效措施，確保不在原住民族的土地和領土上存放或傾倒有害材料。國家還應採取有效措施，根據需要，保證受這種材料影響的原住民族擬訂和執行的監測、維護和恢復原住民族身體健康的方案得以充分實施。第二十九條：原住民族對其文化和知識財產的全部所有權、控制權和保護權應得到承認。原住民族有權採取特別措施，控制、發展和保護自己的科學、技術和文化表現形式，包括人的和其他的遺傳資源、種子、醫藥、

有關動植物群特性的知識、口授傳統、文學、圖案、觀賞藝術和表演藝術。第三十條：原住民族有權確定和制訂發展或使其土地、領土和其他資源的優先次序和戰略，包括有權要求國家在批准任何影響到他們的土地、領土和其他資源，特別是有關發展、利用或開採礦物、水域或其他資源的任何項目之前，先徵得他們自由和知情的同意。根據同有關原住民族的協定，應為任何這類活動和措施提供公正和公平的賠償，以便減少不利的環境、經濟、社會、文化或精神影響。

　　其中自決權是主張原住民有權決定自己的政治定位、追求自己的經濟、社會、及文化發展。簡單來說[13]，自決權是一個民族要求決定自己的前途及命運的集體權利，可以說是各種基本人權之母[14]。對於原住民來說，自決權在《國際公民暨政治權規約》[15]及《國際經濟、社會、暨文化權規約》[16]（1966，第 1 條）中早已規範得一清二處，而且並無任何國際規約禁止原住民行使自決權，因此原住民的自決權和其他民族的自決權等同[17]。雖然《國際友誼關係及合作之國際法原則宣言》[18]（1970）重申《聯合國憲章》所揭櫫的民族自決

---

[13] Laenui, Poka. "A Primer on International Activities as Related to the Quest for Hawaiian Sovereignty."(http://www.opihi.com/sovereignty/internet_law.txt), 1993,4.

[14] De Obieta-Chalbaud, Jose A. "Self-Determination of Peoples as A Human Rights." Plural Societies, Vol. 16, No. 1, 1985,pp. 61-79.

[15] 《國際公民暨政治權規約》 International Covenant on Civil and Political Rights (1966) (Henkin, et al., 1980).

[16] 《國際經濟、社會、暨文化權規約》International Covenant on Economic,Social and Cultural Rights (1966) (Henkin, et al., 1980).

[17] Lam, Maivan C. "Statement before United Nations Working Group on Indigenous Populations."(http://www.halcyon.com/pub/FWDP/International/maivan/txt), 1993.

[18] 《國際友誼關係及合作之國際法原則宣言》Declaration on Principles of International Law Concerning Friendly Relations and Co-Operation Among States

權，卻又加上限制條款，禁止自決權的行使侵犯現有國家領土完整的，無異斷絕原住民尋求獨立的可能。

各國政府最忌憚的原住民集體權是自決權，因為不管是那一種形式，都正面挑戰到墾殖國的正當性，尤其是它們不願放棄對原住民土地的控制，加上境內非原住民的少數族群可能群起仿效，自然要強烈抵制自決權。譬如美國主張自決權必須正式透過國家來行使，而原住民雖有其獨特的文化、語言、或社會結構，卻還不具備成為民族所需要的內部凝聚力，更遑論行使自決權的能力。

此外[19]，戰後國際間流行的是所謂的「鹽水」（salt-water）或「藍海」（blue-water）的去殖民化原則，主張殖民地的資格決定於該地是否與殖民者隔著海洋[20]，也就是說由海外入侵者佔領的地方才算殖民地、才有自決權，而被國家包圍而陷於內部殖民的原住民，不算真的被殖民，自無自決權[21]。

強烈批判洛克（John Locke）為首的西方政治理論學者如何合理化白人如何佔領美洲原住民的土地[22]。其實，原住民在白人「發現」

---

in Accordance With the Charter of the United Nations.(1970) (Henkin, et al., 1980).

[19] Anaya, S. James. Indigenous Peoples in International Law. New York: Oxford University Press. 1996,pp.43,60.

[20] Morris, Glenn T. n.d. "International Law and Politics Toward A Right to Self-Determination for Indigenous Peoples. " (http://www.halcyon.com/pub/FWDP/International/int.txt).

[21] Lerner, Natan. "The 1989 ILO Convention on Indigenous Populations: New Standards? " in Yoram Dinstein, and Mala Tabory, eds.The Protection of Minorities and Human Rights, ordrecht,Netherlands: Martinus Nijhoff,1992, pp. 214.

[22] Tully, James.. Strange Multiplicity: Constitutionalism in An Age of Diversity. Cambridge: Cambridge University Press. Weissbrodt, David, and Wendy Mahling. n.d. "Highlights of the 46th Session of the Sub-commission."(http://heiwww.unige.ch/humanrts/demo/subrept.txt),1995,pp.70-78.

美洲之際，已有他們自己的政治組織，並且享有主權，而他們並不願意出讓土地，因此，必須尋求不用取得原住民同意的方式。首先，白人以為原住民的文明發展程度低落，並無西方的政治制度，自無對等的政府出面與白人談判。此外，原住民缺乏西方個人財產權或土地權的概念，加上原始的漁獵採集的經濟型態，並未充分利用土地，宛如荒廢的無主之地（terra nullius），在這種人吃人的「自然狀態」下，任何人都可以前來開發，用不著取得原住民的同意。

　　對原住民來說，他們的土地被侵略、被強行納入所謂的國家，完全未經其同意；既然他們從未放棄主權，因此自決權的行使，不管是不是選擇獨立，根本無所謂分離主義與否的問題[23]。然而，主流的「國家主權」（state sovereignty）的說法侵犯了他們的「自決權」：原住民因為沒有國家，所以不能行使自決權；原住民因為沒有自決權，所以無法建立自己的國家[24]。總之，如何調和原住民（或少數族群）的自決權及國家領土的完整，將是兩者尋求定位的重要課題。

　　自決權始於法國大革命，並經美國威爾遜（Woodrow Wilson）總統大力鼓吹，但《國際聯盟憲章》[25]（1919）並未提及。當時各國關切的是如何透過一序列的條約來保護宗教、或語言上的少數族群，雖然將保護少數族群作為加入國際聯盟的先決條件，然而[26]，由

---

[23] 同註 17，pp.19.

[24] D'Errico, Peter. "American Indian Sovereignty: Now You See It, Now You Don't."(http://www.nativeweb.org/pages/legal/sovereignty.html),1997,pp3,7-8.

[25] 《國際聯盟憲章》Covenant of the League of Nations (1919).(Henkin, et al., 1980)

[26] Rosenne, Shabtai. "The Protection of Minorities and Human Rights, " in Yoram Dinstein, and Mala Tabory, eds. The Protection of Minorities and Human Rights, Dordrecht, Netherlands: Martinus Nijhoff, 1992, pp. 514.

於強權間的角力，這些安排不如說是用來清算第一次世界大戰東歐及中東的戰敗國，而西歐、蘇聯境內的少數族群及美洲的原住民並未被考慮在內[27]。當時的國際法院（PCIJ）不只不承認原住民的國際法人的資格、不承認原住民的集體權，連少數族群的集體權也不被承認[28]，也就是說，被保護的對象只限於少數族群的個別成員，而非少數族群本身[29]。

　　第二次世界大戰結束以來，情況才稍有改善，聯合國開始將人權的關注由父權式的（paternalistic）保護轉向推動天賦（inherent）權益，不過，基本的關心對象仍然侷限於個人。這種視集體權為毒蛇猛獸的心態，主要是不願破壞現有國家領土的完整。譬如說，《聯合國憲章》[30]（1945）在第 1 條、第 2 款、及第 55 條提及：「尊重民族[peoples]的平等權及自決之原則」，在第 3 款誓言：「促進對人權及基本自由權的尊重，不因種族、性別、語言、或宗教的差異而有所別」，卻未對少數族群的集體權有所著墨。同樣地，《世界人權宣言》[31]（1948）並不承認集體權。它在第 2 條強調「每個人[everyone]享有本宣言公告的所有權利及自由，不因種族、膚色、性別、語言、宗教、政治或其他意見、……而遭到歧視」；第 7 條提到的是「所有的人[all]在法律之前平等，受到法律的公平保護，

[27] Sigler, Jay A. Minority Rights: A Comparative Analysis.Westport, Conn.: Greenwood Press, 1983, pp. 74 -76.
[28] 同註 18，pp.214.
[29] Lerner, Natan.. Groups Rights and Discrimination in International Law. Dordrecht, Netherlands: Kluwer.,1991, pp.9 -14.
[30] 《聯合國憲章》Charter of the United Nations (1945) (Henkin,et al., 1980).
[31] 《世界人權宣言》Universal Declaration of Human Rights (1948).(Henkin, et al., 1980).

不受任何歧視」，都是指個人的權利，並未關照到少數族群的保護[32]。當時雖然有人建議納入有關少數族群的條款，卻未被接受，主要的阻力還是在各國擔心外力介入[33]。

　　首度提到集體概念的是聯合國在 1948 年通過的《防止暨處罰滅種罪行條約》，它在第 2 條定義滅種時提及「民族、族群、種族或宗教團體」。不過其重點在保護這些團體的個別成員，並未具體提到集體權。聯合國大會在 1960 年通過《許諾殖民地及民族獨立宣言》[34]，雖明文指稱「所有的民族都有自決權」，卻把對象限定於「非自治領地」，而原住民並不被視為殖民的民族，因此被排除在適用自決權的對象。此外，第 6 款作了但書，不能破壞國家的民族團結及領土完整。

　　聯合國在 1965 年通過《消除各種形式種族歧視國際公約》，它雖然在定義「種族」時提及「種族、膚色、血緣、民族、或族群」等字眼，同樣地未明指集體權的概念。真正規範到集體權的是《國際公民暨政治權規約》[35]（1966）。它在第 1 條、第 1 款開宗明義指出：「所有的民族[peoples]享有自決權」，又在第 2 款賦予「所有民族可以自由處理其天然財富及資源」，並在第 3 款敦促簽約國「促成自決權的實現」。不過，到底民族的意義為何，規約中並未詳述，

[32] 同註 25，pp.14.
[33] Eide, Asbjorn. "The Sub-Commission on Prevention of Discrimination and Protection of Minorities," in Philip Alston, eds.The United Nations and Human Rights: A Critical Appraisal. Oxford: Clarendon Press. 1992,pp221-222.
[34] 《許諾殖民地及民族獨立宣言》Declaration on the Granting of Independence to Colonial Countries and Peoples (1960) (Henkin,et al., 1980; http://www.hri.ca/unifo/treaties/7.shtml).
[35] 同註 15.

而且其第 26 條又重回《世界人權宣言》的作法，強調的是「所有的人」（persons）。當時最有爭議性的是第 27 條，許多代表擔心少數族群會尋求分離，也有代表憂心新移民可能帶來的的衝擊，最後的妥協是提到「族群、宗教、或語言的少數團體[minorities]」[36]，卻把文化權、宗教權、及語言權限定為這些少數團體的個人（persons belonging to suchminorities）權利，而非集體權，因此造成日後各家南轅北轍的詮釋。即使是如此，原住民也往往被排除在少數族群的定義之外。

如前所述，1970 年通過的《國際友誼關係及合作之國際法原則宣言》雖然誓言繼續推動《聯合國憲章》所揭櫫的民族自決權，卻又立即明文禁止破壞主權獨立國家的領土完整或政治團結，對自決權的尊重其實是形同具文。無怪乎英國國際法學者 Malcolm N. Shaw（1992：6）嘲諷道：「到目前為止，自決權的適用一直與國家領土完整的概念並用，以確保殖民地的領土架構不變」。

在 1970 年代中期，原住民非政府組織（NGOs）──成立，積極在國際上推動建立國家與原住民之間互動的嶄新架構。經過 20 年的慘澹努力，終於在 1994 年由來自世界各地的原住民代表通過《原住民族權利國際規約》[37]。該規約除了羅列原住民基本權利外，並宣示「原住民為民族」（Indigenous Nations are peoples）[38]，因此依據自

---

[36] 同註 25，pp.14-16.

[37] 《原住民族權利國際規約》International Covenant on the Rights of Indigenous Nations (1994).(http://www.halcyon.com/FWDP/icrin-94.html).

[38] Ryser, Rudolph C. "Evolving New International Laws from the Forth World: The Covenant on the Rights of Indigenous Nations." (http://www.halcyon.com/FWDP/icrinsum.html). 1994.

決權，「在維持其獨特的政治、經濟、社會、及文化特色的同時，原住民有權自由選擇完全參與一國的政治、經濟、社會、及文化生活，卻又不放棄其天賦的主權」。

面對民族（原住民）與國家的定位，原住民的訴求大致不逾越設立「自治政府」（self-government）的訴求。在這同時，聯合國《原住民權利宣言草案》所提供的架構，不脫以「自治政府」的方式來行使自決權，也就是說同意讓原住民有權決定自己的政治制度、以自己獨特的方式來參與政治，並要求各國政府尊重與原住民簽訂的任何條約或協定，而紛爭應由國際團體來解決。從傳統的自由主義（Liberalism）立場來看，集體權與個人權是無法相容的，因為它似乎潛在帶有對個人自由的威脅。然而從社群主義（Communitarianism）的觀點來看，個人與社群及社會是分不開的[39]，因此除非少數族群的生存權及認同權獲得保障，個人的權利將無所歸屬[40]。在這樣的認識下，當前的國際思潮是認為光以個人為中心的生存保障、及反歧視原則是不足的，因此主張必須進一步確保原住民的集體權，尤其是自決權。這也就是 Petersen[41]所謂的：「尊重團體中的個人，同時尊重由個人組成的團體」。

另外，從經濟權來看，財產權是主張原住民應該擁有其土地及資源的權利。誠如 d'Errico[42]所言，原住民對於主權的奮鬥，終究要

---

[39] Johnston, Darlene M.. "Native Rights as Collective Rights: A Question of Group Self-Preservation," in Will Kymlicka, ed. The Rights of Minority Cultures,.Oxford: Oxford University Press,1995,pp. 187.

[40] 同註 29,pp.29.

[41] Petersen, Robert. n.d. "Some Reflections on Group Rights Principles." (http://www. halcyon.com/pub/FWDP/International/grouprt.txt).

[42] 同註 24,pp.10.

回歸到土地權的處理，因為在原住民的世界觀裏，自己的認同與福祉是與土地分不開的，因為它們對原住民不只是生產工具，更有其有心靈（spiritual）、社會、文化、經濟、及政治上難以割捨的意義，尤其是原住民認同建構。原住民倘若失去了土地，其存在就宛如行屍走肉[43]；若缺乏對土地的擁抱，原住民的生存權是沒有意義的[44]。而補償權是立基於墾殖者往往未經原住民同意而對於土地豪奪巧取，而天然資源的開採也往往不顧原住民的特殊生活方式及需求，天生對原住民有所虧欠，因此主張必須積極而正面地提出公共政策，彌補過去歧視所造成的損害。一般的作法是在教育、或就業上採保障名額（quota），近年來原運者主張要求墾殖者補償原住民集體財產權的流失即是如此。

肆、社會權：包括健康權、教育文化權、福利權、特別權等

聯合國於 1995 年草擬《原住民權利宣言》（1995），其有關原住民社會權內容包括健康權、教育文化權、福利權、特別權等，茲說明如下：

在文化權部分，包括語言傳承、遵循、振興、表現、實踐、發展和教授其文化傳統和習俗、使用、發展和向後代傳授他們的歷史等。因此，聯合國宣言之第十二條原住民族有權遵循和振興其文化

[43] Daes, Erica-Irene.."Indigenous People and Their Relation ship to Land." (http://www.unhchr.ch/html/menu4/subrep/97sc17.html). 1997,pp.2-4.
[44] Swepston, Lee, and Roger Plant. "International Standards and the Protection of the Land Rights of Indigenous and Tribal Populations." International Labour Review. Vol.124, No.1, 1985., pp.91-106.

傳統和習俗。這包括有權保存、保護和發展表現其文化的舊有、現有和未來的形式，例如考古和歷史遺址、人工製品、圖案設計、典禮儀式、技術、觀賞藝術和表演藝術，有權收回未經他們自由和知情同意或違反其法律、傳統和習俗而奪走的文化、知識、宗教、精神財產。第十三條：原住民族有權表現、實踐、發展和教授他們的精神和宗教傳統、習俗和儀式；有權為此保存、保護和私下進入其宗教和文化場所；有權使用和掌握儀式用具；有權使遺骨得到歸還。國家應與有關原住民族共同採取有效措施，確保原住民聖地，包括墓地得到保存、尊重和保護。第十四條：原住民族有權振興、使用、發展和向後代傳授他們的歷史、語言、口述傳統、哲學、書寫方式和著作，有權為社區、地點和人物取用和保留原住民名稱。凡原住民族的任何權利受到威脅，國家均應採取有效措施確保該項權利得到保護，還確保他們在政治、法律和行政程序過程中能聽懂別人，并能被別人聽懂，必要時應提供翻譯或採取其他適當辦法。

　　人們不論在思考、語言、行動、或是與他人互動，在在都反映其文化特色，而政治更是由文化所構成[45]。由於殺人不見血的「文化滅種」一樣可以消滅一個民族[46]，原住民為了民族命脈的存續，主張應有權保有其文化傳統、習俗、宗教、及語言，應有權以母語接受教育；同時，政府不應有同化或整合性（integration）的立法或施

---

[45] Tully, James. Strange Multiplicity: Constitutionalism in An Age of Diversity. Cambridge: Cambridge University Press,1995,pp.5.

[46] Shelton, Dinah. 1987. "International Protection of Indigenous People's Culture and Cultural Property," in Ruth Thompson, ed. 1987. The Rights of Indigenous Peoples in International Law: Selected Essays on Self-Detemination. Saskatchewan: University of Saskatchewan Native Law Centre , 1987,pp. 47-52.

政。聯合國在 1991 年特別指派 Erica-Irene Daes 進行研究[47]。近年來，文化權還擴及原住民文化財（cultural property）及智慧財產（intellectual property）的保護及適當補償，特別是在醫療秘方的取得。

因此，文化認同權是主張原住民有權要求保有並發展其獨特的集體認同，同時有權自認為原住民，也就是說，原住民要求被他人承認為原住的民族。聯合國教科文組織（UNESCO）在 1978 年通過的《種族暨種族偏見宣言》宣示，個人及團體都可以保有其獨特的文化認同權。不過，各國擔心少數族群的認同會威脅到國家的團結及穩定[48]。

另一部分是教育權與工作權，包括各種級別和各種形式的教育、以自己的語言建立自己的傳播媒介、以任何教育和宣傳形式使其文化、傳統、歷史和願望的尊嚴和多樣性得到適當的反映等。另外，充分享受國內外勞工權利。因此，聯合國宣言之第十五條：原住民兒童有權獲得國家各種級別和各種形式的教育。全體原住民族也都享有這一權利，有權建立和掌管以自己的語言、酌情按照自己具有文化特色的教學方法提供教育的教育體系和機構。住在其社區外的原住民兒童有權獲得自己的文化和語言教育。國家應採取有效措施為此目的提供適當資金。第十六條：原住民族有權以任何教育和宣傳形式使其文化、傳統、歷史和願望的尊嚴和多樣性得到適當的反映。國家應與有關原住民族協商，採取有效措施，消除偏見和

[47] Githaiga, Joseph. "Intellectual Property Law and the Protection of Indigenous Folklore and Knowledge. "(http://www.murdoch.edu.au/elaw/issues/v5n2/githaiga52.txt),1998, E Law, Vol.3, No.2.
[48] 同註 33,pp.221.

歧視，促進原住民族和社會各階層之間相互寬容、諒解和友好的關係。第十七條：原住民族有權以自己的語言建立自己的傳播媒介。他們也有權平等接觸一切形式的非原住民傳播媒介。國家應採取有效措施，確保國有傳妹介適當反映原住民文化多樣性。第十八條：原住民族有權充分享受國際勞工法和國家勞工立法規定的一切權利。原住民有權不接受任何歧視性勞動、就業或薪給條件。

　　另外，在如何規範此一權利宣言落實部分，包括國家立法、聯合國系統的各組織和專門機構應通過動員工作、設立一個機構，專司這方面的特殊職能等。因此，聯合國宣言之第三十七條：各國應同有關原住民族協商，採取有效和適當措施，充分實施本《宣言》的規定。該《宣言》所承認的權利應以能為原住民族實際利用的方式通過和納入國家立法。第三十八條：原住民族有權從國家及通過國際合作取得足夠的財政和技術援助，自由地從事他們的政治、經濟、社會、文化和精神發展，享受本《宣言》所承認的權利和自由。第三十九條：為了解決他們與國家的衝突或爭端，原住民族有權使用相互接受的、公正的程序，獲得迅速的裁決，對他們個人和集體權利的一切侵犯獲得有效補救。這種裁決應考慮有關原住民族的習俗、傳統、規則和法律制度。第四十條：聯合國系統的各組織和專門機構應通過動員工作，特別是動員提供合作和技術援助，促使本《宣言》的各項規定得到充分的實施。聯合國應確立一定的方式方法，確保原住民族參與處理影響到他們的問題。第四十一條：聯合國應採取必要步驟，確保本《宣言》得到實施，包括在最高一級設立一個機構，專司這方面的特殊職能、并由原住民族直接參與。所有聯合國機構應促使本《宣言》的各項規定得到尊重和充分

的運用。第四十二條：本《宣言》所承認的權利是世界各地原住民族的生存、尊嚴和幸福的最低標準。第四十三條：本《宣言》所承認的一切權利和自由均規定由原住民族男女個人平等享受。第四十四條：本《宣言》的任何內容不得理解為削弱或取消原住民族現在或將來可能享有或得到的權利。第四十五條：本《宣言》的任何內容不得解釋為任何國家、集團或個人有權從事任何違背《聯合國黨章》的活動或行為。

　　整體而言，社會權來自基本的人權，但社會重視兒童的人權，多年來，人權協會（2002）的「人權指標調查」便是以兒童人權為強調的重點；不論城鄉、區域、年齡或不同族群的社會權益都應該被平等對待。在兒童部分，透過中國人權協會（2002）的「兒童人權指標調查」顯示，在 2002 年，兒童人權的平均分數為 2.79，仍未達標準分數三分，大體而言，2002 年的四項人權指標得分順序與往年略有不同，「健康權」得分仍相對最高；不論城鄉、區域或不同的族群，「社會權」得分仍相對最低（中國人權協會，2002）[49]；而原住民部分，則不僅人權指標調查付諸闕如，在研究方面，學者亦少對不同之原住民社會權加以著墨，在在顯示社會政府家庭對原住民整體社會權重視之不足。若不同之原住民社會權利長期被忽視，將對部分原住民家庭安全需求造成嚴重的影響，因此原住民的社會權問題值得我們深入探討研究，以其協助原住民享有更完整的生活品質，以利其能充分享受應有之權利。

---

[49] 中國人權協會（2002）。2002 年兒童人權指標調查報告。民國 92 年 10 月 24 日。取自：http://www.cahr.org.tw/。

　　我們發現今日台灣社會，在經濟富足、衛生安全大幅提高之際，依據民國 86 年中國人權協會及 Wringe（1985）[50]人權指標評估為根據，認為原住民權利的根源，除了基本人權之外，還來自於原住民的地位，及不同於其他成人的特殊需求——部分原住民心理及社會能力均為弱勢，故需受到保障以使之不致因其弱勢本質而受害原住民的社會權指標主要在評估社會福利權－社會對於原住民之福利與保護；參與權－即社會參與機會；平等權－即包括社會平等及司法正義的保障情形，亦應依其需要加入社會文化權－少數民族文化尊重與保障參與社會休閒、文化、藝術活動。

　　綜合來說，原住民社會權宜包括以下幾個權利：

1、社會福利權：有關原住民之基本生存權已為社會上大多數人的共識，我們認為，社會權應包括之社會福利權乃是社會對於原住民之福利與保護。特別是有關原住民福利方面的討論，包括福利政策的健全程度、資源的可近程度，原住民利益在危機時被公權保護情形等，此外在有關弱勢原住民獲得保護的權利，如原住民老人兒童受虐待與疏忽的處理，殘障照顧保障，安養護時的原住民老人兒童權益，禁止詐騙、剝削等也是我們關心的範圍。此不僅是可近性及可接受性問題，其對部分福利服務項目的知道與應用是相當低的。

2、社會平等權：即包括平等對待一般而言並非單指對原住民在相同的法律保障下的平等。事實上，對於原住民相同的

50　Wringe, C.A. Children's rights: A philosophical study. London: Routledge & Kegan Paul. 1985

　　　　法律保障下的平等便是不平等，因為原住民其本身的狀
　　　　況、所面對的環境較諸一般人士有相對非常不利的處境。
　　3、社會文化參與權：即包括對其族群文化尊重與保障參與社
　　　　會休閒、文化、藝術活動等相關之權利。

　　此皆說明原住民在社會福利部分與社會參與的重要性，也對世
界各族群的少數或原住民弱勢人口的基本尊嚴的重視。

伍、從原住民人權理論探討原住民社會排除議題

　　從原住民的人權觀點，我們會發現原住民所受的社會排除
（social exclusion）是極為值得重視的議題，我們了解在 1940 年代以
前，對弱勢群體是以經濟金錢是否足夠來分類，以貧窮（poverty）
來界定弱勢群體，到二次大戰期間，亦即 1940 年代以後，羅斯福等
所宣示人們應有「免於匱乏之自由」，至於所謂「匱乏」有何內
容？其中包括了[51]：

　　1、嚴重缺乏生理舒適
　　2、嚴重缺乏健康
　　3、嚴重缺乏安全與保障
　　4、嚴重缺乏福利價值
　　5、嚴重缺乏可尊敬的價值

　　基本上，無論從前二者任何角度，均含有認定弱勢是個人之責
任之精神，其中對值得救助者（deserving poor）與不值得救助者

---

[51] 古允文，〈平等與凝聚：台灣社會福利發展的思考〉，《社會政策與社會工
　　作學刊》，5(1)，2001 年，頁 145-169。

（undeserving poor）仍有明顯的區分。然而，我們發現，到了一九五
〇年代，西方對弱勢似乎有了新定義，他們開始從剝奪觀點
（deprivation）來看弱勢群體，Stouffer, Samuel A. 在 The American
Soldier 一書（1950）提出了相對剝奪觀點，其後學者針對弱勢之所
以成為弱勢，做了不同的解釋，他們認貧窮弱勢者之弱勢，是源自於
各方面所受的剝奪（deprivation）所造成的，他們提出了四個面向[52]：

　　1、物質的剝奪（material deprivation）

　　2、生理的剝奪（physical deprivation）

　　3、心理的剝奪（psychological deprivation）

　　4、社會的剝奪（social deprivation）

　　剝奪觀點使得弱勢群體不再是一個受社會所害又是受社會責備
者。然而，時至今日，在歐洲的社會中，在第三條途徑中，族群的
平等、凝聚與包容的聲中，對弱勢所受的社會排除（exclusion）成為
極重要的觀點，如何免除弱勢所受的社會排除已是社會政策極其重
要的工作，排除觀點（exclusion）是針對失業、低所得族群、住宅條
件、教育與機會水準、健康、歧視、公民權以及經濟與社會措施的
綜合面向（European Union, 1994）。排除是多面向的，也是動態的：

　　1、「多面向」（multidimension）是認為貧窮現象並非單指物
　　　　質的或經濟上的問題，還包括心理、價值、與社會參與等
　　　　問題；

---

[52] 同前註。

2、「動態的」（dynamic）本質則進一步彰顯出社會排除觀點的特色，它不是一個靜態的描述，是要探索一個人或團體之所以在其生命週期中逐漸淪入貧窮的動態過程。

事實上，從多面向的或較靜態的觀點來看，原住民居住於偏遠區域中，是區域上的弱勢，極多的區域不正義對原住民是最大的社會排除，目前的性別主流化的觀點，便要求政府檢視從政策制訂、立法、行政與執行上來做檢視，是否有所謂的歧視或壓迫的存在；而從原住民的角度來看，亦應採多元文化的角度，要求政府從政策制訂、立法、行政與執行上來做檢視，是否有所謂的非意識的排除或壓迫的存在才是最佳的方式。

另外，從動態的觀點來看，極多的原住民長期處於劣勢的教育環境、社會環境與經濟環境，形成原住民族群的社會與經濟弱勢，針對此一弱勢，極多人都歸罪於原住民個人努力的不足。然而，來自個人的特質並非是惟一的因素，我們甚至可說是此係佔極小的因素。大多數的原因來自社會大環境的結構所造成的因素，譬如，區域的不正義、衛生與健康的缺乏，如有問題，採簡單思考方式處理—貧窮者發放津貼、失業者發放救助金、密集勞力低工資的就業方式等措施，不在原鄉從基礎國民教育著手，不進入原鄉提供服務，不考量原鄉健康與衛生環境的改善，不做原鄉學子生涯輔導，不做高等教育輔導，不考量高技能職業訓練等均在在影響原鄉生活發展的成果。社會愈現代化，原鄉在相對的情境下愈落後，正是明顯的動態排除。未來，從人權的觀點而言，無論從政策面來看，從立法與執行面來看，動態與靜態的排除是值得重視的關鍵點。

兒童人權導讀
——聯合國與兒童人權

蔡明殿

壹、界定國際共同承認的人權定義

在世界上首先對「人權」一詞給予界定的是在聯合國。在民國
34 年聯合國成立後，組成人權委員會及《世界人權宣言》起草委員
會，中華民國（ROC）的代表張彭春先生以副召集人的身份，參與
美國羅斯福夫人所領導的「世界人權宣言」的起草委員會的兩年多
的籌劃工作。而後在民國 37 年 12 月 10 日聯合國大會通過卅條的
《世界人權宣言》，作為世界各國追求的共同理想，此史實使中華
民國在世界人權和法治的領域上留下不可磨滅的歷史性貢獻。而今
在人權的研究上，在國外及國內都僅僅提到代表西方文化與女性的
羅斯福夫人，而不提到代表東方文化與男性的張彭春先生是極不公
平的。

《世界人權宣言》中將人權大略分為：「公民權利和政治權
利」以及「經濟、社會、文化權利」兩大類。聯合國而後在 1966 年
通過（1976 年生效）《公民權利和政治權利國際公約》以及《經
濟、社會、文化權利國際公約》，這兩項公約與《世界人權宣言》
合稱為《國際人權憲章》（International Bills of Human Rights），被
視為世界人權規範之基礎，依此聯合國再訂定多項人權宣言與條

約。而《世界人權宣言》則是各國人權教育的最基本教材，其主要
精神事實和古訓：「己所不欲勿施於人」和「老吾老以及人之老，
幼吾幼以及人之幼」，相去不遠。

貳、國際兒童權利文件

聯合國通過《世界人權宣言》之後再具體討論分項的人權，兒
童的權利是首先受到注重的。1959 年 11 月 20 日聯合國大會通過
《兒童權利宣言》，明述兒童因身心尚未成熟，在出生以前和出生
後都需要特別的保護和照顧，包括法律上的適當保護。人權是普世
化的價值，每人都應享有公民、政治、經濟、社會和文化的權利，
兒童與青少年亦不例外。兒童與青少年享有與他們未成年地位相
關，和受特別照顧和保護的權利。

根據聯合國人權網頁——空中虛擬校車（Cyber School Bus）的
教材指出，宣言是僅有道德勸說的作用，條約才有權利及義務的約
束性。因而在 1989 年 11 月 20 日聯合國再通過「兒童權利公約」，
以之約束各國實踐承諾，至今有 192 個國家簽署和批准。為此，每年
的 11 月 20 日因而被訂為國際兒童日。

公約是具有約束力的，《兒童權利公約》所要約束的是制止各
國使用童兵、童工、童伎；中止丐童、街童，虐待兒童，使兒童享
受義務教育、充份的醫療保健、營養、遊戲等權利。

很多世界上各國的兒童問題，如童兵、童工之類的在臺灣並不
存在，但是其他的普遍問題如虐待兒童、醫療保健、營養、遊戲
等，我們還有很大的改善空間。因此作為貼身承擔照護兒童之重任

的幼兒工作者，我們應體認自己的重大責任，為兒童的權利和其一生的福祉，盡心盡力的給予專業的愛護。

參、保障兒童與青少年的人權的幾項聯合國宣言和條約

　　以下摘引自聯合國的《世界人權宣言》、《兒童權利公約》、《經濟、社會、文任權利國際公約》、《「公民權利和政治權利國際公約」、《消除對婦女一切形式岐視公約》、《取締教育歧視公約》和《國際勞工組織的最低年齡公約》等之中，有關於保障兒童與青少年人權的條文。

> 人人有權享受康樂所需之生活程度……健康與福祉……母親和兒童應享有特別的照顧和支持。所有的兒童……都應享有相同的社會保護……每個人應享有受教育的權利……
> ——《世界人權宣言》第 25 和 26 條

> 締約國應尊重和確保……每一個兒童……不因其父母或法定監護人的種族、膚色、性別、語言、宗教、政治或其他見解、民族、族裔或社會出身、財產、傷殘、出生或其他身份而有任何差別……締約國應最大限度確保兒童的存活與發展……締約國確認兒童有權享有可達到的最高標準的健康，並享有醫療和康復設施，締約國應努力確保沒有任何兒童被剝奪獲得這種保健服務的權利。締約國應致力實現這一權利……以降低嬰幼兒死亡率；確保向所有兒童提供必要的醫療援助和保健……締約國確認每個兒童享有足以促進其生

理、心理、精神、道德和社會發展的生活水準……締約國按照本國條件並在其能力範圍內,應採取適當措施幫助父母或其他負責照顧兒童的人實現其權利,並在需要時提供物質援助和支助方案,特別是在營養、衣著和住屋方面……締約國確認兒童有受教育的權利……締約國確認兒童有權受到保護,以免受經濟剝削和從事任何可能妨礙或影響兒童教育,或有害兒童健康的工作……締約國承擔保護兒童免遭一切形式的色情剝削和性侵犯……

——《兒童權利公約》第 2、6、24、27、28、32 和 3 條

……締約國……承認……應為一切兒童和少年採取特殊的保護和協助措施,不得因出身或其他條件而有任何歧視。兒童和少年應予保護免受經濟和社會的剝削,雇用他們做對他們的道德或健康有害,或對生命有危險的工作,或做足以妨害他們正常發育的工作,應依法受懲罰。……締約國……承認人人有權為他自己和家庭獲得相當的生活水準……締約國……承認人人有權享有可及的最高的生理和心理的健康……為達此目標應採取的步驟……減低死胎率和嬰兒死亡率,和使兒童得到健康的發育……締約國……承認人人有受教育的權利……

——《經濟、社會、文化權利國際公約》第 10、11、12 和 13 條

……對 18 歲以下的人所犯的罪,不得判處死刑……被控告的少年應與成年人分隔開,並應儘速予以判決……家庭是天然的和基本的社會單元,並應受社會和國家的保護……每一兒

童應有權享受家庭、社會和國家為其未成年地位給予的必要
保護措施，不因種族、膚色、性別、語言、宗教、國籍或社
會出身、財產或出生而受任何歧視；每一兒童出生後應立即
加以登記，並應有一個名字；每一兒童有權取得一個國籍。

　　——《公民權利和政治權利國際公約》第 6、10、23 和 24 條

締約各國譴責對婦女一切形式的歧視，……為婦女確立與男
性平等權利的法律保護，通過各國的主管法庭及其他公共機
構，確實保護婦女的不受任何岐視……締約各國應採取一切
適當措施：改變男女的社會和文化模式，以消除基於性別而
分尊卑觀念，或基於男女任務定型所產生的偏見、習俗和一
切其他做法……締約各國應……消除對婦女的歧視，以保証
婦女在教育方面享有與男性平等的權利……消除在保健方面
對婦女的歧視……

　　　　——《消除對婦女一切形式歧視公約》第 11、12 和 14 條

締約各國……廢止含有教育上歧視的任何法律規定和任何行
政命令，並停止任何教育上歧視的任何行政慣例；必要時通
過立法，保証在學校招收學生方面，沒有歧視……締約各
國……使初級教育變成免費性質；使各種形式的中等教育普
遍設立，並對一切人開放；使高等教育根據個人成績，對所
有人平等的開放；保証人人遵守法定的入學義務……對那些
未受到或未完成初級教育的人的教育以及他們根據個人成績
繼續接受的教育，以適當方式加以鼓勵和推進……必須確認

少數民族的成員有權進行他們的教育活動，包括維持學
校……或教授他們自己的語言在內……

　　　　　　──《取締教育岐視公約》第3、4和5條

締約各國……採取國家政策……確保有效的廢除童工和積極
的提高就職和工作的最低年齡，以配合年青人完整的生理和
心理發展……最低年齡……不應低於完成義務教育的年齡，
不管如何，不應低於 15 歲……進行工作的性質和環境若可
能有礙年青人的健康、安全或情緒時，最低年齡應不低於
18 歲……

　　　　　　──《國際勞工組織 ILO 最低年齡公約》第1、2和3條

　　歸納以上聯合國的各項宣言和公約對於兒童與青少年的人權議
題，兒童與青少年的人權議題應包括：

1、有權利免受：年齡、性別、種族、膚色、語言、宗教、國
　　籍、族裔、任何身份或雙親的地位而受歧視的自由；

2、應有權利享受最高品質的醫療保明確的規範；

3、應有權利享受讓一個兒童的智力、體能、品德和精神成長
　　的基本生活水準，包括足夠的食物、居所和衣著。健和安
　　全環境；

4、應有權利受教育：包括免費的義務初等教育，普遍可及的
　　中、高等教育，並在每一階層的教育不會受到任何方式的
　　歧視；

5、應有權利不受忽視或任何肢體和精神的虐待；

6、應有權利免受經濟和性的剝削；

7、應有權利居住在家庭式的環境，如有需要，國家應提供支援，使家庭能達到養育兒童的基本需要。

肆、《兒童權利公約》的現況

2006 年聯合國秘書長安南向人權委員會提出報告：「……截至 2005 年 12 月 6 日，已有 140 個國家簽署了《兒童權利公約》」，並隨後批准了《公約》。此外，有 46 個國家加入了《公約》，6 個國家繼承了《公約》，這樣，批准和加入《公約》的國家總數已達到 192 個。已批准或加入《公約》的國家最新名單及其簽署、批准或加入日期可從 www.ohchr.org 或 www.untreaty.un.org 獲取。

截至 2005 年 12 月 6 日，已有 121 個國家簽署、104 個國家批准《關於兒童捲入武裝衝突問題的任擇議定書》，該《議定書》於 2002 年 2 月 12 日生效。截至同一日期，已有 114 個國家簽署、101 個國家批准《關於買賣兒童、兒童賣淫和兒童色情製品問題的任擇議定書》，該《議定書》於 2002 年 1 月 18 日生效。已簽署或批准《公約》兩項《任擇議定書》的國家最新名單及其簽署或批准日期也可從 www.ohchr.org 或 www.untreaty.un.org 獲取。

兒童權利委員會于 2005 年 1 月 10 日至 28 日在聯合國日內瓦辦事處舉行了第三十八屆會議。在該屆會議上，委員會審議了 10 個《公約》締約國提交的報告，以及一個《關於兒童捲入武裝衝突問題的任擇議定書》締約國提交的報告。委員會通過了第三十八屆會議報告（CRC/C/146）。

　　委員會於 2005 年 5 月 16 日至 6 月 3 日在聯合國日內瓦辦事處舉行了第三十九屆會議。在該屆會議上，委員會審議了 10 個《公約》締約國和一個《關於買賣兒童、兒童賣淫和兒童色情製品問題的任擇議定書》締約國提交的報告。委員會還通過了一項關於在原籍國以外的孤身和失散兒童的待遇問題的第 6 號一般性意見（CRC/C/GC/6）。委員會通過了該屆會議報告（CRC/C/151）。

　　委員會於 2005 年 9 月 12 日至 3 日在聯合國日內瓦辦事處舉行了第四十屆會議。在該屆會議上委員會審議了 7 個《公約》締約國、兩個《關於兒童捲入衝突問題的任擇議定書》締約國和一個《關於買賣兒童、兒童賣淫和兒童色情製品問題的任擇議定書》締約國提交的報告。委員會於 2005 年 9 月 16 日舉辦了關於「無父母關照兒童」的討論日並通過了一系列建議。委員會通過了關於在幼兒期落實兒童權利的第 7 號一般性意見（CRC/C/GC/7）。委員會通過了該屆會議報告（CRC/C/153）。

　　委員會會前工作組也分別於 2005 年 1 月 31 日至 2 月 4 日、6 月 6 日至 10 日和 10 月 3 日至 7 日在日內瓦舉行了三次會議。

　　兒童權利委員會第四十一屆會議訂於 2006 年 1 月 9 日至 27 日在聯合國日內瓦辦事處舉行。根據大會第 59/261 號決議，委員會在該屆會議以及隨後兩屆會議上，將發兩個組審議締約國的報告。[1]

---

[1] 摘自聯合國人權委員會文件，E/CN.4/2006/64，2006。

伍、保障兒童與青少年人權的聯合國機構

一、聯合國兒童基金會（UNICEF）
（United Nation's Children's Fund）

　　聯合國兒童基金會是聯合國大會於一九四六年為了援助第二次世界大戰之後歐洲兒童的緊急需要而創立的，旨在致力維護兒童權益。原名為聯合國國際兒童緊急救援基金會（United Nations International Children's Emergency Fund）。一九五三年十月成為聯合國的一個常設機構，為發展中國家的貧困兒童提供救援服務。

　　自成立以來 UNICEF 與其他聯合國組織、各國政府及非政府機構合作執行方案，確保兒童享有生存、發展、參與及受保護等種種權利。UNICEF 於 1965 年，得到國際肯定在謀求兒童福利上的成就而獲得頒予諾貝爾和平獎。目前 UNICEF 在全球超過一百五十個國家及地區內工作，所推行的方案包括醫療保健、教育、兒童保護、預防愛滋病等項目的服務，並且提供緊急救援工作。

　　超過八成的 UNICEF 員工在第一線工作，並且有九成以上的捐款是直接用於第一線的服務方案。

二、聯合國人權委員員會

　　兒童的人權問題在人權委員會中受到相當的重視，委員會定期派出專家訪視各國並提出報告，於此舉出 2006 年人權委員會中的報告原件為例說明：

　　　　……在 2005 年 10 月 12 日的信中，黎巴嫩政府提供了關於誘拐兒童問題的法律框架和規定的資料。它說：《刑法》並不

處理誘拐兒童問題本身，但是確實處理非法販運兒童問題。法律規定，誘拐或私藏 7 歲以下兒童，或者交換或非法將一個兒童交給其父親，可判處 5 年以上有期徒刑。《刑法》第 495 條規定，誘拐 18 歲以下兒童，即使經其同意，可判處 6 個月至 3 年的有期徒刑；如果兒童未滿 12 歲，懲刑將更重，包括苦役。來信還提到，黎巴嫩已經批准了《兒童權利公約關於買賣兒童、兒童賣淫和兒童色情製品問題的任擇議定書》，並與法國和加拿大簽署了關於驅逐兒童問題的協議。兒童問題高級委員會已經作出努力，收集有關資訊、分析問題、監測案件，以就成立一個優先保護兒童的機制問題提出建議，並將被誘拐的兒童交還他們的父母。

在 2005 年 10 月 27 日的信中，日本政府提供了「答復人權委員會 2005 年 4 月 19 日的第 2005/43 號決議」：題為「非洲的綁架兒童問題」，特別是對第 10 條請各國向非洲國家和非洲區域機制提供必要援助、包括技術援助，以制止誘拐兒童的行為，保護面臨受誘拐威脅的非洲難民兒童和國內流離失所的兒童，並制定和落實方案而使兒童重新融入和平進程以及衝突後恢復和重建階段的。截至 2005 年 10 月 5 日，日本政府向難民署支付 5,278 萬美元，用於幫助難民、國內流離失所者和難民署在 200 年所關注的其他人；2005 年 10 月，日本政府向國際移徙組織（移徙組織）支付大約 460 萬美元，以協助蘇丹的國內流離失所者永久返回家園；截至 2005 年 10 月，日本政府向紅十字國際委員會（紅十字委員會）支付了大約 250 萬美元，以支持紅十字委員會的人道主義援助活動，比如保護和幫助在 2005 年受到衝突影響的居民；2005 年 3 月，日本政府向兒童基金會提供

了大約 1,500 萬美元，用於在烏幹達、塞拉里昂和盧旺達為向受衝突影響的兒童、包括難民和國內流離失所兒童提供安全居所的緊急人道主義援助。

在 2005 年 11 月 11 日的信中，摩洛哥政府指出它已經批准下述公約：

1、《兒童權利公約》及其關於兒童捲入武裝衝突問題和關於買賣兒童、兒童賣淫和兒童色情製品問題的兩個任擇議定書；

2、《禁止酷刑和其他殘忍、不人道或有辱人格的待遇或處罰公約》；

3、1949 年 8 月 12 日關於在戰時保護平民的《日內瓦第四公約》；及

4、《禁止販賣人口及取締意圖營利使人賣淫的公約》及其任擇議定書。

摩洛哥政府稱，它正努力根據其國際義務，特別是關於販賣人口、兒童性侵犯和色情製品的國際義務，而制訂適當法律。議會正審議通過對《刑法》關於廢除酷刑的修正案草案。關於兵役的《摩洛哥第 4-99 號法》第 5 條規定，服兵役的最低年齡是 20 歲，不得吸收兒童服役。政府也提到了在阿爾及利亞廷杜夫難民營與其家人一起被誘拐的兒童問題。

在 2005 年 11 月 16 日的信中，塞內加爾人權事務和促進和平事務高級專員指出，撒哈拉以南非洲地區是幾乎 40% 的全世界未上學兒童的居住地，需要具體關注在地區的國際販賣兒童問題、武裝衝突中的兒童問題、涉及孤兒和商業剝削兒童的問題。他解釋說，國

際兒童販運的受害者通常在煤礦、農業或建築業中工作，並受到剝削，而儘管在塞內加爾利用兒童乞討是最需要注意的一種剝削形式。

來信強調，任何國家、特別是西非國家經濟共同體（西非經共體）的成員都不鼓勵販賣和剝削兒童。相反，某些個人濫用非洲擴大的家庭傳統來剝削兒童勞力。在社區一級，西非經共體禁止販賣人口行動計畫已經促成設立合作框架，以協調行動和進行聯合項目。來源國和目的地國採取的聯合主動行動已經促成了逮捕罪犯並使一些兒童返家。2004 年，塞內加爾和馬裏簽訂了處理販運人口問題的合作協定。

來信指出，塞內加爾一貫特別注意保護兒童，已經簽署並批准了關於保護人權和保護弱勢群體的最重要的國際公約。今年 4 月 29 日，塞內加爾通過法律修訂《刑法》，該法已經處理了誘拐弱勢者的問題。新法律規定並界定了某些罪行、包括販賣人口罪和利用他人乞討罪。法律還向受害者提供了社會和法律援助和保護，例如打擊最惡劣童工形式的專案，已經在全國落實，以制止和減少剝削兒童。

關於武裝衝突中的兒童問題，在達成關於卡薩芒斯地區的和平協定後，塞內加爾政府已經安排了大批流離失所者的返回。政府也承擔了大規模的重建專案，以協助兒童們重新融入社會。

來信進一步提到，政府以及民間組織和新聞界的參與，使得有可能創造了一個履行塞內加爾區域公約和普遍公約義務的必要有利環境。在 2005 年 4 月對全國的講話中，共和國總統譴責對兒童的所有形式的經濟剝削。

在 2005 年 12 月 2 日的來信中，委內瑞拉玻利瓦爾省共和國政府提供了關於保護兒童法律制度的概況。來信稱《2000 年保護兒童和

青少年法》在承認兒童作為享有權利的個人和公民方面是史無前例的。以前，法律以兒童作為未成年人為依據，反映了一個象徵性的和法律上的缺陷。相反，新法依據的是對個人發展的尊重。除其他事項外，該法保障人格完整的權利，規定了國家、家庭和社區在保護兒童方面的平等責任。

《保護兒童和青少年法》第 32 條規定，人格完整權包括肉體、精神和道德方面的內容。它要求國家、家庭和社區保護兒童免於任何形式的剝削、虐待、酷刑、侵犯或影響人格完整的忽視。它也要求國家向人格完整受到侵害的兒童提供幫助。

委內瑞拉政府指出，對於打擊誘拐和販賣兒童，適當確認有關的個人是極其重要的。在這方面，《保護兒童和青少年法》確認了姓名權和國籍權、出生登記權和身份證件權。法律載有若干重要條款，保護知道本人父母的權利、在家庭中的被撫養的權利、以及與本人父母保持關係和聯繫的權利。

委內瑞拉指出，根據這些條款，它已經建立了一個法律機制來防止兒童與家人分離、並彌補了任何可能允許侵犯兒童權利的罪行的漏洞。來信指出，《兒童和青少年保護法》所載的一個具有代表性的罪行清單，反映了誘拐兒童行為如何與各種有害和非法之目的相關聯。因此，例如，該法處理非法販運和接納兒童、性剝削和侵犯、兒童色情製品、童工、買賣和非法剝奪自由等問題。

國家兒童權利委員會也採取措施防止販賣兒童。這包括通過和貫徹管理兒童國內和國際旅行的規則以及國內和國際收養的規則。

在 2005 年 12 月 12 日的信中，毛里求斯指出，它已經加入《國際兒童拐騙事件的民事問題海牙公約》。該公約規定各締約國就歸

回不當轉移或獲得的兒童進行合作的事宜。婦女權利、兒童發展、家庭福利和消費者保護部的兒童發展局負責貫徹公約條款，目前正在起訴的誘拐兒童案件有 22 起。

陸、受武裝衝突影響的兒童權利[2]

近年來在保護受武裝衝突影響的兒童的權利方面雖然取得了重大進展，但實際上兒童的情況仍然極其嚴重且無法接受。國際社會依然面臨著一種嚴酷的矛盾。一方面，受戰爭影響的兒童已經有了明確、有力的保護標準和具體倡議。而另一方面，對兒童犯下的暴行以及違犯者逍遙法外的情況實際上依然有增無已。這就是為什麼特別代表促請國際社會將其精力從制定標準這種規範性工作轉移到確保實際落實這些標準的執行任務上。「落實的時代」的一個重要方面是收集及時的資訊，提請有關「指定行動者」注意。「指定行動者」即能夠通過對違犯兒童權利者施加影響和壓力促成遵守準則的機構。

不妨指出，人權委員會特別代表在其 2004 年的報告中提出了安理會第 1539（2004）號決議要求制定的監測和報告行動計畫。安理會第 1612（2005）號決議通過了秘書長在其提交安理會和大會的 2005 年關於兒童與武裝衝突問題的報告中提議的監測和報告行動計畫。在初期階段，安理會請秘書長在布隆迪、象牙海岸、剛果民主共和國、索馬里和蘇丹實施該機制，同時也要求考慮到兒童基金會和其他聯合國實體在沒有列入安理會議程的武裝衝突情況下正在實

---

[2]　以下摘錄自聯合國人權委員會文件，E/CN.4/2006/66，2006。

施的監測和報告舉措。在定於 2006 年 7 月對該機制的實施情況作出評估後，監測和報告機制將在秘書長關於兒童與武裝衝突問題的年度報告中所列所有令人關注的情況中實施。監測和報告機制將審查衝突所有各方、有關政府以及叛亂團體等的行為。

該機制將集中注意六種嚴重侵犯兒童權利的情況：屠殺或使兒童致殘；招募或使用兒童兵；襲擊學校或醫院；強姦兒童和對兒童實行其他形式的嚴重性暴力；綁架兒童；和使兒童得不到人道主義援助。監測和報告機制的目的是獲取這種嚴重侵犯行為的及時、準確、客觀和可靠的資料，作為構成「指定行動者」的主要決策機構對違犯者採取具體行動的依據。「指定行動者」包括人權委員會、兒童權利委員會、各國政府、各區域組織、國際刑事法庭、安全理事會和大會。

作為執行工作的一部分，特別代表於 2005 年 9 月召集了兒童與武裝衝突問題工作會議，商討安理會第 1612（2005）號決議的執行問題。在這方面設立了由特別代表辦公室（下稱「特代辦」）和兒童基金會共同主持的監測和報告指導委員會定期審查該機制的實施和運轉情況，並為聯合國派駐各國的人員編制簡報和其他輔導材料。

安理會第 1612（2005）號決議也設立了一個由安理會所有成員組成的專門的安全理事會兒童與武裝衝突問題工作組，審查監測報告和衝突各方為結束它們被指稱的侵犯行為而擬定的行動計畫、審議向其提交的其他相關資料、並建議向違犯者採取的具體和有針對性的措施。安全理事會工作組在法國代表主持下首次於 2005 年 11 月召開會議，商討工作組的職權範圍和安理會第 1612（2005）號決議的執行事宜。設立專門的安全理事會兒童與武裝衝突問題工作組進

一步加深了安理會對這一問題的承諾，除了安全理事會就兒童與武裝衝突問題進行的年度公開辯論外，還使兒童與武裝衝突問題工作隊得以在一年中經常將安全理事會的注意力轉移到兒童與武裝衝突問題上。

　　安全理事會在其第 1539（2004）號和第 1612（2005）號決議中還請在安理會議程上的武裝衝突局勢中的武裝衝突各方擬定和執行一項有具體時限的行動計畫，以停止招募和使用兒童兵，並停止秘書長報告中所指其他嚴重侵權行為。2005 年 10 月，兒童與武裝衝突問題工作隊向所有聯合國派駐各國的人員發出了對話和行動計畫指導原則，以促進這種對話。這樣做使特別代表和兒童基金會與違約方進行例行對話的現行做法進一步制度化。這種對話的唯一目標是促使衝突各方作出保護兒童的確切承諾，包括停止招募和使用兒童兵；釋放被綁架的兒童；遵守人道主義的停火以便為供餐和免疫接種提供方便，並允許進入為流離失所者提供人道主義救濟和保護，必須注意的是，與這些衝突各方的對話並不涉及它們的政治或法律地位，因此，並不等於賦予一個叛亂團體或其他團體以合法地位或法律地位。

柒、兒童色情製品問題[3]

　　去年，特別報告員主要報告（E/CN.4/21005/78）的重點是網際網路上的兒童色情製品問題。作為報告的後續行動，特別報告員在 4 月公開表示支持根除兒童賣淫、兒童色情和為商業目的販運兒童組

---

[3]　以下摘錄自聯合國人權委員會文件，E/CN.4/2006/67，2006。

織（根除兒童賣淫現象國際運動）發起的「安全上網」（make-IT-safe）運動。67 個國家的兒童團體參加了這場運動，目的是加強對兒童的線上保護，要求資訊技術行業和各國政府承擔起責任，使線上和互動技術不危害兒童和青年人。

2005 年 5 月 27 日，特別報告員對《經濟學家》雜誌上發表的一篇文章做出回應。這篇文章報導的是無需銀行就能完成付款的 e-gold 和其他線上付款方法。特別報告員在報紙上發表回應意見，他強調必須保證總能追查到線上付款的源頭，否則網路的虛擬市場就會墮落為兒童色情製品消費者的紅燈區。特別報告員堅持認為，國家和私營部門都必須承擔起責任並解決這個問題；否則，執法機構就很難打擊剝削性的線上交易，因為在網上只能看到受害兒童的臉和稚嫩的身軀，而那些觸法者卻在萬維網的掩護下逍遙法外。

特別報告員於 2005 年 7 月 20 日與販賣人口、特別是販賣婦女和兒童問題特別報告員聯合向資訊社會世界首腦會議主席發出信函，特別報告員在信中表示令他失望的是，在資訊社會世界首腦會議突尼斯階段的議程中絲毫沒有考慮到能利用的越來越多的現代資訊和通信技術與兒童性剝削現象擴大和商業化之間的關係。特別報告員表示擔心，如果負責任的政府和資訊技術行業本身不採取全球解決方案，在平衡包括言論自由權在內所有適用人權的同時解決這些問題，那麼其他一些國家政府就有藉口追求不可告人的目的，並進而限制人們獲取資訊和通信技術。他們建議就這個問題舉行一次由各國政府、私營部門和民間社會代表參加的圓桌會議。

由剝削衍生的性服務的需求──自從 1996 年在斯德哥爾摩舉行了禁止對兒童進行商業性性剝削世界大會第一屆會議以來，不同利

益有關者都呼籲採取行動減少和杜絕對這種剝削的需求。《兒童權利公約關於買賣兒童、兒童賣淫和兒童色情製品問題的任擇議定書》規定了報告員的職權範圍，強調提高公眾認識的必要性，以減少對買賣兒童、兒童賣淫和兒童色情製品的消費需求，同時加強所有相關者的全球合作，並改善國家一級的執法工作。

　　同樣，2001 年第二屆世界大會通過的《橫濱全球承諾》也呼籲推動更有效地執行／強制執行政策、法律和性別敏感方案，以防止和處理對兒童進行的性剝削，包括採取行動抑制對兒童性剝削的需求以及起訴那些剝削兒童的人。各國批准《聯合國打擊跨國有組織犯罪公約關於預防、禁止和懲治販運人口特別是婦女和兒童行為的補充議定書》後，須承擔具有法律約束力的義務，採取或加強立法或其他措施，例如：教育、社會或文化措施，包括通過雙邊或多邊合作，以抑制那種助長對人特別是對婦女和兒童的剝削從而導致販運的需求。

　　雖然早就做出了共同承諾，但至今仍沒有就什麼是對剝削的需求以及怎樣才是解決問題的最佳方式等達成共識。國際勞工組織（勞工組織）在其最新一份主要報告中指出「針對人口販運需求方面的有力工作仍未展開。

　　特別報告員堅信，如果我們不能更有力地解決商業性性剝削服務的需求問題，那麼我們就永遠無法杜絕兒童性交易。因此特別報告員決定在年度報告中專門討論這個關鍵問題。正如兒童基金會執行幹事所說的，我們決不能在剝削者及縱容他們虐待兒童的態度之前畏縮。

　　販賣人口、特別是販賣婦女和兒童問題特別報告員決定在年度報告中，從她任務的角度並在她職權範圍內探討同一問題。因為這個原因，兩位任務負責人聯合開展研究，並以此作為各自報告的基礎。兩位任務負責人聯合擬定了一份調查問卷，並於 2005 年 7 月 26 日送交所有會員國以及工作與販運和（或）剝削有關的政府間組織和非政府組織，並請會員國在 2005 年 10 月 31 日前提出答覆。

　　截至 2005 年 12 月 20 日，共有以下 32 個會員國對問卷作出答復：安哥拉、阿塞拜疆、白俄羅斯、貝寧、保加利亞、加拿大、智利、捷克共和國、薩爾瓦多、愛沙尼亞、芬蘭、德國、洪都拉斯、以色列、日本、哈薩克斯坦、黎巴嫩、立陶宛、墨西哥、荷蘭、尼加拉瓜、阿曼、葡萄牙、大韓民國、羅馬尼亞、斯洛文尼亞、西班牙、瑞士、土耳其、美國、委內瑞拉和葉門。不幸的是立陶宛和阿曼的答復收到太遲，無法翻譯並反應在報告中。

　　國際移民組織駐阿爾巴尼亞、阿塞拜疆、白俄羅斯、芬蘭、希臘、海地、葡萄牙、塞拉里昂、斯里蘭卡、土耳其和越南的外地辦事處，以及兒童基金會駐印尼、菲律賓和斯里蘭卡的外地辦事處也給特別報告員發來答覆。

　　寄來資料的非政府組織和個人有：芬蘭兒童福利中央聯盟；洪都拉斯家庭聯盟；智利 Raices；美國賣淫問題研究和教育組織；Diane Post；反對性別主義協會；Anne-Marie Trouxe；立陶宛失蹤人員家屬支助中心；以色列打擊販運人口特別工作組；美利堅合眾國，國際失蹤及被剝削兒童中心和全國失蹤及被剝削兒童中心；美利堅合眾國打擊販運婦女聯盟；尚比亞為孤兒寡母實現正義項目；瑞士方濟各會國際；馬達加斯加方濟各會國際；歐洲打擊販運婦女

聯盟；美利堅合眾國烏納尼馬國際組織；匈牙利家庭、兒童和青年協會；比利時兒童權利非政府組織聯盟；秘魯 Amar 中心；荷蘭債役工組織；美利堅合眾國人權宣導者協會；Sr. Pietrina Raccuglia；柬埔寨世界教育組織；玻利維亞正義與和平委員會；美利堅合眾國立即平等組織；泰國杜絕亞洲旅遊業兒童賣淫現象國際運動；以色列 Machon Toda'a 和 Isha L'Isha-Haifa 婦女中心；布魯塞爾歐洲婦女遊說團；丹麥拯救兒童組織；老撾 Afesip International；非洲世界孤兒棄兒協會；義大利 Annamaria Castelfranchi Galleani。

　　特別報告員希望向所有對問卷做出答覆者表示衷心感謝。收到的材料中提到大量經驗和舉措，本報告只選取其中的一部分加以闡述。

1. 阿爾巴尼亞

　　阿爾巴尼亞是一個轉型期國家，隨之而來的有各種挑戰、成就和缺陷。在販賣兒童方面，阿爾巴尼亞取得了一些成就：確立了立法、組織和政策構架；社會上對此問題有更多的認識；員警受到了更好的培訓來處理並調查這種罪行；邊境管制有所加強；成立重罪法院和重罪檢察官處，提高了公訴能力；建立了一個全國性的販賣受害者接收中心；政府任命了一名高級別的販賣問題聯絡人：內務部副部長；非政府組織，主要是由國際捐助者提供經費的非政府組織，在為販賣受害者提供康復方案、向社區提供社會服務方面取得了寶貴的經驗。

　　不過，面前仍有許多挑戰。所取得的成績主要是在邊境管制和公訴能力方面，但在預防和販賣受害者重新融入社會方面卻乏善可陳。國內販賣和對兒童的性剝削問題基本上仍得不到處理，但卻是

販賣和剝削的根源。需要採取更多的行動來建設國家人員和一線專業人員從兒童權利角度應對兒童保護問題的能力。特別報告員提出了一系列建議，以求幫助建立和加強兒童保護系統。」[4]

2.希臘

在過去 15 年裏，希臘因其地理位置和經濟的迅速增長，成了一個吸引移民的中心，而且也成了販賣人口的主要中轉線路和目的地國。在 1990 年代達到空前規模的街頭兒童的人數在過去幾年裏有明顯的下降。不過，其中一部分原因可能是雇用兒童的犯罪網改變方式，而且恐怕有些兒童已被吸收到更為地下的剝削形式中去。無論如何，跨國販賣兒童仍是一個問題。希臘在打擊販賣和剝削兒童方面取得了顯著的進展。希臘批准了一些相關的國際文書，還有一些國際文書尚在批准過程之中；通過了一些關於販賣人口和移民的新的法律；建立了販賣人口部際委員會，從而確立了執行反販賣法的組織構架，並通過了一項綜合的行動綱領。

然而，在使兒童保護系統行之有效方面仍存在一些困難，還應該進一步加強滿足這種需要的機構能力。要解決這些困難，便需要有強有力的政治意願來更加優先重視兒童保護問題。

尚沒有適當的制度來發現受到販賣和剝削的未成年受害者，其直接後果是，兒童受害者繼續與成人一起，因非法入境而遭到逮捕、拘留和遣返。儘管有新的立法，但快速遣返的做法仍相當普遍，而保護措施卻少之又少。等待遣返的兒童的拘留條件十分令人關切。

---

[4]　以上摘錄自聯合國人權委員會文件 E/CN.4/2006/67/Add 2。

　　此次訪問為特別報告員調查 1998 至 2002 年聖瓦爾瓦拉兒童收容所大約 500 名兒童失蹤事件、並從中吸取教訓以免今後再出現這種案件提供了一個機會。

　　特別報告員感到遺憾的是，沒有一個制度化的兒童保護系統，缺乏為孤身未成年人服務的適當機構，而且政府與非政府組織的關係疏遠，特別報告員促請政府處理這些問題。[5]

　3. 利比亞

　　利比亞是《兒童權利公約》、《非洲兒童權利與福利憲章》以及勞工組織 1999 年《消除對有害的童工形式公約（第 182 號）》的締約國。國內的法律條款對於兒童的定義千差萬別，因此，官方對兒童的特殊需要的承認在許多方面都受到限制。由於不存在全國出生登記和其他形式的身份確定，對於國家的規劃和資源分配造成嚴重後果，並且對個人也有嚴重影響，例如將青少年嫌疑人與成人分開，以及在法律面前維護身份和識別權。

　　利比亞國內對兒童性襲擊的事件頻仍引起涉及到包括兒童的機構和組織十分關注。對於這種罪行公眾很少譴責。儘管 2005 年發生了一些案例，受到了一些媒體和非政府組織的關注，但是這些案例仍然沒有根據法律條款加以懲處。

　　利比亞另一令人十分關注的情況是普遍存在非法的、私營的孤兒院。儘管利比理亞全國過渡政府根據法規必須對孤兒院發放許可證，但是對於註冊這種機構或其運作的標準似乎並沒有確定的指導方針。結果，多數孤兒院內的保健、衛生和教育標準差到驚人的地

---

[5]　以上摘錄自聯合國人權委員會文件，E/CN.4/2006/67/Add 3，2006。

步。最近，衛生和社會福利部關閉了 15 所非法的孤兒院。取締非法孤兒院的同時還應當由政府認真努力通過制定這項工作的基準和標準來管制註冊孤兒院的運作情況。

利比亞的青少年司法法律規定了特別的機構和程式，要求巡迴法院一級的所有青少年案例都必須由專門的青少年法官審理。但是，全國只有一名合格的青少年法官，駐在蒙羅維亞，而其他縣的青少年案例很少轉交到蒙羅維亞。在這些地區，青少年案例是由缺乏管轄權的地方預審法官處理的，這些人往往不瞭解相關程式。利比理亞沒有獨立的拘留或改過自新設施，因此，少年囚徒與被判有罪的囚徒和成人並不分隔。

鑒於利比亞教養系統的狀況糟糕，美國政府於 2005 年 9 月向聯合國利比亞特派團教養諮詢股提供了 600,000 美元，用於改善教養所。預計，這筆資金將用於建造新的設施並改進舊設施。這並將為按照現有標準隔離開不同囚徒、改善囚徒羈押條件起到很大作用。[6]

4.蘇丹強制招募兒童

處於各種和平進程邊緣的民兵爭相增加其隊伍的士兵人數。在蘇丹南部，與蘇丹南部政府結盟的民兵強行招募兒童，有時候並受到了蘇丹武裝部隊成員的支持。在蘇丹東部，兒童受到反叛民兵的招募。在達爾富爾，民兵和正規的政府部隊內都有兒童兵。

這種招募具有持久的影響。受招募的人由於依賴軍方提供的糧食或照料，無法脫離軍人生活。這些士兵與國內流離失所女孩產生關係，導致懷孕；有些女孩有可能因為士兵被調離而受到遺棄。其

---

[6]　以上摘錄自聯合國人權委員會文件，E/CN.4/2006/114，2006。

父親屬於不同族裔群體的軍人子女會蒙受恥辱或被拋棄。在南部一個小鎮裏的 103 名棄兒中，有 36 名是北部士兵的子女。

在南北內戰期間數以千計的兒童被綁架。這些綁架案件正受到處理，但其處理方式損害了被綁架者的權利。政府于 1999 年建立的消除劫持婦幼行為委員會的任務是結束劫持、懲處肇事者，幫助被劫持者回返。在委員會的主持下，有些被劫持者被迫離開北部的新家園，有些與子女分離，有些在路上遭到性攻擊。對其回返和重新融入社會沒有做任何準備。該委員會目前正在組織新的一輪回返。在上一輪回返中（2005 年 5 月），該委員會允許兒童基金會監督回返工作。兒童基金會與其合作夥伴準備繼續監督今後的回返工作。

另外使特別報告員擔憂的消息是，可能出現了新的販運人口的形式。今年有若干名經上述委員會遣返家園的人未回到其 Bahr al-Ghazal 的家，目前正在操持淫業，或流浪街頭。在 Equatoria，與被調遣的士兵有關係的女孩有時候不顧家人的反對，不顧當地婚姻習俗，而跟隨這些士兵到被調遣的地方。[7]

5. 獅子山國

……注意到在保護和促進兒童權利方面繼續取得大幅度進展。幾乎所有被綁架或與其家人分離的兒童已與家庭團聚。通過聯塞特派團、聯合國兒童基金會和其他捐助方的幫助，對現有學校繼續進行重建，並且增建新的學校，因此使許多兒童能夠返回學校。政府仍在實行旨在為上中學的女孩提供免費教育和免費教材的措施。儘

---

[7]　以上摘錄自聯合國人權委員會文件，E/CN.4/2006/111，2006。

管如此，兒童仍然面臨各種各樣的問題，其中包括忽略兒童、虐待兒童、早婚和性侵犯。[8]

6. 海地

注意到在保護和促進兒童權利方面繼續取得大幅度進展。幾乎所有被綁架或與其家人分離的兒童已與家庭團聚。通過聯塞特派團、聯合國兒童基金會和其他捐助方的幫助，對現有學校繼續進行重建，並且增建新的學校，因此使許多兒童能夠返回學校。政府仍在實行旨在為上中學的女孩提供免費教育和免費教材的措施。儘管如此，兒童仍然面臨各種各樣的問題，其中包括忽略兒童、虐待兒童、早婚和性侵犯。[9]

7. 剛果民主共和國

兒童的狀況是一個主要關注問題。2005 年 10 月，坎南迦（卡賽－西方省）警方以流浪罪逮捕和關押了 30 名街頭兒童。這一行動引起了公眾和非政府組織的幾次抗議。他們認為不能通過剝奪其自由來解決街頭兒童的問題。

在穆歐恩達（下剛果省），一名父親活活焚燒了他的五個孩子，只有一個逃脫死亡。他解釋說，這樣做是因為他的教會預言他的孩子們是巫師。必須採取積極措施打擊這類「鬼靈」行為並制裁那些侵犯兒童、無辜者和人權的犯罪者。

---

[8]　以上摘錄自聯合國人權委員會文件，E/CN.4/2006/106，2006。
[9]　以上摘錄自聯合國人權委員會文件，E/CN.4/2006/106，2006。

2005 年 12 月 31 日盧巴穆巴西（卡丹加省）市長頒佈政令，禁止兒童從事礦業工作、並規定一個監察組保護兒童不受任何侵犯。

聯剛特派團稱，2005 年 12 月 28 日，至少 677 名 18 歲以下在卡賽—東方省和卡丹加省的伊圖裏、北基伍省和南基伍省，兒童退出剛果武裝部隊和包括馬伊在內的其他武裝團體。

兒童在剛果民主共和國的悲慘遭遇似乎無止無終，需要從多種角度解決。兒童可被用於武裝衝突，摒棄在街頭、屠殺、或被指控為巫師而給家庭帶來惡運。

迫切需要在全國提高公眾意識，尋求國際社會協助來保護兒童；他們是該國和整個世界的未來。[10]

捌、非政府組織向人權委員會提出的聲明

1. 國際團體：Kindernothilfe

《兒童權利公約》（CRC）是在保障兒童人權上面最廣泛的一項公約，它強調兒童個人的政治、經濟、文化、和社會權利，除了蘇馬利亞和美國之外，這項公約已經被所有的國家批准了。

雖然 CRC 要求政府要保護兒童，免受所有形式的暴力，今日世界上仍有四百萬的兒童仍然繼續受到暴力侵犯，街童，在難民營和戰爭的地區，被拘禁，在田野和工廠，在家裡和學校。當他們的權利被侵犯的時候，僅有很少的機制讓兒童來舉暴，這種情況需要改善。舉例來說：戰亂之中侵犯到兒童的生存和安全時，他們沒有辦

---

[10]　以上摘錄自聯合國人權委員會文件，E/CN.4/2006/113，2006。

法等待例行的每五年才有的兒童權利委員會的調查報告，而聯合國也只能對國家政府提出建議，更多的機制是有必要的。

至少有十項以上的理由來解釋溝通的權利的必要性：

(1) 一項國際和獨立的調查提交到聯合國委員會可得到更多人的注意；

(2) 引入個人溝通的權利，以利一群熟織兒童人權被侵犯的專家所組成的委員會來檢視；

(3) 可以加強保護兒童的人權；

(4) 受害者可向國家要求賠償；

(5) 溝通的權利可加強特別需要保護的兒童的地位；

(6) 可加強兒童在法律上的地位；

(7) 溝通的權利是聯合國人權委員會達到最能深入的可能性，是多出一項監督的機制；

(8) 加強瞭解聯合國各個委員會所作成的決議和建議；

(9) 加強兒童權利委員會的功能；

(10) 各國要更投入並改善監督的機制，促使受害者增加受到有效率的法制保護的機會。

Kindernothilfe 呼籲人權委員會指派一個獨立專家來檢視有關於這個公約的溝通問題，並在第六十三次會議委員會議中提出報告來考量可能的後續行動，包括成立一個委員會工作小組來檢視起草一個公約的但擇議定書。……[11]

---

[11]　以上摘錄自聯合國人權委員會文件，E/CN.4/2006/NGO/19，2006。

2.國際團體：Organization for Defending Victims of Violence (ODVV)

人類有史以來最大的困擾問題是貧窮和飢荒，那一些制訂世界人權宣言的人必然也是考慮到這些問題，貧窮是一個人想要提供和實現兒童人權時最大的障礙。今天世界上一半的人口活在長期的貧窮中，根據世界銀行的估計，有十二億的人住在絕對貧窮線之下，生活在一種難以想像的邊緣情況，而失去了人類的尊嚴，很令人傷心的是一半的這些人是兒童，貧窮也是人權的一個流，特別是有關於兒童的人權，居住在貧窮環境的兒童被剝奪了他們享有生命、健康、食物、教育、參與、保護、剝削、被奴役、販賣還有歧視。

家庭是最重要的社會單元，這個世界應該要接受這種概念，而兒童是最重要的投資，是每一個人類社會所擁有的重要投資，人類的未來是仰賴這種投資，對這種最大投資的威脅是貧窮以及不適合居住的環境。

ODVV 譴責那些忽視兒童的權利，並對於很惡劣的環境受到貧窮打擊的兒童視若無睹的情況。ODVV 呼籲國際機構和國際經濟機構要採取有決心的行動，執行方案來改善這種情況，特別是在待開發的國家。

ODVV 相信缺乏適當的法律來照顧兒童和消除貧窮是今天無法改善這種情況的原因。每年有六百萬兒童因為飢餓而死亡，這是一種很羞恥的事，並且儘管兒童權利公約已經通過了十五年之後，在今天每年還有一千一百萬的兒童受到營養不良和可以防治的疾病侵害，還有五億的兒童居住在絕對的貧窮情況。同時美國四千億的軍事預算也造成了美國軍事行動在世界各地的行動中導致兒童的死亡。伊朗伊斯蘭共和國也是像其他的國家受到兒童貧窮的困擾，關

於保障兒童人權的條文在伊朗的憲法中也都有，但是沒有廣泛完整的法律來支持少數族群兒童的貧窮情況。

ODVV 呼籲國際組織、政府、政治人物、非政府組織和人權以及推動兒童人權利的積極人士來注意到兒童的人權，並且誠懇的介入保護和支持貧窮的兒童，那一些在生存和生命中掙扎的兒童。我們應該共同合作採取適當的行動來達到這個目地，我們希望宣稱二〇〇七年是打擊兒童貧窮的年份。ODVV 宣告已準備好要和各國、國際的政府、非政府組織共同合作來保護和支持這些我們看不到的兒童，我們相信聯合國改變了結構將帶給保障人權一個比較光明的未來，而兒童的人權以及那些被剝奪資源的兒童也應該要受益。[12]

3. 國際團體：Defence for Children International

國際保衛兒童組織很樂意看到委員會注意到兒童的人權，我們這裡要特別注意青少年的司法和公益問已。目前不同的研究顯示出在大部分的國家拘留和關閉兒童繼續是一種各國的問題，拘留應該是被視為對極少數的兒童那些犯下暴力和嚴重罪犯的一種處理方式，但是今天全世界估計有一百萬女孩和男孩住在監牢，經常是在很恐怖、條件很差、擁擠和暴力的條件之下。

這些目前被關的兒童不屬於住在那個地方，很多僅僅是犯下很小或者微小或非暴力性的犯法，並且還在等待審判，他們實際上還沒有被判處任何罪名，但是僅因為被羈捕或者還在等待審判的階段就已經被放在監牢的情況。有一些是完全沒有犯罪的，例如街童、

---

[12] 以上摘錄自聯合國人權委員會文件，E/CN.4/2006/NGO/54，2006。

政治犯、難民和尋求庇護的兒童、還有精神官能異常，被關的時候
並沒有得到適當的審判程序。

　　將兒童放在監牢中是將他們和他們的家庭、社區隔離，嚴重的
傷害其身、心和社會的發展，很多沒有得到足夠的食物、衛生保健
和教育，兒童被暴露在身體、精神和性騷擾的情況下。

　　國際保衛兒童組織要求人權委員會呼籲各國要對於青少年的犯
罪問題更加注意，各國應該採取必要的措施，在法律的範圍內給予
兒童治療和糾正，搜集有關於犯法兒童的各種資料並加以分析，並
設法降低這種數目，避免青少年翹課、中綴、綴學，改善兒童被關
的居住的情況。[13]

4. 國際團體：Human Rights Advocates

　　犯法的兒童被判處死刑，HRA 贊許人權委員會扮演帶領的角色
來廢除對於兒童犯罪者的死刑。在二○○五年之中美國停止處決兒
童犯罪者，但是伊朗繼續處決兒童死刑。在二○○五年之中伊朗處
決了八個犯罪的兒童，今年的一月另一個兒童被判處死刑，我們要
求伊朗要制止處決這兩個在二○○六年判處死刑的兒童，並且要赦
免其他所有兒童犯罪者死刑。

　　雖然沙烏地阿拉伯自從一九九二年之後就沒有處決任何一個兒
童犯罪者死刑，HRA 非常關切沙烏地阿拉伯繼續判處兒童死刑。據
報告，目前在沙烏地阿拉伯有一百二十六個兒童被判處死刑，雖然
沙烏地阿拉伯的法律並不允許判處兒童死刑，沙烏地阿拉伯的法官

---

[13] 以上摘錄自聯合國人權委員會文件，E/CN.4/2006/NGO/56，2006。

有這個權利來判斷他是否已經達到成年的標準，例如根據他的聲音還有陰毛的出現，最近有一個十四歲的埃及籍的兒童被判處死刑。

我們要求沙烏地阿拉伯國王赦免埃及人的死刑，我們建議委員會呼籲沙烏地阿拉伯報告有關於法律以及這一百二十六個被判處死刑的兒童的現況。HRA 要求所有的國家來擴展他們的青少年司法模式使之比較接近於復建的方案，包括教育、諮商、還有社會服務方案，來有效的重新教育。[14]

5. 國際團體：Friends World Committee for Consultation (Quakers) (FWCC)

大部份在監服刑的婦女都是有子女的母親，當她們入監時其幼兒有可能跟隨入牢或隔離在外，兩種情況都會傷及兒童福祉。沒有一個簡單的解決方式可處理此問題，但是其複雜性不能作為無法保護服刑父母的子女。我們的工作是專注於廣泛的婦女入獄中的母親服刑問題。

本組織樂見聯合國兒童權利委員會在「缺乏父母照顧的兒童」討論中的呼籲，要求舉辦專家會議和制訂「缺乏父母照顧的兒童」的指導原則。

Friends World Committee for Consultation（貴格會）呼籲人權委員會：

(1) 要求國家及主題特別報告在兒童權利部分注重在監服刑婦女的子女情況與需求；

---

[14] 以上摘錄自聯合國人權委員會文件，E/CN.4/2006/NGO/86，2006。

（2）要求各國執行各項人權公約對於兒童權利的指導原則，來
　　　保障服刑者子女的最佳福祉，並對於有子女的婦女考量非
　　　拘禁方式的替代懲處方式；

（3）保障因父母入獄而被剝奪與父母居住的兒童的權利，包括
　　　維持與其父母的關係；

（4）要求聯合國人權最高專員敦促各國政府關注服刑中父母的
　　　兒童的權利；

（5）要求歐盟各國優先執行歐洲監獄規章的條款；

（6）鼓勵各國政府、聯合國人權最高專員、聯合國各機構注意
　　　到歐洲監獄規章對於服刑者子女權利的保障，並作進一步
　　　的推展。[15]

6. 國際團體：International NGO Forum on Indonesia Development (INFID)

　　印尼政府已經批准《兒童權利公約》，但是印尼的兒童人權概
況遠低於這個公約所提供的標準。在二○○四年 CRC 委員會公佈的
調查，指出印尼分配給保障兒童人權的經費非常有限。

　　基本教育九年並不是免費，但並不是所有的人都能夠享有教
育，特別是貧窮的家庭。兒童所受到的暴力，包括國家以及私領域
的部門，對兒童施暴仍然是一個問題。

　　侵犯了法律的兒童在被偵訊的時候並沒有公設辯護人或律師陪
伴，所以他們很容易受到暴力和侵犯。在州的監獄中間所關的兒
童，並沒有和成年人區隔出來，有一些州有自己的兒童監獄，但是

---

[15] 以上摘錄自聯合國人權委員會文件，E/CN.4/2006/NGO/97，2006。

居位條件仍然是很惡劣，例如：Tangerang 的兒童監獄，可以有二百個人的收容量，但實際上關了三百二十二個男童。享受教育的人權是有限的，而健康的服務是低於標準，體罰是一種懲罰的方式，在少年監獄裡面。

在一般的家庭，體罰也是一種普遍的現象，甚至於在學校以及工作的地方也都有。我們要求第六十二屆聯合國人權委員會，要求印尼政府要提高分配給保護兒童權利的經費比例。

（1）制訂法規融入兒童人權的保護。

（2）侵犯兒童人權的人應該受到懲罰，並且要有修補性的服務給予兒童暴力的受害者。

（3）提供特別的措施來提供特別的保護，給那一些需要特別保護的兒童，特別是居住在戰亂地區的，那一些侵犯法律的，住在州政府機構，還有童工。

（4）提供基本教育以及普遍的出生登記，修改任何法規來配合國際標準和法律。

（5）制訂法規來禁止習慣性對於攻擊兒童人權的情況。

（6）採取確實的行動來保護沒有法律文件的印尼兒童，特別是那些住在馬來西亞的。[16]

---

[16] 以上摘錄自聯合國人權委員會文件，E/CN.4/2006/NGO/114，2006。

7. 國際團體：South Asia Human Rights Documentation Centre (SAHRDC)

澳大利亞政府的新反恐法案（No. 2）2005 在追求國家安全時也違反了一些人權，最重要的是侵犯了兒童人權。一些最壓制性的條文針對 16 到 18 歲者。兒童權利公約界定，18 歲以下者視為兒童。

South Asia Human Rights Documentation Centre (SAHRDC)承認政府有反恐的責任，但必須在國際法律，特別是人權法律的範圍之內。

澳大利亞的預防性拘禁法令已顯示出，嚴重的貶低兒童的基本權利。若不完整的再予審視，沒有足夠的證據顯示這些法律的必要性，在國際法律的衡視下這些貶離是不合理的。……[17]

8. 國際團體：巴勒斯坦人權中心　Palestinian Centre for Human Rights (PCHR)

巴勒斯坦人權中心（PCHR）譴責以色列佔領部隊（IOF）在加薩走廊及約旦河西岸廣泛及有組織的侵犯巴勒斯坦兒童的人權。

巴勒斯坦兒童在兒童權公約以及 1949 年通過的第四日內瓦公約的保障下應得到持別的保護，儘管如此，IOF 持續在侵犯巴勒斯坦兒童的人權，在 2005 中包括剝奪：受教育的權利、健康權、合適居處的權利、享有糧食和水、家庭的保護。IOF 甚至於隨意逮捕、虐待和刑求兒童。

---

[17] 以上摘錄自聯合國人權委員會文件，E/CN.4/2006/NGO/119，2006。

經由這個人權委員會，有關於兒童的權利，PCHR 呼籲國際社會來要求以色列做到國際責任的所有內涵，讓所有侵犯兒童權利的個人或團體被負責任的司法體系審理，並依據國際人道法律進行。[18]

9. 國際團體：Defense for Children International

童工是一種侵犯人權的行為，限制了充分行使公丹、社會、經濟和政治權利，也妨害了一個兒童發展的權利包括受教育的權利。童工也是因為貧窮所導致的問題，儘管國際上有逐漸認識到這個議題，而一致化的通過兒童權利公約第三十二條，以及國際勞工組織公約，到今天仍然有二億五千萬兒童年齡在五到十七歲之間還當童工，有百分之七十的這些童工是在危險的環境下工作，這種惡劣的工作條件影響了充份行使受教育的權利、衛生和保健、身心發展的權利。

國際拯救兒童組織支持所有的策略將消除所有各種形式童工的政策列為優先考量，國際保護兒童組織要求委員會：

(1) 要求各國加入兒童權利公約和國際勞工組織第一百八十二號公約，要發展他的國家法律政策來配合這些國際公約的原則；

(2) 要求參與的國家要執行滿足兒童受教育的權利，以及降低貧窮的策略，以消減童工還有最惡劣形式的童工；

(3) 要求參與國家發展出適當全國地區和國際的行動方案，目的在減少工作的童工數目，並推動教育和減少貧窮；

---

[18] 以上摘錄自聯合國人權委員會文件，E/CN.4/2006/NGO/127，2006。

(4) 要求參與國家分配足夠的經濟資源來執行適當的全國地區
　　和國際的方案投資在教育消滅貧窮。……[19]

10. 國際團體：國際印地安人條約理事會
International Indian Treaty Council

　　國際印地安人條約理事會繼續來表達深切關切，有關於環境的
污染和生態系統的破壞有負面的影響到原住民的健康、福祉和傳統
的文化傳承。這些毒物影響到原住民的健康、胎兒的發育、幼兒的
成長、兒童和未來下一代的未來已經有了警訊。各國政府很緩慢的
讓原住民通知到這一些有毒物品的威脅，事實上拒絕了原住民不僅
是他們知道的權利，也破壞他們將文化傳承給兒童以及下一代人的
機會。

　　新的資訊顯示出一些有毒物資，例如水銀所造成的殘障是永久
性的，水銀影響到兒童的成長一直到十四歲，傷害到兒童的精神、
身體和文化的發展。

　　IITC 感到鼓勵的是斯德哥爾摩 Stockholm Convention on
Persistent Organic Pollutants (POPs Convention)有關於有機物污染公
約。POP 公約在 2004 年 5 月通過，我們期望這個公約的條文的實際
執行。我們仍然感到關切的是這些 POP 主要是由已開發的國家外銷
到開發中的國家，在那裡並沒有適當的法令規範，而兒童出生的時
候就受到嚴重的傷害。在 1996 年到 2000 年之間美國出口了將近十一
億磅的殺蟲劑，這些是有害的毒物，最主要到開發中國家做為農業
用途。聯合國特別調查員的報告中舉出一個例子，這些有毒物品送

---

[19] 以上摘錄自聯合國人權委員會文件，E/CN.4/2006/NGO/169，2006。

到墨西哥的 Yaqui 原住民。Yaqui 原住民使用殺蟲劑造成出生時的缺陷，在報告中已經列出來了。在墨西哥有高度的多重殺蟲劑的使用，當地的母乳和嬰兒臍帶中都有發現多重殺蟲劑的殘餘。

我們因此呼籲第六十二屆人權委員會來承認有緊急需要使用國際的監督和保護原住民兒童、所有世界上的兒童，讓他們不受到毒品的污染，並考慮採取下令措施來處理這些重要侵犯人權事項：

（1）執行斯德哥爾摩 POP 公約的條文；

（2）通過決議案呼籲聯合國會員國禁止使用囤積、販賣或出口各國禁用的毒物包括殺草劑；

（3）擴展對於聯合國調查員的授權，增加涵蓋有毒物品對於原住民及其他社區，特別是嬰兒和兒童的影響；

（4）基於上述重要的人權考量來支持聯合國環境方案的計畫，在全球性以法律禁止使用水銀；

（5）支持聯合國人權委員會有關於有毒廢棄物和危險產品的調查員；

（6）要求那些參與兒童權利公約的國家要向委員會報告兒童權利公約的第 24 條，有關於兒童應該得到充分的營養食物、清潔的飲水以及考量到環境污染的危險；

（7）要有一個跨機構的支持團體來協調 WHO、UNICF、UNEP、UNFAO……等等機構，在全球性的討論有關於原住民和環境的影響。[20]

---

[20] 以上摘錄自聯合國人權委員會文件，E/CN.4/2006/NGO/180，2006。

11. 國際團體：國際教育開發組織
International Educational Development (IED)

　　國際教育開發組織這裡將提供有關於斯里蘭卡的兒童因為戰亂而影響到享有人權，我們認為在戰亂之中被斯里蘭卡政府軍所殺害的塔米爾兒童遠超過目前在塔米爾之虎（LTTE）中的童兵數目。因此美國以及其他的 NGO 僅僅提到童兵的問題，沒有將斯里蘭卡兒童的問題以整體來看是因為有政治動機。

　　某一些政府和非政府組織將焦點對準 LTTE 的童兵問題，讓人離開比較大的問題，例如：性奴隸、兒童色情和童妓的問題，這一些都是發生在新哈拉社區。報導顯示出可能有三萬名兒童在新哈拉的海灘上涉及兒童色情和娼妓的問題。根據斯里蘭卡的非政府組織以及人權活躍人士認為，在南方剝削兒童是一個比較嚴重的問題。

　　我們要求國際投入工作來處理有關於保護斯里蘭卡的兒童免受性侵害，我們也要求委員會的特別調查員再一次至斯里蘭卡深入調查在大海嘯之後所發生的兒童、娼妓和色情問題。[21]

12. 國際團體：Society for Threatened Peoples

　　在烏干達的北部兒童是暴力的主要受害者，在過去的二十年間 LRA 一直在和烏干達政府戰爭。政府軍隊沒有能力來平息或終止這場戰爭，LRA 持續的攻擊村落、燒毀作物、掠奪財物並綁架、殺害民眾繼續攻擊無辜民眾、難民營和人道工作者，在北烏干達繼續的發生。

---

[21] 以上摘錄自聯合國人權委員會文件，E/CN.4/2006/NGO/209，2006。

　　聯合國的住地人權協調員報告，在北烏干達的兒童情況持續的惡化。聯合國特別顧問在二○○五年十一月宣佈說這是最常發生而最少受到人道處理的案件，大部分的受害者是婦女和兒童，據報導有二萬名兒童被 LRA 綁架。而 LRA 據說有百分之九十是童兵，LRA 以使用兒童來戰爭是一種全面性的侵犯人權，兒童被綁架受到性奴隸的傷害、打、剝奪、強迫要去殺害並謀殺。在北烏干達地區的社會網絡完全被破壞掉，在經歷這麼多的動亂這些兒童幾乎沒有辦法回復到他們的社區。而政府軍事實上也曾經強迫兒童離開 LRA，然後再逼他們加入政府的軍隊來和 LRA 打戰。

　　我們呼籲人權委員會來：

(1) 要求烏干達政府確保有效的保護所有的公民，並採取所有可能的措施來讓那些未達十八歲的人不要被徵召入軍達；

(2) 要求烏干達政府立即來解散難民營並保障那些市民回去他們的生活有足夠的計畫和資金；

(3) 要求國際刑事法院來檢視烏干達交戰雙方的侵犯人權情況；

(4) 要求交戰的各方開始有真正意涵的和平談判，並約束並不再侵犯貧民；

(5) 要求聯合國安全理事會來考量北烏干達的人權和人道的危機，視為是一種議程之一，並指派一位聯合國大使來加強和平的程序；

(6) 要求聯合國安全理事會進一步做成決議，來討論到戰亂中兒童的議題。[22]

---

[22] 以上摘錄自聯合國人權委員會文件，E/CN.4/2006/NGO/226，2006。

13. 國際團體：古巴婦女聯盟（Federation of Cuban Women）

我們今天所住的世界是更全球化，也更排除性和非文明的，使千萬人活在貧窮和邊緣化。這場戲劇的主要受害者是兒童，我們只要看一下巴勒斯坦兒童，在每一次以色列的攻擊中被殘酷殺害和傷害，或看到阿富汗或伊拉克的兒童，這些不公道的佔領使他們面對新的挑戰和危機，包括，被佔領軍侵犯的危險。

已經通過兒童權利公約 15 年了，當時為公元兩千年設定的目標還未達到，仍是一個不確實的夢。

儘管缺乏經濟資源，古巴的成就指標讓我們成為各國的先行者，特別是在衛生和教育，這是一個真正的政治決心和所有人民有共識的社會參與的成果。

我們確信一個更美好的世界是可能的，有一個和平及尊重的環境，免於戰爭、貧窮、轟炸和衝突，在那裡可以實現發展，而非空虛的替代。[23]

玖、聯合國八項千年發展目標之中有兩項和兒童有直接關係

聯合國的八項千年發展目標之中有兩項是和兒童有直接關係，包括了：普及小學教育，確保所有男童和女童都能完成全部小學教育課程，及降低兒童死亡率（五歲以下兒童的死亡率降低三分之二）。

---

[23] 以上摘錄自聯合國人權委員會文件，E/CN.4/2006/NGO/238，2006。

一、有關於普及小學教育與本國的關係

　　自 2000 年陳總統就職時人權立國的宣示，國民義務教育是保障國民受教權的最佳政係。我國約 40 年前由 6 年義務教育增至 9 年，是一項重大的跳躍，然近半世記至今卻未再有任何進展。目前義務教育的 9 年期限僅達到開發中國家的水準，比較起已開發國家如美國的 14 年─12 年的中小學加上 K1 及 K2 的兩年幼稚教育，或比利時在小學之前的三年幼稚教育，尚有相當明顯的改善空間。現今往下延長義務教育是很緊迫待辦的政策，政府應將幼稚園大班及中班納入國民小學之正式及義務教育體制，確實兌現人權立國的政策，這才是落實聯合國千年發展目標的一種本國措施。

　　有關於確保所有男童和女童都能完成全部小學教育課程的目標，除了提昇各國義務教育的水準之外，還兼有很重要的意義是要求性別的平等。根據聯合國的資訊顯示，在已開發的國家中男、女童有均等的機會升學並接受高等教育。在發展中的國家，男、女童接受國小教育的比率上大致相同，但是有很多女童中途輟學。原因有多種，主要的是貧困阻礙女童接受教育。世界銀行兩性平等教育專家 Mercy Tembon 認為：「……只有普及教育才能減輕貧困，而亦只有減輕貧困才能普及教育。」

二、有關於降低五歲以下兒童的死亡率（Under 5 Mortality Rate U5MR）

　　U5MR 是一種指標性的數據，顯示出一個國家中兒童享有衛生保健權利的情況，這項數據是根據實際的統計資料，並非任由一般人隨意勾選作為所謂的「兒童人權指標」的評斷。

根據行政院衛生署的資料，我國 2004 年五歲以下兒童的死亡率是 7.82，比較起世界衛生組織所公佈的同一年各國的數據，是高於新加坡 3，日本 4，南韓 5，澳洲 6，瑞典 5，英國 6，德國 6；低於美國 8，馬來西亞 11，泰國 38，越南 43，蒙古 150，尼帕爾 104，中國 47，菲律賓 41。

U5MR 的數據顯示我國是接近於已開發國家的群體，但以我國優於其他國家的全民健保的照護機制，理應有更低的 U5MR 數值。

拾、政府確保兒童與青少年人權的責任

確保兒童與青少年人權的責任主要在於擁有各種資源的各級政府。目前世界上的兒童人權問題有多項，包括有戰亂地區的童兵問題；街童流浪兒問題；兒童吸販毒問題；雛妓和販賣婦女的問題；兒童受虐的家暴問題；兒童營養及衛生保健問題；童工問題，根據「國際保護兒童協會」（Save the Children International）的報告，現今全世界還有近兩億五千萬的童工。

在這些世界各地兒童人權問題中，有一些在台灣並不存在，但是我們不能自滿，並且要在保護兒童健康成長的領域中更加努力。我們必須確保每一個兒童都可以得到：

1、家庭（或收養者）的照顧；

2、每一個夜晚都有安全的居所；

3、免於恐懼和安全的；

4、每一天都有足夠的糧食；

5、都得到義務教育，以總共１２年或１４年為理想目標；

6、都得到法律的保護；

7、都有醫療保健；

8、免受刑求虐待等等。

政府的責任總歸一句，就是「幼吾幼以及人之幼」，將所有境內的兒童一視平等如家人，都能享有最基本的生活資源。這是一項很大的目標和理想，短期內也許不易全國達到，但是總要設法跨出第一步。

勞動人權導讀

林佳和[*]

壹、前言

　　一般說來，勞動主要有兩種形式，一是自主性勞動，另一則是從屬性勞動；前者主體雖從事勞動，但基本上對於勞動的方式、內容、時間與範圍，自己有獨立的決定權，基本上並不受他人的指揮或限制。後者則完全相反，對於勞動之方式內容等，勞動者本身並無獨立的、或是完全獨立的決定權，而是必須在他人的指揮監督下去履行，以換取他人給付的金錢報酬。這兩種勞動形式，同時併存於社會之中，但是從人權的角度來看，卻是相距極大的不同問題；簡單的說，從屬性的勞動，一個身處於他人主宰世界之中的勞動形式，正是勞動人權所要著眼的主題。

　　無疑的，為他人提供勞務來換取工資，是現代社會多數成員獲取經濟來源的最主要方式，用學理上的話來說，這種以勞務供給來換取工資的所謂僱傭勞動，無疑的，是資本主義體制下人類獲取生計的最主要媒介，不論在廣度或深度上的意義皆然。幾乎在所有的產業領域內，不論是所謂第一就業部門的農漁牧業、第二部門的工業，或是第三部門的服務業界，僱傭勞動、而非自主勞動，成為現

---

[*] 台灣大學法律學院法學博士，德國布萊梅大學法學博士候選人，現任文化大學勞動學研究所助理教授

代社會人類最重要的、也是於個人及家庭成員之生存最為密切的社會活動。在傳統的私法概念體系中，從事僱傭勞動的勞工，在法律上享有完全的自由和獨立的人格，例如 1900 年的德意志帝國民法（BGB），即是將作為僱傭勞動之法律形式的所謂僱傭契約，視為以當事人地位對等為前提的典型債法契約類型之一，用誇張而淺顯的話來說，買賣勞動力與買賣菸酒、青菜沒有兩樣，當事人充分享有羅馬法以來所謂締約自由的三大基本內容：當事人選擇自由、締約與不締約的自由、議定契約條款的自由。

　　但在現實的工作場所中，「自由」卻不見得是僱傭勞動世界的代名詞。易言之，就業的僱傭勞動其實是屬於所謂的「從屬關係」：勞動者之於雇主，處於雙重的從屬與被支配性格：一方面，勞動者必須仰賴工資以維持生計，這與雇主的以資本為基礎的生存模式不同，因此，勞動者有經濟上的從屬性；另一方面，勞動者的提供勞務，是處於雇主所管領的工作場所與工作支配結構之中，換言之，不只是在空間方面的因素，在本質上，勞動者的這種他主、而非自主的勞動型態，決定了他之於雇主的所謂人格上的從屬性。

　　在這個雙重的支配與被支配關係下，勞動者極易喪失其自由與獨立的人格，當代國家立憲體制的基本人權思維似乎難以跨入私人所管領的勞動就業領域，從十九世紀以來，這種以僱傭勞動為法律基本型態所造成的社會肢解結構，一種合法的「不平等」「不自由」關係，遂變為社會及國家統治正當性的最大危機，也就因而成為資本主義國家必須嚴肅面對與處理的核心問題。

貳、保障勞動人權的思想與行動

　　為了扭正僱傭勞動所帶來之對於勞動者的限制與傷害，企圖讓「尊嚴與自主性」踏入從屬性勞動的世界內，當代國家無比揭櫫保障勞動人權的意旨，希望能透過國家的介入，使長久以來被視為「剝削」、「宰制」同意詞，現代社會卻又不能將之廢除的僱傭勞動，能夠在一勞動者至少擁有起碼人權的情況下去推展。

　　從人權保障的角度來看，勞動人權是一相當特殊的議題。傳統上，不論從人權（human rights）或基本權（basic rights, fundamental rights）的指涉範圍觀之，基本上都是從「防禦國家權力之侵害」為出發點，也就是說，傳統的人權或國家內國民基本權，主要都是針對國家權力的侵害，希望賦予社會成員防禦的權源，最典型的如言論自由、宗教自由、遷徙旅行自由、結社自由等。在這個基礎上，國家對於人民權利的保障，原則而言，並未踏入「私領域」的範圍，也就是說，對於人民相互間的侵害，最早並非國家保障人權意旨所要涵蓋的。以十九世紀發揚之僱傭勞動為例，當時的普遍想法是：僱傭勞動的出現是本於契約自由，如果契約當事人的一方，透過契約的形成手段，願意讓另一方「剝削」，以換取金錢報酬的對價給付，那麼這是國家法秩序所容忍的，與憲法權利上的保障無甚關係。今天，世人都知道，在僱傭勞動的這項問題上，顯現了一個特殊的現象：私人間對於彼此權利的侵害，往往要超過國家對於人民的侵害；也就是說，雇主對於勞動者的剝削與傷害，不但可能遠超過國家對於勞動者的侵害，甚至可能是勞動者悲慘命運的最重要根源。是以，國家當然不能以「人權或基本權不踏入私領域」為

由，視若無睹，因此，國家開始努力建構一套主要以私領與為指涉對象的基本權思考，其濫觴就是勞動人權。

在這裡，有一比較細膩的問題要提醒：在許多的描述中，都將勞動人權視為是社會權（social rights）的一環，基本上，這個說法就算不是錯誤，至少也跟歷史的發展進程不符。簡單的說，所謂的社會權，是指國家對於經濟或社會弱勢者，從一維護人性尊嚴的目的出發，所賦予之一種「使之享有特定之社會性積極給付保障」的權利，它毋寧是基於 Georg Jellinek 所說的「主動地位」（status positivus）：人民有主動要求國家，在他處於相當之經濟或社會弱勢地位的時候，給予一定之保障，例如社會救助、失業給付或其他一般所稱的社會福利，以使其擁有符合人性尊嚴的起碼生活。社會權的實現，基本上都需要國家的法令落實，而不能由人民抽象的主張行使國家公權利。當然，勞動者因僱傭勞動而受到剝削，是她們處於經濟或社會弱勢地位的一項重要原因，甚至在某些歷史的階段中，是最重要的元兇，但是，勞動人權的保障，著眼的是「矯正勞動世界中之侵害人權情事」，而並非像社會權一般，是「國家給予額外的積極性給付」，兩者是截然不同的。從以下有關勞動人權內容的描述，我們將更可以看出勞動人權與社會權之差異，所以，請讀者能夠思考且清晰的加以辨別。

整體國家法秩序，開始將勞動人權視為重要的保障對象後，約莫從十九世紀末開始，到二次大戰結束後的經濟起飛時代達到顛峰，各國均逐步採取保護勞動人權的一些重要措施。粗略的說，大概有下列三個主軸：

（1）必須以法律的手段直接保障勞動者，使其能維繫起碼的勞
　　　動力之再生產，能擁有基本的人權與尊嚴，不任其處於雇
　　　主完全的實力及指揮權的控制下，並且容許勞動者進行團
　　　結，承認其團結組織（工會）的合法性與正當性，甚至同
　　　意其某些以公然違背契約拘束為目的的行為（如罷工）。

（2）也就是說，國家藉著法律的手段，採取雙重面向的努力：
　　　一方面，以法律保障勞動者的個別權利，不論是在勞動契
　　　約的締結、工資、工作時間、其他勞動條件、解除契約
　　　等，國家在此明白表示基於勞動者社會保護的需求，必須
　　　承認勞動者結構性的社會劣勢，進而採取主動的保障措
　　　施，也就是限制勞動契約雙方當事人的形成自由，要求某
　　　些約定必須符合法律的最低基準。

（3）同時，國家亦肯認到勞動者團結組織的必要與正當性，容
　　　忍勞動者以集體的形式成為新的權利主體，以勞動者的結
　　　合成為對抗相對雇主的均衡力量，進而在擁有特殊法律手
　　　段的前提下（罷工、集體協商、團體協約），聽任勞資雙
　　　方形成自己的權利義務內容。

　　為保障、尊重勞工的基本權益與人格的自主發展，國家遂建構
了個別與集體勞動法的雙重保障機制，一方面主動保障居於劣勢的
勞動者，另一方面在勞動者力量呈現對等均勢時，退居被動的輔助
角色，這便是當代法律制度保障基本勞動人權為出發點的面貌：
「限制勞資雙方的契約形成自由、要求符合勞動最低基準」，以及
「容許勞動者組織工會，以集體性的力量去自己形成權利義務關
係」；在這兩項主軸下，勞動人權的保障體系便建立了起來，它並

非要求國家為社會性的積極給付或保障，而是由國家以法律的手段，試圖去扭正原本失衡的勞資權力結構，然後再容許當事人重新回復契約自由，國家再退居次要的輔助性角色。這些內涵，是我們研讀勞動人權所最需要注意的一點，也是勞動人權在整個人權譜系中最為特殊的地方：它不是使人民防禦國家侵害，也不是使人民享有國家給付，而是由國家透過特別的保障方式，讓勞動者重新取得在私領域中，與社會對手得以平起平坐的地位。

參、勞動人權主要內涵一：我國勞動基準法的基本目的及原則

前已提到，勞動人權的第一項重要意涵，就是限制勞資雙方的契約形成自由，強制規定某些必須遵循的最低標準。在台灣，這一項內涵主要即透過勞動基準法之規定來落實，因此以我國勞動基準法為例，讓我們介紹它所揭櫫的六項原則：勞動條件決定、均等待遇、男女同工同酬、強制勞動禁止、中間榨取禁止、公民權行使等，以明瞭當代勞動人權保障體系的最基本內涵。

（一）勞動條件決定原則

此原則之意義為，勞雇關係不是主奴、上下的關係，而是平等的契約關係，因此勞動條件應在勞雇平等的關係下決定，不能再任由雇主單方面規定，而要求勞方遵守。勞動契約的訂定必須基於兩個前提，一為契約的締結自由，及契約的當事者，特別是勞動者這一方面，是否締結應完全自由；二為契約內容自由，即契約內容的勞動條件，應由兩者基於自由意志合意決定。我國勞基法雖沒有清

楚的明文，但此實乃現代私法及勞動法的基本原則，必須明確表示勞雇平等關係的規範本質，因為在現實工作場所中，雇主居於強勢地位，將勞動條件強制施予勞工的情形到處可見，我們必須在理論上確切的把握這一點。

（二）均等待遇原則

「法律之前人人平等」是近代國家重要的法律原則之一，如我國憲法第七條規定：「中華名國人民、無分男女、宗教、種族、階級、黨派，在法律上一律平等」。這對於同一雇主之下，共同工作的勞工之間，也是一個正確原則。一般而言，勞動條件之均等待遇原則是指雇主不得以勞工之國籍、宗教、黨派、性別或社會身份等理由，在工資、工時或其它勞動條件上予以差別待遇之意。所謂其它勞動條件，包括勞動契約關係中之一切待遇，除工資工時外還有災害補償、安全衛生、福利等事項，至於有關雇主與解雇基準，亦不應有違反均等待遇之情形。勞基法第二十五條：「雇主對於勞工不得因性別而有差別待遇。工作時間、效率相同者，給予同等之工資」，若只單就本條款來看似忽略嫌簡單，因為只有禁止性別一項，還好，我國就業服務法第五條規定進一步規定：「為保障國名就業機會平等，雇主對於求職人或所雇用員工種族、階級、語言、思想、宗教、黨派、籍貫、性別、容貌、五官殘障或以往會會員身份為由，予以歧視」，此項規定已足以補勞基法之缺陷，標榜平等對待之作為勞動人權的重要內涵。

（三）男女同工同酬原則

　　工作平等權的之理念，在憲法第七條及第十五條有所規定，我們可以推論出在就業上即應有不受性別歧視之暗示性權利。勞基法第二十五條又規定：「雇主對於勞工不得因性別而有差別待遇。工作時間、效率相同者，給予同等之工資」，這是將男女同工同酬之原則予以法制化的努力，對於違反者可以科以行政罰鍰，亦即企圖用行政裁罰的手段來企圖落實男女同工同酬，顯然，這是極為不足的。所幸台灣在 2002 年 1 月公佈施行兩性工作平等法，以比較宏觀的角度，較為全面性的落實兩性就業待遇和機會均等，希望建立工作職場上真正兩性平等，雖然在現實上仍待努力，但無疑的是彰顯勞動人權重要意涵的里程碑。

（四）強制勞動禁止原則

　　此原則的意義為，勞工有選擇工作或不工作之自由意志，雇主不得以非法之行為強迫勞工從事勞動。我國憲法第八條規定：「人民身體之自由應予保障」，又第二十二條規定：「凡人民之其他自由及權力，不妨礙社會秩序公共利益，均受憲法之保障」都是保障人身自由，不允許他人以強暴、脅迫、拘禁等非法的手段，強制從事違反本人意志的行為。勞基法第五條又規定：「雇主不得以強暴、脅迫、拘禁或其他非法之方法強制勞工從事勞動。」違反規定者處五年以下有期徒刑、拘役或科或併科五萬元以下罰金，此條正是憲法保障自由權的具體實現。勞工和雇主簽訂勞動契約之前，有勞動與不勞動的自由，任何人自不得強制勞工從事違反其意志的勞動；而在簽訂勞動契約後，勞工如有正當理由，不願或不能從事勞

動，雇主亦不得以非法的方法加以強制。如果勞工無正當理由，不依契約提供勞動，則雇主只能以曠職處理，依法終止勞動契約。又勞基法第四十二條復規定：「勞工因健康或其它正當理由，不能接受正常工作時間以外之工作者，雇主不得強制其它工作」，亦為本條規定之延伸。此問題特別容易發生於加班與否，或是像台灣曾出現之強迫外籍勞工工作的情況，必須加以注意。一般來說，強迫勞動是落後國家一個相當明顯的特徵，例如強迫監獄受刑人勞動以榨取其工作成果，或甚至據以外銷等，在相對進步國家，禁止強迫勞動的重要性已顯然減少，但仍不失為一個核心而重要的勞動人權指標。以下就列舉一些有關強制勞動禁止的國際文件：

◎國際人權公約：「公民權利及政治權利國際公約」

第八條（奴隸與強制勞動）

一、任何人不得使為奴隸；一切形式的奴隸制度或奴隸買賣應予以禁止。

二、任何人不應被強迫役使。

三、(一) 任何人不應被要求強迫或強制勞動。

　　(二) 在把苦役監禁做為一種對犯罪懲罰的國家中，第三款(一)的規定不應認為排除按照由合格的法庭關於此項刑罰的判決而執行的苦役。

　　(三) 為了本款之用，「強迫或強制勞動」一辭不應包括：

　　　　1、通常對一個依照法庭的合法命令而拘禁的人或在此種拘禁假釋期間的人所要求的任何工作或服務，非屬(二)項所述者。

2、任何軍事性質的服務，以及在承認良心拒絕兵役的國家中，良心拒絕兵役者依法被要求的任何國家服務。

3、在威脅社會生命或幸福的緊急狀態或災難的情況下受強制的任何服務。

4、屬於正常的公民義務的一部份的任何工作或服務。

◎國際勞工組織（ILO）公約：強迫勞工公約（第二十九號公約）

　　此項公約於 1930 年國際勞工組織第十四屆大會通過。共有二十四條條文。

第一條：對簽訂公約國之宣示性聲明

第二條：定義「強迫勞動」，並列舉例外之情事

第三條：定義「主管官署」。

第四條～第十條：規範主管官署的行政權範圍，及徵取「強迫勞動」權利的限制與注意事項。

第十一條：規範得被強迫勞動的成年男子的的生理條件及其勞動所受之限制。

第十二條～第十四條：強迫勞動行為的勞動條件相關規定

第十五條～第十八條：強迫勞動的勞工健康與安全衛生相關規定。

第十九條：強配勞動不得適用團體懲罰的項目之一。

第二十條：強迫勞動不適用於地下礦工。

第二十一條～第二十四條：再次宣言及補充說明公約國所應遵守的督導規範與配合事宜。

（五）中間榨取禁止原則

　　現代勞動人權的基本精神是：勞工非商品，而勞工既非商品，任何人自不得以此為謀利之標的；又基於尊重勞工人格的理由，更不許第三者介入勞動關係，藉以獲取利益。本法第六條規定：「任何人不得介入他人之勞動契約，抽取不法利益」，其立法意旨在於排除勞力仲介榨取不法利益。所謂的「利益」，並不限於金錢，也包括其他財物，其名目則不問是手續費、酬勞或回扣，也不問是有形或無形；所謂「不法利益」是指按每期工資抽成、或收取顯然比一般水準為高的酬勞等，而所抽取的利益也不問來自雇主或勞方或其它的第三者。值得一提的是，台灣勞基法與日本勞基法不同的是，日本法規定利益之獲取，並不問手續費、報酬或金錢以外的其它任何財物，均為法所不許，日本的「就業安定法」原則上禁止設立收費的職業介紹機構，而本法只禁止「不法利益」；至於合於民法規定之居間行為，或登記有案的職業介紹所，收取合理報酬，並不違法。另外，我國的「就業服務法」，亦規定可設立收費的私立就業服務機構，但不得收取就業保證金或其規定標準以外之費用。近年來，關於外籍勞工的仲介，或是派遣勞動的派遣公司，都有引發是否涉及中間榨取的問題，基本上來說，該等情形應不一定必然成立違法的中間榨取，但是仍應注意其合理性的問題，不讓勞動者容受不當的剝削。

（六）公民權行使保障原則

　　為使民主正政治能正常運作，保障國民的參政權，是不可或缺的重要因素；不但是公民的權利也是義務。任何國家，勞工總是占

公民中的大多數，因此無論是為勞工本身的權益或是為全體社會民主政治的運作著想，勞工公民權的行使均應受到保障。日本勞動基準法第七條規定：「雇主不得拒絕勞工在其勞動時間內請求必要時，以行使選舉權、其它公民權或執行公眾職務；但在不妨礙權力的行使或執行公務的限度內，可以變更請求時間」；我國內政部曾釋示：「工人在工作時間內，請求以必要之時間外出參加各種選舉投票執行法定公權經證明屬實者，雇主應予視同公假不得減扣其工資」（內政部 57.1.18 台內民字第 206413 號函示），這保障了勞工行使公權。而選舉日的放假之舉，以行之有年，似乎以成慣例，但最近由於選舉頻繁，選舉日必放假，已遭業者懷疑其合法性。雖然有機關的解釋令，仍散於各處，沒有一統規範的準則，因此有必要加以訂定法則，以保障勞工的公民權行使。

四、勞動人權主要內涵二：勞動者之團結權與同盟自由

　　勞動人權的第二個主要內涵，就是保障勞動者得以團結，然後形成集體性的力量，接下來去進行與資本的對等性關係。無疑的，勞動者之團結權是現代勞動人權的核心內容；只透過法律上的保障勞動最低條件，卻不容許勞工以集體性的力量去形成勞資關係者，則普遍上認為幾乎等同於未保障勞動人權。不可諱言的，在近年來有關台灣勞動人權的觀察與分析中，不論國內或國際，均認為此點是台灣勞動人權上最大的瑕疵。

　　勞動者以團結權為核心的這項權利，數年來最為台灣的勞工與勞工運動界朗朗上口的，就是所謂的「勞動三權」，其來源大致應是日本國憲法第二八條：「勞動者享有團結權、團體交涉權及其他團體行動權」，從此，「團結權、團體交涉權、團體爭議權」就變

成了集體勞資關係領域中，勞工最重要的三項權利。然而，一個奇特而難以理解的現象是，因為「勞動三權」被平行而平等式的臚列併舉，也就形成一種相當常見的說法與指摘，例如：「我們只享有一個半的權利」（全國教師會稱教師在教師法下，只擁有團結權與部分的團體協商權），或是「我們保障了公務員的團結權與團體交涉權，爭議權他們不需要，國家社會亦不能容許」（考試院宣傳他們的公務人員協會法草案）；換句話說，勞工的團結權、團體交涉權、團體爭議權被切割式的理解，三者間既然平行，當然有所關聯，但原則上是可以區隔的，比方說：可以分段、分時間、分程度分別爭取的。這是一種正確的理解嗎？

其實，衡之勞工運動的歷史進程，以及先進資本主義國家集體勞資關係法律化的現況，前述將勞動三權這樣的切割理解，甚至形成勞動三權的名詞與說法，本身都大有疑問，因為觀察歷史過程，勞工運動在資本主義體制中的經濟性、社會性鬥爭領域，勞工藉著自己的團結組織，也就是行使法律上團結權而組成起來的工會，主要的目的是要透過集體力量去進行的協商與交涉，達到改善自己勞動與經濟條件的目標。這樣的以「經濟性」為主要指涉的範疇，為了讓之不要流為勞動者的集體行乞，必須賦予一定的爭議權利與其他的行動權，以便於組織、行動、施予社會對手一定的壓力，使之屈服，以便達成停火協議、簽訂團體交涉法律文件（如團體協約）的目的。

所以說，在這樣的勞動人權理解下，究竟應該要如何解釋勞動者的團結權意涵，就必須把握下面三個原則：

(一) 勞動者的團結權才是集體勞動關係及其法律化的核心，團結的目的是為了改善勞工的經濟與社會生活，必要的手段工具是包括爭議行為在內的行動權，必要的過程是集體交涉與協商，以透過集體協約的形式在法律上建立規範基礎」。

(二) 勞動三權絕不是、亦不能切割式的理解與建立概念；他們彼此之間有「目的－形式－工具手段」的關係。

(三) 在以團結權為核心及目標指涉的理解下，必要的工具形式欠缺（如爭議權被剝奪、其他的行動權被限制）、必要的法律實現形式被掏空（如資方可任意拒絕進行團體協商），都會使得團結權的行使流於空洞與無意義。

　　所以說，談到這個部分的勞動人權，斷不得認為只有勞工團結權的問題，或是以為只要容許勞動者團結了，就是符合勞動人權的要求，其他如任意限制人民行使或甚而剝奪，基本上都沒有關係。這些都是對於勞動者團結的誤解；在此提出一仿效自歐洲法制的概念：同盟自由，它是一項特殊的團結權與結社自由，跟一般結社自由沒有目的性之限制不同，它標榜的正是「以改善勞工之經濟與勞動條件為目的」之特殊結社，所以必須將這項基本目的納入其本質保障的範圍。這樣才是對於勞動人權的重要理解：只有容許團結，這是不夠的，還必須讓勞動者的同盟，能夠發揮真正的對抗資本與共同自主形成之力量，不重形式，也尊實質，這才是保障同盟自由之勞動人權的核心意旨。

肆、結語：全球化時代的勞動人權

在當代整個勞動人權的論述脈絡中，全球化，無疑是一個不可或缺的背景條件及認知，如果暫時拋開有關國際人權之政治層面的問題的話，顯然，對於全球勞動人權而言，最重要的無非經濟全球化，以及它所引發之工業關係的轉變上，所產生之對於勞動人權的深遠影響。

經濟全球化在勞動人權領域所帶來的嚴重影響是：跨國企業在這場國際資本分工體系的遊戲中，佔有主動而舉足輕重的角色，不論是高科技或一般的消費產品，對於其生產據點的選擇，跨國企業都變為主宰者，不但國民國家以國家力量補貼或採取能吸引外資的所有手段，甚至不惜挑戰自己的統治正當性基礎，根本的動搖國家社會福利制度，只為博得跨國企業的青睞；總而言之，在經濟全球化的條件下，跨國企業及資本所經常採取的策略有：

(一) 壓迫國家政府壓低或去除勞動法與社會法上的保護規定；

(二) 霸權式的、對國民國家政府的核心主張是：必須隨時機動調整國民國家內的規範體系、法律條文與制度〈特別是團體協約、社會安全制度與教育體系〉，以適應全球市場的經濟及金融動態及邏輯。許多人將此稱為所謂「往下沉淪的制度競爭」；

(三) 主張國家的據點/競爭力政策：除試圖壓低工資成本及勞動附隨成本、單位產出勞動成本，主張工時的彈性化之外，尚必須進行企業租稅的減免，勞動市場的自由化，亦即強烈主張國家間進行所謂爭取跨國資本選擇生產據點的競爭。

　　從勞動者的角度而言，經濟全球化所帶來的對傳統工業關係的轉變，因為國家角色與功能的變遷，整理起來大致有下列幾項：

(一) 勞動保護的去管制化：跨國企業全面主張法令的鬆綁，主張保護勞工越多，只會讓越多的勞工失業，因此強烈主張應讓勞工有權自由協商在法律基準以下的工資及勞動條件；去管制化的對象例如：基本工資、解僱保護、工時的限制、團體協約制度、工會的保護法令。

(二) 勞動關係的彈性化：主張勞動關係的形成及內容，法律及政府不應做過多的干預，一切應聽任市場的機制來決定，主張彈性化的對象主要有：工時、定期契約及部分工時契約的鬆綁、勞動力的隨機調整供應等。

(三) 勞動的去形式化：就是把勞動及勞動關係，從現有國家法律、社會及經濟中的具體模型中擺脫出來，換言之，去除法律形式上對勞動的保護，勞資關係的形成不再視為是國民國家內的階級妥協，而是回到企業內的控制模式。

(四) 勞動關係的去中心化與個人化：跨國企業主張排除工會對勞動關係形成的介入，工會被認為是一不利的制度性要素，資本傾向於由勞方作個別的勞動關係形成，排拒團體協約的規範性拘束力，不願意採取勞資合作或甚至共同決定的經濟民主模式，總的來說，勞動關係的形式與內容變為企業經營策略的一部份。

　　由此我們可以清楚的看到，經濟全球化所帶來的結構變遷，對於勞動人權的保障帶來無比深遠的影響。簡單的說，傳統上勞動人權的兩項重大意涵，不論是國家以法律手段之限制勞資形成自由，

強制規定最低之勞動基準，亦或保障勞動者之團結權與同盟自由，由其以集體形式去進行與資本的對抗與協商，這兩項主軸，都無疑的遭全球化時代的主角們所質疑與挑戰，甚至進行根本的推翻與否定。一個經常出現的預測是：勞動人權將只能回溯到最古老的人身自由保障的地步，也就是除非是強制勞動，直接碰觸法治國家所無法容忍的人身侵害底限，否則基本上將再無其他國家要強力干預的場合與必要，因為國家或產業競爭力的需要，再在勞動人權的問題上多所著墨，恐怕都是不合時宜之事。

　　答案真的是如此嗎？從許多的案例均顯示，國際勞動人權的侵害情事，似乎只有與日俱增，慢慢挑戰人們的人權神經。其實，經濟全球化並未帶來勞動人權保障的減少或多餘，反而給了它一個新的生命與正當性。但是，挑戰毋寧是存在的，唯有將傳統勞動人權的思維，依照所面臨的不同處境與時間，去加以更新，注入新的內涵，才能夠讓我們面對新的時代，毫無畏懼，堅定的走下去。人權之意義，乃至勞動人權之意義，均無非在此：以人的尊嚴角度出發，考慮何謂人存在的真正意義；而顯然，永遠帶著剝削本質的勞動世界，它的人權保障需求，也永遠是緊緊相隨的。

移民人權導讀
——外國人的人權

李明峻

壹、前言

　　第二次世界大戰後，人權保障逐漸成為國際法之重要課題。人權思想之形成甚早，但其具體落實始於對納粹德國主導之集體主義國家侵害人權之反省，特別是其對猶太人等民族之集體屠殺（genocide）及引發第二次世界大戰等事，使得其他國家意識到此一問題之重要性，因而將「人權及基本自由之尊重」列為聯合國成立之主要目的之一[1]。然而，經多年來不斷地努力，各國雖於憲法明文保障人權，且各國亦以立法、司法機構等具體落實，惟因現代國際化仍賡續進行，人民穿越國境遷徙日益頻繁，人權內涵向來之本國國民與外國人之單純二分法遂衍生爭議。

　　無庸置疑地，一個文明社會的政府有保護人權之責，無論是本國人的人權，還是其境內外國人的人權，無論是合法入境的外國人的人權，還是非法入境的外國人的人權，一概都在保護之列，政府均不得侵犯，否則即需承擔責任。就法理而言，外國人作為「人」的自然權利部分，在保障上應與本國人相同，因為就人的本質而

---

[1]　西井正弘編，《圖說國際法》，東京：有斐閣，2001年，頁154。

言，本國人與外國人間應無差異。但從事物本質而言，「外國人」
既然未擁有本國的國籍，因此在憲法規定的權利與義務上，「外國
人」與「本國人」即會有所差異。

　　就此而言，「外國人」與「本國人」基本權利保障會有所差
異，此時個別基本權利間性質之差異就值得探究。同時，若「外國
人」與「本國人」在人權保障有其區別的可能性，則外國人在保障
上可能會受差別待遇，問題在於該項差別是否合理。此時，國家對
於其領域內之外國人給予何種法律地位？使其享有哪些待遇？是否
應保障其人權？此即所謂國際法上之外國人人權問題[2]。本章將針對
外國人之特殊性，探討外國人的人權保障問題，並考量其差別待遇
是否合理之問題。

貳、保障外國人人權的動向

　　然而，何謂外國人？關於外國人之定義，首先所謂外國人是指
不具有本國國籍之人，不論其是否具有外國之單一國籍、多重國籍
或無國籍者[3]。其次，具有本國國籍者，縱然另具有外國國籍，亦非
外國人，但其享有之權利與所應履行之義務，與單純具有本國國籍
者仍有所不同[4]。以台灣法令為例，如依入出境及移民法第三條第一
款規定：「國民指居住台灣地區設有戶籍或僑居國外之具有本國國

---

[2]　同上註，頁 156。

[3]　田中宏，江橋崇編，《来日外国人人権白書》，東京：明石書店，1997 年，
　　頁 13。

[4]　例如申請居留或定居之權利等即是。近藤敦著，《外国人の人権と市民権》，
　　東京：明石書店，1999 年，頁 56。

籍者。」就此而言，國民又可分為在台灣地區有戶籍及在台灣地區無戶籍者，依同條第四款規定：「在台灣地區無戶籍之國民：指具有中華民國國籍但現僑居國外之國民，以及取得、回復中華民國國籍而未曾在台灣地區設有戶籍之國民[5]。」至於如何取得本國國籍，則以國籍法及國籍法施行法之規定為依據。

　　由歷史的發展顯示，各國最初為種族生存之必要，對外國人都會加以敵視、排斥，但隨著各國人民往來互動頻繁，為增進交通貿易自由，各國開始在不妨害國家公益的範圍內改善外國人的地位。然而，此時一國尚不能期待自己優待他國之國民的同時，他國亦會同樣優待自己國家之國民，直到外交上或條約上的相互主義出現，雙方對等保障自己境內對方國家之國民才得以落實。惟此時採取相互主義之國家，僅保障締約國國民之待遇，而非締約國之國民則不一定享有同等之待遇。目前為了國際間的交流，相互主義已不適用於現今之狀態，對於國內之外國人待遇，各國大致依國際法而採內外國人平等主義，保護外國人應享有之人權。

　　另一方面，一國境內之外國人又有不同身分。首先，外國人依其居留期間，又可分為短期居留、長期居留和永久居留等三類，其享有之外國人人權亦略有不同；其次，外國人依其性質除一般外國人外，尚有特殊身分之外國人，如享有外交豁免權之外國人、基於國家間協議而享有特權之外國人、具難民身分（包括因戰爭、自然災害或政治庇護）之外國人以及無國籍之外國人等。然而，台灣又有因國家定位問題，為「因應國家統一前之需要」，而產生所謂

---

[5] 姜皇池，〈論外國人之憲法權利─從國際法觀點檢視〉，《憲政時代》，25卷1期，（1999年7月），頁147。

「大陸地區人民」的特殊情況。事實上，「大陸地區人民」既不具有中華民國國籍，又已取得中華人民共和國國籍，且在台灣未設有戶籍，因此應可歸類於有別於一般外國人之特別或特殊身分之外國人，但習慣上又不逕稱為外國人，因此出現特殊情況[6]。基於這些不同的居留資格，其權利與義務即不相同，由於對外國人之權利保障課題，國際人權法（International Human Right Law）之概念雖仍未十分明確，其界定與區別有賴國內法（特別是憲法）與國際法整合之體系性知識與規定[7]。

一、保障外國人人權的法理

原則上，國家對外國人權利保障應有義務達到文明之最低標準或最低要求，此點已漸取代以往本國法只保護本國人之原則[8]，甚至民主先進國家將外國人調整進入本國人基本權利保護體系中，已成為憲法上不可阻擋之趨勢[9]。

基本上，國家保障外國人人權的狀況，繫乎以下幾個要素：1.一個國家是否願遵守國際公約，特別是人權公約之締約國是否願將國

---

[6] 此部分依中華民國憲法增修條文第十一條：「自由地區與大陸地區間人民權利義務關係及其他事務之處理，得以法律為特別之規定。」之授權制定「台灣地區與大陸地區人民關係條例」、「香港澳門關係條例」相關法令，作為規範非入出國移民法所稱「國民」的「大陸地區人民」。陳清德，《我國入出境管理法制化問題之研究》，中央警察大學行政警察研究所碩士論文，1999年6月，頁73。

[7] 同註1，頁156。

[8] 仲尾宏編，《国際化社会と在日外国人の人権：シンポジウム・人の国際化：その現状と将来》，京都：京都国際交流センター，1990年，頁17。

[9] 同註5，頁133。

際人權盟約國內化[10]；2.一個國家的人權觀是否常以「主權」對抗人權，常以東方人權觀對抗西方人權觀？是否常藉詞「政治與社會制度」有別、「意識型態」不同、文化差異、國情不同，而將個別人權之特別需求，視為侵犯國家主權之「干預內政」情形？然而，國際法已可作為個人權利主張之依據，特別是某些人權是超越國界、超越時間的人類共同行為標準，它先於國家及國際法而存在，不得解釋為源自國際條約之同意或由國家意志所創設，否則人權保障將因國家主權之藉口而受不當限制。

　　事實上，《世界人權宣言》（Universal Declaration of Human Right）第一條前段開宗明義揭示：「人人生而自由，並在尊嚴及權利上一律平等」[11]，當前國際人權法即依據此一原則，而不論國籍或居留資格之有無，普遍以「人類尊嚴」為價值衡量之準據。因之有識者認為，國際人權基準係植基於對於人權之尊重及平等原則，因此各國國內之各項立法，亦應依循上開意旨作為法律適用、解釋之判斷基準[12]。同時，各國憲法雖大都僅明訂所有國民在法律之下一律平等，不因人種、信仰、性別、社會地位、出身背景而有差別，其前提是關於國民資格之明文規範，但基本人權可否因「國籍」而有所差別，於人類不斷努力弭除歧視之結果，有關「國民」一詞之意涵亦應重新檢視，對於境內之外籍人士應確立其應受保障之權利[13]。

---

[10]　出入国管理関係法令研究会，《外国人のための入国・在留・登録手続の手引》，日本：居留国加除出版，2001 年，頁 28。

[11]　《世界人權宣言》第一條（Article1）原文如下：「All human beings are born free and equal in dignity and rights. They are endowed with reason and conscience and should act towards one another in a spirit of brotherhood」。

[12]　丹羽雅雄（1997），頁 249。

[13]　山脇啟造，〈外國人政策に關する各界の提言〉，引自 http://www.kisc.

　　關於外國人人權的內容，佛德洛斯（Afred Verdross）認為，一個有文化的民族對待外國人時，至少應達以下標準：1.承認每一外國人皆為權利主權；2.外國人所獲得之私法權利原則上應予尊重；3.應賦予外國人重要之自由權；4.應給予外國人有效法律救濟途徑；5.應保護外國人之生命、自由、財產、名譽，免受犯罪性之侵犯[14]。另一方面蘭茲霍夫（Albrecht Randelzhofer）更指出下列原則：1.每個外國人是一權利主體；2.外國人基本上可取得私法上權利；3.外國人合法所取得之私法上權利應受尊重；4.國內法律救濟途徑亦對外國人開放；5.僅有在犯罪行為之重大嫌疑情形下，方可對外國人施予逮捕、拘禁；6.居留國有義務保護外國人免受生命、自由、財產及名譽之侵害；7.外國人無要求政治及從事特定職業之權[15]。本文將於稍後更具體討論外國人人權的保障內容。

　　根據現行國際法之規定，各國對於在外國的本國公民，有權實施保護權，即本國公民在外國受到迫害、歧視，合法權益受到侵犯時，有權向侵權國提出抗議，透過外交途徑或按照國際慣例，要求合理解決或採取相關的措施。各該措施所依據之國際法之規定，其人權原本即是能讓每個人都能享有，其保障與否應可作為一個國家現代化、國際化的指標之一[16]。

---

meiji.ac.jp/~yamawaki/vision/proposals.htm。

[14] 荻野芳夫，《基本的人權の研究：居留國国憲法と外国人》，日本：法律文化社，1980 年，頁 62。

[15] 李建良，〈外國人權利保障的理念與實務〉，《台灣本土法學》，48 期，2003 年；武者小路公秀、長洲一二，《ともに生きる：地域で国際人権を考える》，日本：居留國評論社，1989 年，頁 42。

[16] 同註 10，頁 31。

二、保障外國人人權的法源

　　當前國際重要人權之盟約，如《聯合國憲章》（1945）、《世界人權宣言》（1948）、《經濟社會文化權利國際盟約》（1976）、《公民及政治權利國際盟約》（1976）、《公民權利和政治權利國際盟約任意議定書》（1966）等[17]，均要求世界各國在立憲主義之精神與理念中具體展現，甚至朝人權保障的國際化發展，此等國際人權文件皆為保障人權的法源[18]。

　　從這些國際人權文件來看，若規定用語為「人人（All human beings）」或「任何人（Everyone）」，則其所規範者乃「全體人類」之權利，不論本國人或外國人均可主張享有該文件所保障之權利。以《世界人權宣言》為例，其第 1 條規定：「人人生而自由，在尊嚴和權利上一律平等」，及第 2 條規定：「人人有資格享受本宣言所載的一切權利和自由，不分種族、膚色、性別、語言、宗教、政治或其他見解、國籍或社會出身、財產、出生或其他身份等任何區別。並且不得因一人所屬的國家或領土的政治的、行政的或者國際的地位之不同而有所區別，無論該領土是獨立領土、託管領土、非自治領土或者處於其他任何主權受限制的情況之下。」由此可知，在任何國家境內之外國人，於這些人權範疇享有同樣的保障[19]，不因國籍等條件而有歧視或區別。

---

[17] 坂中英德，《居留國の外国人政策の構想》，日本：居留國加除出版，2001年，頁 51。

[18] 同前註，頁 52。

[19] 吳佩諭，前揭文，頁 46-47。

　　《世界人權宣言》第 7 條亦規定，人人在「任何地方」都有被承認在法律前的人格之權利，及享受法律平等保護、不受任何歧視之權利。亦即，外國人在任何國家均具有法律上之人格，且應受到法律的平等保護，不受任何歧視。此外，其第 8 條更明白規定：「任何人當憲法或法律所賦予他的基本權遭受侵害時，有權由合格的國家法庭對這種侵害行為作有效的救濟。」對於包括外國人在內之任何人，於其憲法或法律所賦予之基本權遭受侵害時，有向法院提起救濟之權利，且外國人之救濟權利應與國民受到一樣地平等保障，不應有任何歧視或差別待遇。

　　然而，《世界人權宣言》僅係政治宣言，並無條約效力且無監督機關，更何況各條所規定之各種權利之享有主體，雖然泛稱人人均可享有，但並未特別針對外國人作出規定，起草時亦未充分討論到外國人的人權。因此，只能說是對外國人人權的普遍性宣示，並非特別考慮外國人人權的法源[20]。1966 年 12 月 16 日聯合國大會通過由《公民及政治權利國際盟約》及《經濟社會和文化權利國際盟約》二者組成之國際人權盟約，前者簡稱為《自由權盟約》或《B 盟約》，後者簡稱為《社會權盟約》或《A 盟約》[21]，是具有直接拘束簽署該公約之締約國的效力。

　　在《自由權盟約》已初步注意到外國人之基本權問題，如其第 13 條規定：「本盟約締約國境內合法居留之外國人，非經依法判定，不得驅逐出境，且除事關國家安全必須急速處分者外，應准其

---

[20]　林孟楠，《論外國人的國際遷徙自由》，政治大學法律學研究所碩士論文，2004 年，頁 31。

[21]　周宗憲譯，前揭書，頁 21。李鴻禧譯，前揭書，頁 97。

提出不服驅逐出境之理由，及聲請主管當局或主管當局特別指定之
人員予以覆判，並為此目的委託代理人到場申訴。」對於境內合法
居留之外國人，需依據正當法律程序始得作出驅逐出境之決定，且
除了有關國家安全必須急速處分者外，應保障其提出救濟之權利。
亦即，該條規定保障合法居留之外國人，且對所在國家機關之行政
權所為之決定，有行使行政爭訟之救濟權利。第 14 條規定則保障包
括外國人在內之所有人，在法院或法庭前一律平等之權利，享有接
受公正裁判之權利。

　　同時，《自由權盟約》除了第 25 條關於選舉權、被選舉權與服
公職之權利，以「公民（citizen）」用語作為限定適用之主體而有所
區別外，其餘條文皆泛稱「人人」、「任何人」或「所有人」等，
因此解釋上除了第 25 條規定之權利為非公民身分之外國人不能享有
外，外國人對於其他權利皆得享有之。其中，第 26 條有關平等權之
規範，各國代表於起草過程雖傾向容許國民與外國人間存在差別待
遇，而認為本條並不禁止對外國人為任何形式上不平等之差別待
遇，但依其後聯合國人權事務委員會之見解[22]，外國人依據此公約所

---

[22] 於 1985 年佳艾爾對法國（Gueye v. France）一案中，法國政府通過法例凍結
塞內加爾（Senegal）軍人的退休金凍結。該等士兵是在塞內加爾於 1960 年宣
佈獨立之前加入法國軍隊，獨立之後，法國國會通過法例將他們的退休金和
其他法國公民的退休金作不同的處理。歐洲人權法庭在審判中指出，該等軍
人在服役時已取得法國國籍，因此這不平等對待並不涉及種族歧視。但是，
由於他們的國籍在塞內加爾獨後與其他軍人身分不同，該法例違反了《自由
權公約》第二十六條所說及的因「其他身分而生之歧視」。參閱：
http://www.hkba.org/whatsnew/bar-column/2003/20030307.htm，上網檢視日
期：2005 年 5 月 2 日。

享有之特定權利，原則上應受平等之對待，於例外情形始得為合理之差別待遇，且基於國籍之歧視亦為本條所規定之禁止情形[23]。

　　《社會權盟約》是以保障工作權、社會保障權等為目的，其實現需要國家的積極參與，且涉及社會資源或能力之限制，所以該盟約並未賦予必須立即完全實現之義務，僅於第 2 條第 1 項規定：「本盟約締約國承允盡其資源能力所及，各自並藉國際協助與合作，特別在經濟與技術方面之協助與合作，採取種種步驟，務期以所有適當方法，尤其包括通過立法措施，逐漸使本盟約所確認之各種權利完全實現。」各國可依其國內資源、能力與國際合作之腳步逐步實施，並未強制必然實施到何種程度。因此，就外國人之社會權保障而言，各國可視其經濟、社會、文化等資源與發展程度，提供等同於內國人之待遇或不同之差別待遇，若就外國人之社會權保障方面有所限縮，並不違反該盟約之意旨，而不認為這種差別待遇為不合理。

　　《自由權盟約》與《社會權盟約》最大之不同為：前者所規定之權利，係傳統自由權的基本權（如生命、身體及生存權等），締約國對此等權利之實現有義務存在，即使締約當時之國內法並無立法或相關法律之規定，亦必須採取必要的立法措施，制定相關法律

---

[23] 有認為基於「國籍」的歧視涵蓋於「社會出身（social origin）」之中，林孟楠，前揭文，頁 32。或有認為從該公約第條第 1 項規定應解為例示性，國籍雖未被單獨列舉，但應肯定外國人與任何公民一樣享有一定之權利；李震山，〈論外國人之憲法權利〉，收於《人性尊嚴與人權保障》學術論文集，台北：元照，2000 年 2 月，頁 391；也有認為公民及政治權利國際盟約第條第 1 項及第 26 條與經濟社會和文化權利國際盟約第 2 條第 2 項條文「national」係指「國籍」之意，丘宏達編，陳純一助編，前揭書，頁 396、402、414；吳佩諭，前揭文，頁 49。

以保障該公約所確保之權利自由[24]。甚至為了保障這些傳統的自由
權，盟約第 8 條第 3 項更要求締約國必須提供救濟之管道與途徑，以
確保權利受到侵害時可獲得救濟之機會。因此，外國人在傳統自由
權方面，其保障較社會權周全，且除選舉等參政權較傾向於專屬公
民之權利外，其他自由權之保障應符合平等原則，不得為不合理之
差別待遇或歧視[25]。

三、人權理念與外國人差別待遇問題

　　然而，外國人之人權應受平等保障，並不表示其與本國人應受
完全相同之對待，本國人與外國人在某些基本權利行使上有依其
「本質」加以區別之必要，問題之癥結僅在於各該「區別」是否
合理[26]。

　　一般而言，國家有義務根據相關國際條約及一定之國際狀況，
區分各種不同外國人種類，賦予其不同的權利義務，此乃基於平等
原則中「本質相同，同其處理，本質相異，異其處理」之理念，因
此不排除差別待遇之狀況。然而，必須強調者為「人的本質」並無
差異性，而是人於遂行各種基本權利時，因基本權利保障性質不
同，產生事物本質或事物狀況之區別，是否能更趨近於國際上所認

---

[24] 此項原則明文規定於《自由權盟約》第 2 條第 2 項。

[25] 由於《自由權盟約》對締約國之拘束性效力較大，因此對於個人可否向聯合
國之人權事務委員會直接申訴及是否廢除死刑之問題，因各國意見不一，故
針對此二問題，另以第一任擇議定書及第二任擇議定書形式，由各國自由決
定是否簽署加入。

[26] 東京弁護士会外国人人権救済センター，《弁護士による外国人人権救済実
例：外国人の人権保障を目指して》，東京：有斐閣，1993 年，頁 73。

同之標準，使其合理而不構成歧視，此點正可作為一個國家文明化與國際化程度之指標[27]。

在主權與人權之折衝下，一般大多承認內國立法者有權對規範對象作差別待遇，此點屬立法者所享有的形成自由，除非該項自由被恣意濫用，否則應屬司法尊重立法而不宜審查之範圍。立法者對外國人作有別於本國人之差別（較差）待遇有否恣意，應檢視所欲保障人權之性質。基本上，該權利之性質及內涵直接涉及人類之屬性者，如世界人權宣言在公民自由權方面的規定，無論條文中正面表列「人人」（everyone）應享有的權利，或是反面表列「任何人不容被剝奪某權利」（no one shall be subjected to a particular deprivation）者，理論上均應包括外國人在內，其他則視其與國家主權或該國特定政治及經濟條件的關連。

就此而言，人權依其性質應可歸納為 1.作為人即應享有之人權、2.應屬本國人之人權和 3.屬受益權之人權等層次。前者屬每個人之權利，如生命權、人身自由、人身體不受侵害權，思想、良心、信仰等內在精神自由，屬於自然權之層次，這是包含外國人在內任何人均可主張之「人權」（Menschenrechte）；中者則有強烈國家主權意識的關聯性，如遷徙自由中之入境、參政（包括擔任公務員）、政治活動（包括選舉、罷免、創制、複決、集會、結社等），外國人之該等權利受較多限制。後者屬受益權型態，如工作、財產、生存權……等，其是否享有需視各國已開發之程度而定[28]。

---

[27] 同註 14，頁 29。
[28] 李建良，〈外國人權利保障的理念與實務〉，《台灣本土法學》，第 48 期，2003 年 7 月，頁 97。

就此而言，對每個人的基本權利中具自然權性質之人權，不得為差別待遇，因此就該等權利之保障，外國人與本國人應無本質上差異，若為差別待遇即構成歧視。此點是在國際人權規範標準下，應不分國籍而承認外國人的人權。至於其他涉及參政權、公民權甚至經濟權者，屬於視個案而調整對外國人之基本權利保障，則可為合理之差別待遇[29]。此點屬立法裁量、立法政策或立法自由形成之範圍，縱未與本國人相同程度之保障，亦不生違憲或違反國際法之問題。

參、對外國人人權之具體保障

一般而言，對於一國國民在對方國內之地位，一般都規定在「通商航海條約」中，其內容大致包括入出境、居留、法律地位、經濟活動權利等。然而，各國所給予的待遇並不相同，其型態主要有以下三種：1.本國人民待遇（national treatment）：原則上賦予對方國民與本國人同樣的待遇。2.最惠國待遇：比照給予其他外國人最好之待遇，一般都是適用於同盟友好國家。3.特殊待遇：待遇之優厚甚至超過本國國民，一般是存在於宗主國與殖民地之間。

若無雙邊條約存在時，依國際法原則，國家要給予外國人何種待遇，原則上可由各國國內法自行規定，但須注意不可牴觸國際法上的「標準」。問題在於如何設定此項標準？關於此點，有學者主張是各國在國內法的行政、司法方面，對於外國人的權利應比照國際標準，否則他國即可行使外交保護，以保障本國僑民之權益。但

---

[29] 同前註，頁 13。

此種主張對於人權保障基準較低的開發中國家非常不利，使其經常會在處理外國人問題時受到外國干預，此即所謂「國際標準主義」。另一方面，對於外國人的權利保障，某些開發中國家主張只要與本國國民相等即可，外國不應任意介入其僑民之保護。如此，當然使居留在人權保障較不完整國家的外國人，無法受到本國或國際法上的保護，此即所謂「國內標準主義」。然而，隨著《國際人權公約》的實施，人權保障已有基本客觀的標準，聯合國不但通過「外國人人權宣言」，使合法在他國居留的個人，都能在當地享有基本權利。其後，聯合國更通過《移民勞動者條約》，甚至嘗試擬訂《外國人人權公約》，希望進一步確立外國人的權利與保障制度。因此，目前「國際標準主義」與「國內標準主義」的爭議已不復存在。

一、自由權

　　基本上，外國人是否享有本國憲法所保障之基本權利，端視該權利之性質及內涵是否直接涉及「人類」之屬性，抑或與國家主權或與該國特定政治及經濟條件有所關連，前者屬於普遍性之人權[30]，例如「人身自由權」，蓋人身自由乃人民身體自由活動之權利，為享受一切權利之起點，屬於人類與生俱來之「自然權」，並非經由法律所賦予，故不分本國人或外國人，皆應享有之[31]。另一則是專屬

---

[30] 此類「人權」（Menschenrechte）屬於任何人之權利，包括外國人在內。
[31] 特別是 1953 年生效之「歐洲人權基本自由保障公約」，第五條第三項、1976 年生效之《公民及政治權利國際盟約》第九條第三項以及 1978 年生效之《美洲人權公約》第七條第五項，皆對人身自由設有保障之規定，足證人身自由權應屬一種普遍性之人權，外國人亦得享有之。

「本國人」之基本權（Deutschenrechte），如外國人是否享有「遷徙自由」，尤其是入境權容有不同見解，但入境及一國主權的行使，除非是該國之構成員（國民），否則不應當然享有此一基本權利。

再者，訴願權及訴訟權的建制與運作，雖與該國救濟制度有關，惟此一制度性、工具性的權利，亦應為外國人所享有，縱令外國人不得享有「憲法上」的基本權利，其對於「法律」所賦予的權利，仍有賴訴願或訴訟權予以主張。工作權的行使通常關乎一國的社會及經濟發展，並牽動該國人民就業的機會，是以一般多認為外國人不享有憲法上所保障的工作權，惟此並不表示立法機關不得允許外國人於國內工作。按工作（職業）乃人類賴以生存的憑據，外國人亦然，對於取得永久居留權的外國人而言，其若持續受上述限制，顯有悖於主管機關發給其永久居留權的本意。

二、社會權

此部分主要是涉及與醫療、保健、福利有關的領域。首先，為了使居留之外國人能健康、安心地生活，有必要創造使其容易接受醫療、保健、福祉服務的環境，這就需要提供醫療、保健服務方面的情報。但對於無法適用於醫療保障制度的外國人就醫，亦存在因沒有醫療保險（無法支付高額的醫療費用）的情況，有時甚至出現無法收取醫療費用的情況。因此，如何成立針對外國人的急救中心，如何進行一部分的補助制度，以及如何照顧外國人高齡者和殘帳人士中沒能取得養老金者，甚至解決外國人因宣傳情報未能得到普及的語言及飲食、生活習慣的差異等問題，各國政府有必要採取適宜的救濟措施。

　　關於外國人的教育問題，各國政府必須為他們提供可以接觸本國文化、語言、傳統的機會，努力讓外國人的兒童及學生提高自身的自豪感和覺悟，創造可以讓他們使用原名的環境。對新來的外籍兒童和學生而言，各國政府有必要加強他們的語言指導，並引導他們自己對自身的將來進行選擇，以至實現自己的夢想。

　　另外，在國際化進程中，各國政府須不斷促進外國人對不同文化的理解，同時還要進一步提高他們的溝通能力。有鑒於此，各國政府有必要為住民提供能與外國人及海外的兒童和學生接觸的場所，為他們創造可以接觸不同文化的機會。今後為了進行更好的交流，各國政府有必要設立可以互相交換情報的學校間網路，並為振興外國人學校，各國政府應採取一定的支援。

　　聯合國通過世界人權宣言之後，各種有關人權的條約更將其宗旨具體化，從而形成國際性的人權基準，尊重人權隨之成為國際社會的時代潮流。在國內外尊重人權的形勢及區域國際化不斷得以發展的情況下，對實現共生社會（不論國籍和民族，作為區域社會的一員而相互依存）的期待不斷昇高，各國政府應努力去除關於外國人在雇傭方面的差別待遇、在提供商品‧服務‧設施等方面的差別待遇，推進「一定範圍內的國際化」，尊重多種文化、習慣、價值觀的同時，創建可互相承認差異並保持個性的共存社會。

三、外國人人權宣言

　　1960 年代以後，西歐國家進入高度經濟發展期，因勞力需求因素使然，而引進大量之外籍勞工以應付國內龐大之勞力市場需求，因此，外籍勞工問題開始受到重視。此外，1971 年人權委員會曾討

論過大量外國人遭到驅逐出境之問題，使得經濟社會理事會決議起草以外國人為適用主體之《非居住國國民之個人人權宣言》（Declaration on the Human Rights of Individuals Who are not Nationals of the Country in which They Live）[32]，又稱為《外國人人權宣言》，從 1973 年起歷時 12 年，終於在 1985 年 12 月 13 日聯合國第 40 屆大會通過。

　　該宣言全文共 10 條條款，首先於第 1 條對「外國人」一語作定義性規定，外國人係指在一國境內但非該國民的任何個人。原則上，外國人一詞包含合法與非法居留於一國境內之外國人。在某些權利保障之適用主體，特別限定合法居留於該國境內之外國人始享有之，不及於非法居留之外國人，包括第 3 條第 3 項之行動自由及自由選擇住居之權利、第 5 條第項家庭團聚權、第 7 條驅逐出境之正當程序及第 8 條工作權、加入工會及醫療等社會保障之權利。

　　在其他條款方面，則不論外國人之法律地位，即不論合法或非法居留之外國人，皆應為一體之適用，例如第 3 條規定被視為公法學中「法律明確性」原則之體現[33]，第 5 條第 2 項之一般自由權、平等訴訟權、財產權等，其中在平等訴訟權部份[34]，該宣言特別強調，不論是合法或非法居留之外國人，在法院、法庭或其他司法機關和當

---

[32] 吳佩諭，前揭文，頁 52。有譯為《非居住國公民個人人權宣言》，林孟楠，前揭文，頁 33。中譯文詳參「香港人權監察」中文人權公約資料庫：htttp://www.hkhrm.org.hk/database/15h1.html，上網檢視日期：2005 年 5 月 3 日。

[33] 吳佩諭，前揭文，頁 53～54。

[34] 該宣言第 5 條第 1 項第（c）款規定：「外國人得依照國內法規定並在符合所在國的有關國際義務的情況下，特別享有以下權利：……（c）在法院、法庭和所有其他司法機關和當局前獲得平等待遇的權利，並在刑事訴訟和依照法律的其他訴訟過程中，必要時免費獲得傳譯協助的權利……」

局前,有獲得平等待遇之權利。亦即,爭訟程序應不分合法或非法之外國人,原則上皆應與本國人等同待遇而平等對待之;甚至在訴訟過程中,考慮其語言溝通之問題,而規定於必要之時,應給予免費之翻譯協助,使其真正獲得實質上之權利保障,而非僅給予形式上之平等待遇權利而已。

在入出境制度方面,該宣言第6條第1項規定,既不限制任何國家如何規定外國人之入境及居留條件,亦不得作為使非法入境事實合法化之依據,因而使該宣言之效力大打折扣[35]。但亦有認為,雖該宣言雖僅止於宣言之性質,而無強制有效之法律拘束力,然因其以國際文件方式將外國人之人權保障具體成文法化,且人權保障亦係聯合國之主要宗旨,故其象徵性之意義大於實質意義,具有與世界人權宣言相同原則性宣示效力的重要性[36]。

四、參政權

選舉權與被選舉權的行使,為現代民主國家人民行使主權的方式之一,具有不可讓渡性,道理上自無由外國人主張行使的餘地,甚至法律若規定得由外國人行使選舉權,尚有違憲的疑慮。除開直接涉及國家主權的選舉權與被選舉權外,外國人能否從事其他的政治活動(如競選活動),則非無考量的空間。然而,在居留國出生,在居留國受教育,以居留國社會為生活依據地的「定住外國人」,其生活形態、租稅以及其他之公共負擔均與居留國之國民無異,如不給予參政權又似乎不甚合理。

---

[35] 同註20,頁34。
[36] 吳佩諭,前揭文,頁53。

　　然而，近年來隨著居留國逐漸國際化，「定住外國人」被排除參加公職選舉或擔任公務員之問題日增，外國人之參政權問題乃漸為憲法學界所重視。有關外國人之參政權，在學說方面一般可區分國政層次選舉及地方層次選舉兩大部分討論，以下個別予以分析、檢討：

1. 國政層次選舉

　　(1)禁止說：禁止說為目前憲法學界之通說，此說認為，在國政層次方面，除一、二特殊例外，不論在任何國家都未認可外國人之參政權。自由權國際人權盟約亦規定，政治性權利之主體限定在「市民」（Citizen，亦即「國民」），。而在國民主權或民主化之立憲君主制下的憲法，選舉乃至「參與本國公務」之政治性權利主體，在其性質上限定於該當國家之「國民」乃為當然之事。相反地，若認可此種權利反而違反國民主權原理[37]。

　　(2)容許說：此說認為對國民主權之原則而言，有無國籍並不重要，重要的是構成該當國家社會，服從該當國家權力支配之一般人，也就是國家意思之最高決定者，因此「不分國政或地方，若能多加檢討而做出最完善之立法的話，賦予外國人參政權在憲法上並無困難」[38]。此說並認為，參政權因對國家權力參與含有某種程度之政治性格，因此不應

---

[37] 參閱蘆部信喜，《憲法學II人權總論》，東京：有斐閣，1994年，頁131-133；宮沢俊義，前引書，頁242。
[38] 參閱奧平康弘，《憲法III》，東京：有斐閣，1993年，頁61。

以現階段未賦予外國人參政權即以違憲論，而是應透過各方面之政治討論，並待國民意識之提昇，以立法措施來解決此一問題。

（3）要求說：近年來憲法學界部分學者認為，應賦予特定之外國人擁有國政層次之選舉權，剝奪具有永住權卻無法期待參加國籍國之選舉的舊殖民地出身者之選舉權、被選舉權，反而是違憲的作法[39]。這些學者認為，國民主權之「國民」的判斷要素並不在國籍，而是在生活實態。所謂國民主權乃指民主政治具有同質性者，亦即由人民自行統治，自己服從於自己的政治決定。因此，國民主權之主權者乃指在其政治社會中不得不服從其政治決定之所有人，故構成政治社會之定住外國人亦應包含在主權者之內，所以應賦予其包含國政層次之選舉權、被選舉權[40]。

2. 地方層次選舉

有關地方層次之外國人選舉權，學說之論議亦可區分為禁止說、容許說、要求說之三種類型，其理由與前述地方層次之選舉情形採同樣見解。值得注意的是，許多在國政層次選舉主張禁止說之學者，在地方層次之選舉上卻採容許說，地方層次選舉之容許說，近年來逐漸成為有力之學說。德國學者比芮（D. Breer）教授指出，國民主權提及之「人民」為「國民」，而地方自治提及之「人民」

---

[39] 參閱江橋崇，〈外國人の參政權『現代立憲主義の展開（上）〉，《蘆部信喜先生古稀祝賀》，東京：有斐閣，1993 年』，頁 1951-2000。

[40] 參閱浦部法穗，〈憲法と「國際人權」─「外國人の參政權」中心に─〉，《Human Right international》，No.1，1990，頁 27。

為「住民」，因此做為地方自治體「住民」的外國人，應享有自治體之選舉權。

　　「住民」概念「乃該地方公共團體之構成員，亦即在該地區內擁有住所者」，通常不特別強調國籍要件，因而自文理解釋之觀點而言，「住民」概念未必將外國人排除在外[41]。依特別法優先於一般法之原則，在地方自治體之層次，國民並非是「居留國國民」，而應是「住民」擁有選舉權[42]。同時，國民主權並未排除外國人在地方議會選舉中的選舉權，將外國人涵蓋在「住民」概念，不會和國民主權之關係有任何矛盾之處。因此，自此種整體性之解釋而言，應可肯定外國人之地方議會選舉權。

肆、外國人的入出境問題

　　各國的入出境管理制度，雖可區分為本國人及外國人，但整個管理機制主要是針對外國人而設計；就本國人而論，本國人的入國權，幾乎是不作限制；在出境部份，出國旅行自由，除涉及犯罪外，亦少限制[43]。

　　在《世界人權宣言》第 13 條第 2 項規定：「人人有權離去任何國家，連其本國在內，並有權歸返其本國」，及「世界人權宣言」第 21 條規定：「人人有權直接或以自由選舉之代表參加其『本國』

---

[41] 同註 37，頁 132。

[42] 高田篤，〈外國人の選舉權〉，《法律時報》，64 卷 1 號，1992 年 1 月，頁 92。

[43] 蔡庭榕、刁仁國、簡建章、許義寶、蘇麗嬌、柯雨瑞等編，〈外國人入出境管理法制之研究〉，《行政院國家科學委員會補助專題研究計畫成果報告》，2000 年，頁 3。

政府，人人有以平等機會參加其『本國』公務之權」[44]。依上述文義之解釋，世界人權宣言保障本國國民的返鄉權（第 13 條第 2 項）及參政權（第 21 條），但並不保障外國人之入境權及參政權，惟保障外國人之出境權（第 13 條）[45]。

《公民權利和政治權利國際盟約》第 12 條規定：1.合法處在一國領土內的每一個人在該領土內有權享受遷徙自由和選擇住所的自由。2.人人有自由離開任何國家，包括其本國在內。3.上述權利，除法律所規定並為保護國家安全、公共秩序、公共衛生或道德，或他人的權利和自由所必需，且與本盟約所承認的其他權利不牴觸的限制外，應不受任何其他限制。4.任何人進入本國的權利，不得任意加以剝奪。意即非法居留之人不受保障，對於出境權原則上不設限制，但為保護國家安全、公共秩序、公共衛生或道德，或他人的權利和自由所必要者，則可加以限制。另外，對於國民的返鄉權利，不可任意加以剝奪[46]。

《公民權利和政治權利國際盟約》第 26 條規定：「所有的人在法律前平等，並有權受法律的平等保護，無所歧視。在這方面，法律應禁止任何歧視並保證所有的人得到平等和有效的保護，以免受基於種族、膚色、性別、語言、宗教、政治或其他見解、國籍或社會出身、財產、出生或其他身分等任何理由的歧視[47]。」據此，根據

---

[44] 丘宏達，《現代國際法基本文件》，台北：三民，1997 年，頁 371。
[45] 同註 6，頁 66。
[46] 同上註，頁 67。
[47] 同註 44，頁 396-402。

上述規範，對於外國人與本國人不得有差別待遇，都同樣受到法律的保障[48]。

再者，就救濟制度而言，《公民權利和政治權利國際盟約》第13條規定：「合法處在本盟約締約國領土內的外僑，只有依照依法做出的決定才可以被驅逐出境，並且，除非在國家安全的緊迫原因另有要求的情況下，應准予提出反對驅逐出境的理由，和使它的案件得到合格當局或由合格當局特別指定的人或數人的複審，並為此目的作代表[49]。」此一權利對外國人關係重大，因為此時涉及的是地主國採取特定的作為驅逐外國人時之程序保障問題。將外國人驅逐出境，必須根據法律所做的決定，而且原則上應給予遭驅逐出境外國人抗辯機會[50]，且容許專業法律人士為其代表。倘如驅逐過程構成對人權之侵害，則縱使驅逐行為具有合理基礎，亦是違反國際法之行為。基於此種規定，吾人或可推出，地主國於驅逐外國人，應有義務提出將之驅逐之理由[51]。

此外，就外國人入出境管理的法理基礎而言，還有一項非常重要的理論，此即「國家自衛權」。每一個主權國家為了自我保護以及維護主權，有權禁止外國人進入其領域，或是在其認為適當的某種條件下，許可外國人入境，成為國際法的準則之一[52]。所謂國家自衛權（right of self-defense），是國家為維護政治獨立和領土完整，

---

[48] 同註6，頁67。
[49] 同註44，頁397。
[50] 同註5，頁15。
[51] 同註5，頁19。
[52] 同註43，頁20。

而對於外來侵略或威脅進行防衛的權利，此係由「主權」所衍生而來的一系列權利[53]，而自衛權之手段係以一般國際社會所認可者為限[54]。

　　綜合以上國際法相關文件所宣示及「國家自衛權」的理論，就本國人而言，對於本國人之入境權是不可任意加以剝奪，而對於出境權原則上不受限制，惟根據公民權利和政治權利國際盟約第 12 條的例外規範，即為保護國家安全、公共秩序、公共衛生或道德，或他人的權利和自由所必需者時，可用法律加以限制。在外國人方面，外國人入境權是不受保障的，出境權則與本國人原則上受相同的保障，惟於一定條件下，可用法律加以限制之。而將外國人驅逐出境時，必須是根據法律所作的決定，而且原則上應給予遭驅逐出境外國人抗辯的機會，且容許專業法律人士為其代表[55]。

伍、結語

　　人權保障乃憲法價值之核心理念。第二次世界大戰後，人權保障逐漸成為國際法之重要課題，自從世界人權宣言簽署之後，人權保障已有基本客觀的標準。1985 年，聯合國即依據其中的「最低標準」通過《外國人人權宣言》，使合法在他國居留的個人，都能在當地享有基本權利。依聯合國人權委員會 1986 年揭示之原則，即除公民明示或必要之權利外，外國人與公民所享有之基本權利不作區

---

[53] 王鐵崖等編著，《國際法》，台北：五南，1992 年，頁 82-83。
[54] 李震山等著《入出國管理及安全檢查專題研究》，桃園：中央警察大學，1999 年 8 月，頁 2。
[55] 同註 6，頁 69。

別。聯合國於 1990 年簽署《移民勞動者條約》，則更進一步具體地確立外國人的權利與保障制度。

從國際人權保障的角度來看，人權不應因「國籍」而有所差別，特別是人民穿越國境遷徙日益頻繁，一國對於本國人的人權或是境內外國人的人權，一概都在保護之列。然而，「外國人」既然未擁有本國的國籍，因此在憲法規定的權利與義務上，「外國人」與「本國人」即會有所差異。若「外國人」與「本國人」在人權保障有其區別的可能性，則外國人在保障上可能會受差別待遇，但該項差別必須合理。

在外國人之參政權問題方面[56]，鑑於民主主義社會中地方自治之重要性，和住民之日常生活有密切關連之公共性事務，基於該地區住民之意思，由該地區之地方公共團體處理之政治型態乃憲法所欲保障之制度，因此滯留於居留國之外國人當中（特別是永住者），由於與其居住地區之公共團體保有特別緊密之關係，因此應使其意思反映在和其日常生活有緊密關係之地方公共團體之公共性事務之處理，故而採法律措施賦予外國人，對其地方公共團體之首長、議會議員之選舉權，並非憲法上所禁止者。

台灣因長期處於戒嚴體制之下，過去人權保障之意識落後、薄弱，人權侵害之事件頻生。我國在外國人居留、羈押與工作權等方

---

[56] 考諸世界各主要國家之立法，目前賦與外國人參政權之國家都限定在地方層次，如瑞典、丹麥、挪威均規定，在當地國家三年以上合法居留，荷蘭則是五年以上合法居留，賦與其地方層次之參政權，但尚未賦與被選舉權。另外除依特殊條約之規定外，美國、德國、義大利均未賦與外國人選舉權。依居留國國立國會圖書館政治議會課所做之調查。參閱《朝日新聞》，1995 年 3 月 1 日，版 31。

面多設有歧視待遇，對於外國人之人權保障尚有極大的努力空間。近年來國內因經濟發展、經濟建設等因素，因而引進不少外籍勞工，然而有關之外國人的人權問題卻並未受到相當之重視，以致各種社會問題叢生。在外國人參政權之問題意識尚未形成之前，對於包含外籍勞工之定住者，至少對其自由權不應予以侵害，而有關勞動基本權、生存權等社會權部分，尤應再詳加檢討，予以適用、保障。台灣未來不僅要扮演一個富裕、繁榮的國家，同時也要是個保障人權，有尊嚴、有國格的國家。

戰爭人權導讀
──戰爭與人權

林雍昇

壹、前言

　　由於國家之間不斷發生的武裝衝突，強化了國際社會對武裝衝突加以規範的需要，由此促進了戰爭法規的發展。特別是第一次世界大戰和第二次世界大戰中發生的許多令人髮指的野蠻暴行，使得懲罰戰爭罪犯的要求更為強烈。所謂的戰爭法是指，以條約和慣例規定處於戰爭和武裝衝突狀態之交戰國相互間、交戰國與中立國或非中立國之間的關係，以及交戰行為時所應遵守的原則與限制。因此，戰爭法在內容上主要由兩部分組成：第一部分是關於戰爭或武裝衝突開始和結束的認定，以及在交戰期間交戰國相互間、交戰國與中立國或非交戰國之間法律關係應如何規範等問題的原則、規定和制度。其規範體系也被稱為「海牙公約法系」，是指 1899 於荷蘭海牙舉行之第一次國際和平會議所簽訂的三項公約及 1907 年於同地舉行之第二次國際和平會議所簽訂的十三項公約。第二部分則是關於交戰中的武器使用問題，以及其他作戰手段、作戰方法，平民及交戰人員保護和戰爭受難者的原則及規定。這部份的規範體系又被稱為「日內瓦公約法系」，是指始於 1864 年於瑞士日內瓦簽訂「改善陸戰傷兵狀況的公約」開始，此公約於 1929 年被擴充為兩項公

約，一九四九年再度被擴充為四項公約，最後在 1977 年再附加兩項
議定書，終成為一燦然可觀的國際法規範體系，世人總稱上述諸公
約為「日內瓦保護戰爭受難者諸公約」。其中第二部分直接涉及在
戰爭或武裝衝突爆發後及其進行期間，交戰人員及平民的生命、身
體、自由、財產等權利應如何加以保障的問題，而這也是本文戰爭
與人權所要探討的重點。

貳、第一次世界大戰前──戰爭法的萌芽

自古以來，戰爭被認為是一種無法無天的狀態，你死我活則是
唯一的規則。最早的戰爭罪審判發生在 1474 年，彼得.馮.海根巴克因
在奧斯壯犯下的戰時暴行被判死刑，從此開啟了人們對戰爭加以規
範的努力與嘗試。在紅十字國際委員會（International Committeeof
the Red Cross）五位創始人的敦促下，1864 年瑞士政府在日內瓦
（Geneva）召開了一次外交會議，來自十六個國家代表在會中通過
了 1864 年 8 月 22 二日簽訂的《日內瓦保護戰場受傷者公約》
（Genfer Konvention zum Schutz von Verwundeten im Felde），這是人
類歷史上第一個對戰爭行為加以約束的多邊約定。1899 年和 1907 年
兩次海牙和平會議簽訂了包括《海牙和平解決國際爭端公約》
（Hague Convention Ⅰ for Pacific Settlement of International Disputes）
在內等十餘項的公約和宣言，這些公約和宣言對於國際性的爭端提
供了初步的規範，限制在發動戰爭或武裝衝突之前，各國應先以和
平方法加以解決，對於國家訴諸戰爭權做了一定的限制，其中 1899
年 7 月 29 日簽署的「禁止使用窒息性及有毒之氣體暨禁止容易於人

體中擴散或爆裂之彈頭」（Verbot der Anwendung von Geschossen mit erstickenden oder giftigen Gasen und das Verbot von Geschossen, die sich leicht im menschlichen Körper ausdehnen oder plattdrücken）聲明，則是國際上第一次對武器的使用進行限制，並禁止使用造成過分傷害或不必要痛苦的武器。1907 年的「海牙協議」中同時將歷來關於戰爭的法律及習慣，完整地納入附錄中的《海牙陸上戰爭規則》（"Haager Landkriegsordnung"）。因此，可以說早在第一次世界大戰前，基於上述的 1899、1907 年海牙公約，違犯戰爭法的某些規則就是犯罪行為的看法，已經被很多國家所接受。

參、第二次世界大戰前──反戰

　　之後，1925 年簽訂的《諾迦諾互保條約》，國際聯盟於 1925、1927 年通過的決議「侵略戰爭構成國際罪行」、「一切侵略戰爭應被禁止、並永遠被禁止」，及 1928 年第六屆泛美大會的決議「解決國家間所發生的種種紛爭必須以和平的手段」等，一再宣示國際社會對戰爭犯罪行為的譴責。1928 年 8 月國際社會簽署的《關於廢棄戰爭做為國家政策工具的一般條約》（簡稱《巴黎廢戰公約》或是《凱洛──白理安公約》Kellogg-Briand Pact），則是國際上第一個全面性的反戰公約，承諾在法律上禁止以戰爭行為做為國家政策工具，並且以和平方式解決國家爭端。但其精神旋即被納粹德國及日本所發動的第二次世界大戰破壞殆盡。1945 年國際軍事法庭的紐倫堡規定，及 1946 年國際軍事法庭的東京規定，把戰爭罪定義為「違犯戰爭法和習慣」，內容包括謀殺、虐待、在佔領區放逐平民、殺

害人質、謀殺或虐待戰俘、搶劫公有或私人財物、對都市的惡意損毀以及無軍事需要的破壞行為等，並據此將許多德國及日本的政治、軍事領導人處以死刑、無期或有期徒刑。

肆、第二次世界大戰後——從戰爭法到武裝衝突法

　　但因為傳統上對於戰爭行為的認定是介於國家間的武力衝突，對於非國家行為者的武力使用則不認為屬於傳統戰爭行為範圍，因此，第二次世界大戰以後，聯合國在其《聯合國憲章》中將傳統意義下的戰爭擴大範圍，改以「武力的威脅或使用」及「威脅和平、破壞和平與侵略行為」等詞語稱之，將所有包含「強制脅迫」（Coer-cion）與「國內或國際間武裝衝突」的行為與狀態，從國際規範的觀點都將其視為是戰爭或「武裝衝突」，其中所謂的「國內的武裝衝突」，是指在一個國家境內正規軍隊與可辨別武裝團體之間，或是兩個武裝團體之間使用武力的對抗行為。國際社會並把相關的戰爭罪項目，列入 1949 年的四項《日內瓦紅十字協議》中，它們是：《日內瓦第一公約：關於改善戰地武裝部隊傷者病者境遇之公約》、《日內瓦第二公約：關於改善海上武裝部隊傷者病者及遇船難者境遇之公約》、《日內瓦第三公約：關於戰俘待遇之公約》、《日內瓦第四公約：關於戰時保護平民之公約》，其中所列舉的罪名包括：蓄意殺人；酷刑或不人道待遇（包括醫學試驗）；蓄意對身體或健康造成過度的痛苦或嚴重的傷害；缺乏軍事需要的正當理由，運用不合法的方式和惡意的手段，以致過分地毀損或徵用財物；強迫戰俘或平民在敵國的軍隊中服役；蓄意剝奪戰俘或受

保護平民接受公平和正常審判的權利；非法放逐或遷徙受保護平民；非法拘禁受保護平民；以及持有人質等等。

伍、《日內瓦公約》法系的完成

之後，1954 年的《武裝衝突情況下保護文化財產之海牙公約》及《關於在武裝衝突時保護文化財產之議定書》、1961 年的《維也納外交關係公約》、1977 年的《日內瓦公約第一附加議定書：關於保護國際性武裝衝突受難者之附加議定書》及《日內瓦公約第二附加議定書：關於保護非國際性武裝衝突受難者之附加議定書》等，都是對上述四項日內瓦公約的進一步補充與改善。除了正式明文將《日內瓦公約》的保護事項延伸到正式戰爭之外的國際衝突外，又增加許多戰爭中可能嚴重違犯人道國際的的項目，包括：不人道的醫學實驗；以平民和不設防位置為攻擊目標或令其成為無可避免的受害人；運用紅十字或紅新月標誌做為詐欺的手段；佔領國家運送本國人口到佔領區；延遲遣返戰俘缺乏正當的理由；種族隔離；對歷史古蹟發起攻擊行動；剝奪受保護人員公正審判的權利。例如：《日內瓦公約第一附加議定書》第 35 條即規定：「禁止使用屬於引起過分傷害和不必要痛苦，以及那些旨在或可能對自然環境引起廣泛、長期而嚴重損害的武器、投射體、物質和作戰方法（手段）」；第 36 條則規定：「在研究、發展、取得或採用新的武器、作戰手段或方法時，締約一方有義務斷定在某些或所有情況下該新的武器、作戰手段或方法的使用，是否為本議定書所禁止，或適用於該締約一方的會造成不必要的痛苦或過度傷亡的武器和戰術」。

有關平民保護方面，「日內瓦公約第一附加議定書」第 48 條即規定：「為了保證對平民居民與民用物體的尊重和保護陷衝突各方無論何時均應在平民居民和戰鬥員之間和在民用物體和軍事目標之間加以區別陷因此陷衝突一方的軍事行動僅應以軍事目標為物件；並於第 51 條規定：「禁止不分皂白的攻擊」。此一規定要求衝突各方無論何時均應在平民居民和戰鬥員之間，和在民用物體和軍事目標之間加以區別，因此，衝突一方的軍事行動僅應以軍事目標為對象，同時對軍事目標發起攻擊時，一定要盡最大努力來減少對平民和民用物體的偶發性或附帶損傷，而且所造成的附帶損傷不能超過為取得預期的直接和具體的軍事優勢所造成的破壞。《日內瓦公約第二附加議定書》中又加入第 4 條之規定：「一切未直接參加或已停止參加敵對行動的人不論其自由是否受限制，均有權享受對其人身、榮譽以及信念和宗教儀式的尊重」。強調在武裝衝突中對所有人員均應給予人道待遇，不能因其性別、國籍、種族、宗教或政治信仰不同而受到歧視。其第 15 條則規定：「含有危險力量的工程或裝置，如堤壩和核發電站，如果對之進行攻擊可能引起危險力量的釋放，從而在平民居民中造成嚴重的損失，即使這類物體是軍事目標陷也不應成為攻擊的對象」。

　　縱使對參與武裝衝突的戰鬥人員，在特定情況之下也有加以保護的必要，故《日內瓦公約第二附加議定書》規定，對於那些失去戰鬥能力或已退出戰鬥及未直接參與戰鬥的人員，如投降的敵方作戰人員、從失事飛機上跳傘正在降落的機組人員、傷病員和船失事的受難者、戰俘、其他被俘人員和被拘留人員等，其生命及身心均有權受到尊重與保障。在任何情況下他們都應受到不加任何不利區

別的保護與人道對待；另外，衝突各方應集合在其控制下的傷者和病患加以照顧，並保護醫務人員、醫療設施、醫療設備及醫務運輸。

　　簡言之，自《聯合國憲章》生效後，現代國際法對於武力行使的規範可說已由傳統的「戰爭法」進入到「武裝衝突法」時代。武裝衝突法是在根本上否定國家發動戰爭的權利，只要有實際上武力行使的事實狀態，不論是否為國家主體所發動或是否具有以國家的戰爭意圖為要件，均為武裝衝突法所規範；武裝衝突法的目的就是要遏止戰爭的不斷發生，以及發揚人道主義的精神。

陸、《羅馬規約》的通過

　　2002 年 7 月 1 日正式生效的《聯合國國際刑事法院規約》（簡稱《羅馬規約》），在其第 8 條對戰爭犯罪的規定中，統整並具體化了近年來人道國際法的發展，也就是將傳統上國家間之戰爭及非國家間之武裝衝突時，可能產生的侵害人道國際法的行為，鉅細靡遺地明白規定其內，因而導致第 8 條的戰爭犯罪內容總計竟然有五十個個別構成要件，分別源自於廣為人知的人道國際法，可謂相當詳盡。然需注意的是，《國際刑事法院規約》所規範的對象是犯下所列罪名的個人，而非以國家或其他非國家團體為其訴求者，因此其處罰的對象也限於個人，而不及於國家或其他非國家團體，因此不能完全替代前述各公約的功能，但重要的是可以針對真正犯罪的個人科以應負的刑責，使任何個人都不能再以效忠國家或服從命令為藉口逃避法律的制裁。因此，該規約對於國際社會保障人權的貢獻，具有舉足輕重的地位。茲將其臚列於下：

一、本法院對戰爭罪具有管轄權，特別是對於作為一項計畫或政策
　　的一部分所實施的行為，或作為在大規模實施這些犯罪中所實
　　施的行為。

二、為了本規約的目的，「戰爭罪」是指：

　　1、嚴重破壞 1949 年 8 月 12 日《日內瓦公約》的行為，即對有關的
　　　《日內瓦公約》規定保護的人或財產實施下列任何一種行為：

　　（1）故意殺害；

　　（2）酷刑或不人道待遇，包括生物學實驗；

　　（3）故意使身體或健康遭受重大痛苦或嚴重傷害；

　　（4）無軍事上的必要，非法和恣意地廣泛破壞和侵佔財產；

　　（5）強迫戰俘或其他被保護人在敵國部隊中服役；

　　（6）故意剝奪戰俘或其他被保護人應享的公允及合法審判的
　　　　權利；

　　（7）非法驅逐出境或遷移或非法禁閉；

　　（8）劫持人質。

　　2、嚴重違反『國際法』既定範圍內適用於國際武裝衝突的法規
　　　和慣例的其他行為，即下列任何一種行為：

　　（1）故意指令攻擊平民人口本身或未直接參加敵對行動的個別
　　　　平民；

　　（2）故意指令攻擊民用物體，即非軍事目標的物體；

　　（3）故意指令攻擊依照《聯合國憲章》執行的人道主義援助或
　　　　維持和平行動的所涉人員、設施、物資、單位或車輛，如
　　　　果這些人員和物體有權得到《武裝衝突國際法規》給予平
　　　　民和民用物體的保護；

（4）故意發動攻擊，明知這種攻擊將附帶造成平民傷亡或破壞
　　民用物體或致使自然環境遭受廣泛、長期和嚴重的破壞，
　　其程度與預期得到的具體和直接的整體軍事利益相比顯然
　　是過分的；

（5）以任何手段攻擊或轟擊非軍事目標的不設防城鎮、村莊、
　　住所或建築物；

（6）殺、傷已經放下武器或喪失自衛能力並已無條件投降的戰
　　鬥員；

（7）不當使用休戰旗、敵方或聯合國旗幟或軍事標誌和制服，以
　　及《日內瓦公約》所訂特殊標誌，致使人員死亡或重傷；

（8）佔領國將部分本國平民人口間接或直接遷移到其佔領的領
　　土，或將被佔領領土的全部或部分人口驅逐或遷移到被佔
　　領領土內或外的地方；

（9）故意指令攻擊專用於宗教、教育、藝術、科學或慈善事業
　　的建築物、歷史紀念物、醫院和傷病人員收容所，除非這
　　些地方是軍事目標；

（10）致使在敵方權力下的人員肢體遭受殘傷，或對其進行任
　　　何種類的醫學或科學實驗，而這些實驗不具有醫學、牙
　　　醫學或住院治療有關人員的理由，也不是為了該人員的利
　　　益而進行的，並且導致這些人員死亡或嚴重危及其健康；

（11）以背信棄義的方式殺、傷屬於敵國或敵軍的人員；

（12）宣告決不納降；

（13）摧毀或沒收敵方財產，除非是基於戰爭的必要；

（14）宣佈取消、停止敵方國民的權利和訴訟權，或在法院不予執行；

（15）強迫敵方國民參加反對他們本國的作戰行動，即使這些人在戰爭開始前，已為該交戰國服役；

（16）搶劫即使是突擊攻下的城鎮或地方；

（17）使用毒物或有毒武器；

（18）使用窒息性、有毒或其他氣體，以及所有類似的液體、物質或器件；

（19）使用在人體內易於膨脹或變扁的子彈，如外殼堅硬而不完全包裹彈芯或外殼經切穿的子彈；

（20）違反《武裝衝突國際法規》，使用具有造成過分傷害或不必要痛苦的性質，或基本上為濫殺濫傷的武器、射彈、裝備和作戰方法，但這些武器、射彈、裝備和作戰方法應當已被全面禁止，並已依照第 121 條和第 123 條的有關規定以一項修正案的形式列入本規約的一項附件內；

（21）損害個人尊嚴，特別是侮辱性和有辱人格的待遇；

（22）強姦、性奴役、強迫賣淫、第七條第二款第六項所界定的強迫懷孕、強迫絕育或構成嚴重破壞《日內瓦公約》的任何其他形式的性暴力；

（23）將平民或其他被保護人置於某些地點、地區或軍事部隊，利用其存在使該地點、地區或軍事部隊免受軍事攻擊；

（24）故意指令攻擊依照「國際法」使用《日內瓦公約》所訂特殊標誌的建築物、裝備、醫療單位和運輸工具及人員；

（２５）故意以斷絕平民糧食作為戰爭方法，使平民無法取得其
　　　　生存所必需的物品，包括故意阻礙根據《日內瓦公約》
　　　　規定提供救濟物品；

（２６）徵募不滿十五歲的兒童加入國家武裝部隊，或利用他們
　　　　積極參與敵對行動。

3、在非國際性武裝衝突中，嚴重違反 1949 年 8 月 12 日四項《日
　　內瓦公約》共同第三條的行為，即對不實際參加敵對行動的
　　人，包括已經放下武器的武裝部隊人員，及因病、傷、拘留或
　　任何其他原因而失去戰鬥力的人員，實施下列任何一種行為：

（１）對生命與人身施以暴力，特別是各種謀殺、殘傷肢體、虐
　　　待及酷刑；

（２）損害個人尊嚴，特別是侮辱性和有辱人格的待遇；

（３）劫持人質；

（４）未經具有公認為必需的司法保障的正規組織的法庭宣判，
　　　逕行判罪和處決。

4、第 2 款第 3 項適用於非國際性武裝衝突，因此不適用於內部動
　　亂和緊張局勢，如暴動、孤立或零星的暴力行為或其他性質
　　相同的行為。

5、嚴重違反「國際法」既定範圍內適用於非國際性武裝衝突的
　　法規和慣例的其他行為，即下列任何一種行為：

（１）故意指令攻擊平民人口本身或未直接參加敵對行動的個別
　　　平民；

（２）故意指令攻擊按照「國際法」使用《日內瓦公約》所訂特
　　　殊標誌的建築物、裝備、醫療單位和運輸工具及人員；

（3）故意指令攻擊按照《聯合國憲章》執行的人道主義援助或
維持和平行動的所涉人員、設施、物資、單位或車輛，如
果這些人員和物體有權得到《武裝衝突國際法規》給予平
民和民用物體的保護；

（4）故意指令攻擊專用於宗教、教育、藝術、科學或慈善事業
的建築物、歷史紀念物、醫院和傷病人員收容所，除非這
些地方是軍事目標；

（5）搶劫即使是突擊攻下的城鎮或地方；

（6）強姦、性奴役、強迫賣淫、第七條第二款第6項所界定的強
迫懷孕、強迫絕育以及構成嚴重違反四項《日內瓦公約》
共同第3條的任何其他形式的性暴力；

（7）徵募不滿十五歲的兒童加入武裝部隊或集團，或利用他們
積極參加敵對行為動；

（8）基於與衝突有關的理由下令平民人口遷移，但因所涉平民
的安全或因迫切的軍事理由而有需要的除外；

（9）以背信棄義的方式殺、傷屬敵對方戰鬥員；

（10）宣告決不納降；

（11）致使在衝突另一方權力下的人員肢體遭受殘傷，或對其
進行任何種類的醫學或科學實驗，而這些實驗既不具有
醫學、牙醫學或住院治療有關人員的理由，也不是為了
該人員的利益而進行的，並且導致這些人員死亡或嚴重
危及其健康；

（12）摧毀或沒收敵對方的財產，除非是基於衝突的必要；

6、第2款第5項適用於非國際性武裝衝突，因此不適用於內部動
　　亂和緊張局勢，如暴動、孤立和零星的暴力行為或其他性質
　　相同的行為。該項規定適用於在一國境內發生的武裝衝突，
　　如果政府當局與有組織武裝集團之間，或這種集團相互之間
　　長期進行武裝衝突。

三、第2款第3項和第5項的任何規定，均不影響一國政府以一切合
　　法手段維持或恢復國內法律和秩序，或保衛國家統一和領土完
　　整的責任。為確定以上各款的定義，除在有事實查證是否符合
　　何項要件之必要外，僅在適用實例時予以引用以上條款即可。

柒、當代幾個違反戰爭罪的重要案例

一、英軍及美軍虐待伊拉克戰俘案

　　最近也最引起世人注目的虐待戰俘案，便是美軍與英軍針對伊
拉克戰俘的虐囚事件。戰俘處理一直是戰爭中無法避免的問題，因
過去戰爭中處理戰俘的手段過於殘暴且不合於人道，導致人類因戰
爭行為造成許多悲劇。此外，被俘的敵對方戰鬥團體之成員通常會
被置留於特殊的戰俘營中，由於在這種落入軍事敵人手中任人處置
的情況下，依照經驗都會令被俘者非常恐慌，因而更需要法律特別
加以保護，因此國際法上對這種情況在長年的規範形成過程中已發
展出一套特殊的規定，且遠比國際人權保護更早之前，就已經以數
次的日內瓦紅十字公約為本，在國際法上被法典化了。一八九九年
海牙和平會議通過的《陸戰法規慣例章程》（Regulation concerning
the Laws and Customs of War on Land）中，就已經對戰俘待遇做了特

別規定。二次世界大戰結束後 1946 年至 1949 年間，日軍、德軍部分官兵都有因不當處理戰俘被而歐洲國際軍事法庭（紐倫堡審判）、遠東國際軍事法庭（東京審判）控訴，並分別被判處絞刑及無期徒刑等，使得戰俘保護問題更加受到世界各國重視。其後，並通過了人道國際法上關於對待戰俘最重要的規範—第三次日內瓦紅十字公約，也就是 1949 年的《關於戰俘待遇的日內瓦公約》（Geneva Conventions Ⅲ），其中完整規範了戰俘的身分、戰俘的保護與待遇、戰俘的強制、戰俘的死亡處理、戰俘營的紀律維持等問題。

　　雖然就歷史演進的角度來看，對待戰俘的規定係屬於戰爭國際法的一部份，但實質而言其牽涉到的是一種特殊的人權保障。該特殊規定的適用前提是，必須存在武裝的軍事衝突，其次是戰俘本身屬於敵方軍事機構的一員。這尤其在涉及游擊戰爭、國際參與的內戰、使用志願軍戰士及傭兵的情況下，常常就出現許多難以界定的問題。根據人道國際法的標準，戰俘不得因為其參與之戰鬥行為而被處罰，而且在戰爭結束之後原則上必須立即予以釋放，並享有其他一系列規定的保護。第三次《日內瓦紅十字公約》中，除詳細規定了俘虜在戰俘營留置期間所應享有的最低標準待遇外，並限制監管方對戰俘有關戰爭中軍事細節的詢問，除了極少數的例外情況外，更嚴格禁止要求戰俘投入針對其原來陣營的軍事行動中，或甚至對其「策反」而將其納入己方的戰鬥人員之列。只有當戰俘所違犯的是戰爭犯罪、種族屠殺或違反人道犯罪時，才有例外處遇的適用，也就是說戰俘必須為他所犯下的這些罪行受法院審判及制裁，因為這些犯罪本身就被國際法認為應該予以懲處，並要求各個國家應該對其進行追訴的。另一個相類似的例外，是當戰俘本身也違犯

了一般刑事犯罪時。一個罪犯不能因為主張戰俘地位與戰俘豁免權就可以逃避普通刑法的追訴，尤其是對於在戰鬥期間所違反的罪行，例如謀殺、掠奪、強姦，或是戰俘在戰爭爆發加入軍事單位前已實施之犯罪行為。

　　關於英軍及美軍虐待伊拉克戰俘案，就國際法而言，美、英兩國固然有權力對被俘的伊軍依法進行偵訊、審問以釐清戰爭責任，但是偵訊、審問過程卻必須遵守國際法原則，不得違反《日內瓦公約》、《禁止酷刑公約》，以及散見於像是《公民權利與政治權利國際公約》、《兒童權利公約》、《歐洲人權公約》、《非洲人權和民族人權憲章》、《美洲人權公約中有關禁止酷刑的條款》。所謂酷刑，根據《禁止酷刑公約》的定義是：「向某人或第三者取得情報或供狀，蓄意使某人在肉體或精神上遭受劇烈的疼痛或傷害的任何行為。」而酷刑「不管出於任何情況，包括戰爭狀態、戰爭威脅等，均不得被作為施行的理由。」因此，根據這些人權公約，無論是國際武裝衝突或國內武裝衝突，無論是解除武裝的軍人、平民甚至普通罪犯，都禁止使用酷刑，同時相關的禁止事項也存在於習慣法和條約中。英國及美國皆為上述《禁止酷刑公約》等相關公約的締約國，當然應該遵守公約的規定，因而其對伊拉克戰俘的不人道處遇，已明顯牴觸上述各公約的規定。

二、戰爭與人權保護的衝突——人道干預

　　在聯合國未成立以前，一個國家如何對待其領域內的人民被認為是一國的內政問題。所以，當時國際社會對人權的保護是不會延伸至一國的領土範圍之內的只有在某些例外的情況，國際才會基於

保護人權而介入一國內政，例如：一國國民權利在他國受到無理的侵害與剝奪時、基於宗教原因而受到的迫害，以及對少數民族文化宗教的特別保護等。但在聯合國成立之後，尤其聯合國世界人權宣言通過後，關於人權的侵害任何國家都不能以國家內政為藉口，而拒絕國際對其人權侵害作為的關切與介入，也就是說「人權高於主權」原則的已告確立，成了國際社會的共識。由此衍生而來的，是近十年來在貫徹人權保護議題上，伴隨著國家主權的相對化，從戰略與道德立場探討所謂「人道干預」或「人道介入」的問題。因此，北大西洋公約組織針對前南斯拉夫共和國所發動的空中轟炸（或稱科索沃戰爭），及第二次波灣戰爭（或稱美伊戰爭），就在國際社會中掀起了近年來有關人權保護議題上爭議性最大的問題，那就是所謂的「人道干預」，基於國際人權標準及人道國際法的精神，是否應該予以支持或加以禁止，又，如果持贊成態度的話，應該要求人道干預戰爭符合那些前提要件。

　　就以「人道干預」為理由，透過戰爭為手段來貫徹人權保障的最典型例子，乃是北大西洋公約組織針對前南斯拉夫共和國所發動的空襲，這也是北約組織成立五十週年以來，打破先例，以人道理由扮演「國際警察」角色，對一個主權國家動武迫其就範，接受國際社會安排的和平方案。贊成者如備被推崇的捷克總統哈維爾認為，北約對科索沃的空襲正是貫徹人道國際法上「人權高於主權」這個理念，也是二十一世紀最崇高的價值。尤其北約軍隊進駐科索沃維和之後，發現大量令人髮指的南聯軍大屠殺滅族的人證物證，更讓支持者認為，雖然對無辜平民的傷害都不是善舉，但遵循「兩利相權取其重，兩害相權取其輕」這一人類的選擇原則，經過權衡

利弊大小後所進行的人道干預，才是我們應該堅守的底線。但是反對者則認為，真正的人道干預應該是以非軍事手段，才能在內涵及形式上與「人道干預」這個概念表裏一致。國際干預或介入的手段不能違背其目的，甚至因此反而造成另外的人權侵害，尤其忌諱使用破壞國家主權與領土的完整性的軍事手段。人權的本質要求和平、禁止戰爭，因此，國際法學家 Norman Paech 說：「沒有任何人權上的理由可以合理化軍事與戰爭行為」。所謂「人道干預」無非就是以保護人權為名進行的侵略戰爭，而對戰爭的絕對禁止是聯合國憲章最高與最重要的原則。因此，以軍事手段做為人道干預的方式與方法，是違反聯合國憲章規定的侵略攻擊行為。

　　原則上，只要對人權保障關心的人士，都會贊成以人道干預的手段，促使國際人權標準能夠在全世界各地都加以貫徹。但有關基於國際人權標準及人道國際法的精神，是否應該支持「人道干預」的問題，必須先予以釐清的一點是，但這裏必須強調的是，人道干預的意義絕對不是僅指發動戰爭，會有這種誤解產生的主要原因是美國與其北約盟邦在介入前南斯拉夫戰爭時，發動的強大政治及媒體攻勢所造成的公眾輿論效應，導致之後眾人在探討對於人權侵害現象是否應該予以制止而進行人道干預時，第一個就想到以發動戰爭的方式採取軍事手段的「人道干預」。在國際社會推行「人權高於主權」準則的同時，建立和強化國際社會的新秩序至為關鍵，尤其是要強化聯合國的功能，充分發揮聯合國的主導作用，建立和完善一整套的相關秩序，以規範和協調國際社會的行動。在不得已必須以戰爭做為「人道干預」手段時，應該要求在客觀要素上存在極

端的人道緊急狀態，而且干預國家主觀上也必須是基於此緊急狀態，並以終結此緊急狀況為其武力使用的目的暨手段上的限制。

捌、結語

　　在上面探討許多有關國際社會禁止戰爭對人權的嚴重侵害後，再回頭看目前最為國人所關心的兩岸關係。過去數十年來，中華人民共和國始終不願公開做出承諾，放棄在解決臺灣海峽爭端中使用武力。甚至在過去十年裏，中華人民共和國每年以兩位元數的速度增加其軍事預算，不斷加強其軍事部署，更針對臺灣部署了約 800 枚導彈，而且這個數字還在以每年 100 枚的速度增加。同時，中華人民共和國的人民解放軍經常舉行模擬攻台的軍事演習，為以戰爭方式解決臺灣海峽爭端作準備，對臺灣人民安全構成嚴重威脅。《聯合國憲章》第一條明確規定，聯合國的根本宗旨是採取有效集體辦法、以防止且消除對於和平之威脅，制止侵略行為或其他和平之破壞；並以和平方法且依正義及國際法之原則，調整或解決足以破壞和平之國際爭端或情勢。《聯合國憲章》第二條第三項同樣明文規定：「各會員國應以和平方法解決其國際爭端，俾免危及國際和平、安全、及正義」。第二條第四項要求「各會員國在其國際關係上不得使用威脅或武力，或以與聯合國宗旨不符之任何其他方法，侵害任何會員國或國家之領土完整或政治獨立」。《憲章》同時還賦予聯合國協助促進和平解決爭端的重大責任，其第三十三條明文規定：「任何爭端之當事國，於爭端之繼續存在足以危及國際和平與安全之維持時，應盡先以談判、調查、調停、和解、公斷、司法

解決、區域機關或區域辦法之利用、或各該國自行選擇之其他和平
方法，求得解決」。但中華人民共和國身為聯合國會員國之一，甚
至是聯合國安理會的成員，卻公然違反《聯合國憲章》，如果說戰
爭是對基本人權最殘暴的侵害，則戰爭威脅與恫嚇則是對保護和促
進人權的最大挑戰。中華人民共和國不斷威脅武力犯台的行徑，不
僅已經明顯違反了聯合國憲章的規定，更是嚴重侵害人權的行為。

反恐與人權導讀
——從國際人權法出發

林雍昇

壹、恐怖主義行為的定義

　　國際社會對「恐怖主義」定義上的嚴重分歧，從下列這耳熟能詳的說法可見一斑：「某些人眼中的恐怖份子，在其他人心中可能是自由的鬥士。」

　　因為對恐怖攻擊份子行為動機的評價不同，常常使我們對某些以暴力行為為政治目標奮鬥的團體的看法，有極大的落差。一個放置炸彈的巴勒斯坦人、喀什米爾人（Kaschmiri）或塔米爾人（Tamile），對一方而言是個萬惡的罪犯，但對另一方而言則可能是個英雄般的自由鬥士。

　　這樣看來，確實很難期待國際間對恐怖主義的定義得到共識嗎？同時，由於國際間要在打擊恐怖主義上（尤其是對抗跨國性的恐怖組織）有效合作，必須聯合具有共同理念的國家互相結盟，否則很難奏效。但如此一來，就導致這些彼此結盟的國家，常常自行定義所謂的「恐怖主義」或「國家利益」，並透過情報組織或軍事行動，單方面地進行對恐怖主義的打擊。尤其，當這些國家認為「其他國家」與其眼中的「恐怖分子」有所勾結的話，甚至犧牲、打擊這些「其他國家」的利益亦在所不惜。

　　但是這種對恐怖主義的暴力攻擊行為的不同評價，真的至今都沒有任何改變嗎？難道這種發生在世界各個角落，冤冤相報的惡性循環沒有讓人們體認到：某些型態的暴力行為，不管它們的背後動機是否值得體諒，但因為它們會以無辜第三者作為代價，都不能被原諒、必須被譴責。

　　雖然國際人權法所規範的對象，原則上是針對國家、而非一般的個別犯罪者。但是從被害人的角度來看，侵害其人權的究竟是國家或私人是毫無差別的，所以 1993 年維也納聯合國世界人權大會在其結論報告中，認定「恐怖主義及恐怖攻擊是以摧毀人權、其他基本自由及民主的行為。」聯合國大會在 2002 年的「人權與恐怖主義」決議[1]中就清楚表示「生存、生活免於恐懼、自由及安全是人類的基本權利。」因此，新的國際法實務，至少在聯合國主導的範圍下，國際間必須共同合作以對抗恐怖主義行為的共識，已經是毫無疑問的。

貳、九一一事件前國際間的反恐立場

　　國際社會最早在 1937 年國際聯盟時期，就已經提出《防止與懲罰恐怖主義公約》，但是後來該公約並未正式生效。五○年代起陸續發生在各地的劫機事件，以及美國伊朗衝突中美國外交官受恐怖份子挾持的事件，使得國際社會對恐怖主義行為興起另一波的反制行動。但是全球性與全面化地對抗恐怖主義行為的合作，仍舊由於

---

[1]　United Nation Resolution , A/RES/56/160. Feb. 2002.

國際（尤其是南、北半球國家間）對何謂恐怖主義的定義存有歧見而無法展開。

　　截至九一一事件發生前，國際社會共制定了十二項有關防止恐怖主義行為的條約，包括：1936 年的《關於在航空器內的犯罪和犯有某些其他行為的（東京）公約》、1970 年的《關於制止非法劫持航空器的公約》、1971 年的《關於制止危害民用航空安全的非法行為的公約》、1973 年的《關於防止和懲處侵害應受國際保護人員包括外交代表的罪行的公約》、1979 年的《反對劫持人質國際公約》、1980 年簽訂的《關於核材料的實質保護公約》、1988 年的《制止在國際民用航空機場發生非法暴力行為的議定書》等等。但很明顯的，國際反恐的努力方向仍侷限於針對個別的恐怖主義行為採取禁止規範，或是透過區域間的合作，及訂立區域性反恐怖主義條約。

　　1994 年 12 月，聯合國大會通過 49／60 號《消除國際恐怖主義措施宣言》決議案，是聯合國反恐決議的重要分水嶺。該宣言強調聯合國會員國譴責恐怖主義的一切行為、方法和做法，認為那些危害國家間和人民間友好關係及威脅國家領土完整和安全的行為、方法和做法，不論在何處發生，也不論是何人所為均為犯罪。決議還鼓勵各國緊急審查關於防止、制止和消除一切形式和表現的恐怖主義的國際法規定，以期國際間能有一個全方位的反恐法律架構。

參、恐怖主義行為的國際共識

　　但國際法規範意義上最重要的里程碑，要算是 1999 年聯合國大會中所通過的《禁止資助恐怖主義之國際公約》（International Convention for the Suppression of the Financing of Terrorism），該公約中的條文規定，幾乎可以視為是國際社會對恐怖主義犯罪之定義首次取得了共識。不過，向來意見分歧的南北北球兩個集團，之所以能在本公約草擬的過程中獲得共識，主要歸因於一些傳統上被視為第三世界發言人、慣於某程度上合理化恐怖主義行動的重要國家，漸漸地自己也成為了恐怖活動的受害者。

　　《禁止資助恐怖主義公約》第二條第一項對於何謂必須加以懲處的恐怖行為含有抽象性的定義，全文是：

Any person commits an offence within the meaning of this Convention if that person by any means, directly or indirectly, unlawfully and wilfully, provides or collects funds with the intention that they should be used or in the knowledge that they are to be used, in full or in part, in order to carry out (a) An act which constitutes an offence within the scope and as defined in one of the treaties listed in the annex; or (b) Any other act intended to cause death or serious bodily injury to a civilian, or any other person not taking an active part in the hostilities in a situation of armed conflict, when the purpose of such act, by its nature or context, is to intimidate a population, or to compel a government or an international organization to do or abstain from doing any act.

　　這個條文中，對恐怖主義這個概念採用了三段式的定義法。首先，必須是對他人使用嚴重暴力，其次，所謂的「他人」指的是平

民及其他人，只有對這些人採取嚴重的暴力行為才會被視為具有可罰性，最後，對這些人進行暴力行為的目的，是為了對國民、國家機關或國際組織達到恐嚇或進行強制的政治目標。

在條文中，「嚴重暴力行為」指的是有計劃性地進行屠殺或重傷的行為，其次，本條文將以戰鬥人員身分參與有組織武裝對抗的形式排除在恐怖主義定義之外，也就是說，人道國際法所說的武裝衝突（bewaffnete Konflikten）之人，即使有暴力行為，並不算是「恐怖分子」。

被排除在恐怖主義概念之外的，包括在持續性的軍事對立中——不管是內戰或游擊戰，所有針對敵對陣營戰鬥人員的暴力行為。雖然從領域國家的角度而言，可能所有反抗組織的戰鬥人員都是恐怖份子，因為他們蔑視國家對權力的獨占權力，並且對國家統治權的行使者進行暴力行為。但國際法向來都避免於這種情況下在法律上採取特定的立場。換句話說，如果內戰的程度已經到達所謂的武裝衝突時，則對於參戰的軍事團體針對敵方的戰鬥人員所進行的暴力攻擊，從人道國際法來看就不能被視為是非法的恐怖行為。

為了將恐怖主義的暴力行為與下列兩種暴力行為加以區隔：1.合法的（國家的）暴力及針對不法統治的政治性暴力使用，2.單純的刑事犯罪暴力行為，所以，公約中所使用的概念定義，主要在於強調下列兩項要素：首先，恐怖活動的暴力使用，是針對平民或非直接參與戰爭行為之人員，而這種暴力使用的目的，是為了恐嚇特定國家國民或族群，或者是為了逼迫特定政府作為或不作為。因此，國家對於敵方戰鬥人員的暴力使用，或者直接針對高壓政權之政府機關所進行的武裝抵抗，都不屬於恐怖攻擊行為。此外，私人的暴

力行為如果純粹只是出於刑事犯罪動機的話，也不包括在恐怖活動的範圍之內。

肆、反恐是為了保障人權

　　1999 年公約對恐怖主義的定義，其背後的主要核心思維就是人權的考量：某些形式的暴力行為絕不能因為行為人的政治動機而被正當化。就好像原則上國家在其維護安定的功能上，可以為了維持公共安全與秩序而使用暴力，但如果國家權力的行使逾越了人權的界限，或是傷害無辜的第三者時，也明顯地是國際法上的犯罪行為一樣。所以同樣的，如果非國家團體基於政治上的動機，而針對平民或非武裝的政治異議者使用暴力時，即使該團體是為了政治上的目的，但使無辜第三者成為犧牲品，也會構成令國際社會唾棄目的違反人道犯罪。

　　在人道國際法的要求下，國家的軍事武力只能針對軍事目標，對一般平民及私人財物所造成的損失，只有在為達成軍事利益的必要範圍，才能被容許。因此，對不義政權的抵抗也必須在人道的原則下進行。對政治敵對一方以外第三者的暴力行為都是一種應該加以譴責的暴力濫用，無論其動機為何。

　　接著，在 1999 年 12 月，聯合國大會又通過題為「人權和恐怖主義」的決議，重申所有國家均有義務促進和保護所有人權和基本自由，人人均應努力使這些權利和自由獲得普遍而切實的承認和遵守；強調會員國務必採取適當步驟，確保逮捕、起訴或遞解那些籌畫、資助或犯下恐怖主義行為的人，不給他們有安身之所；重申所

有對抗恐怖主義的措施必須嚴格遵守國際法的有關規定，包括國際人權標準。

2000 年 12 月，聯合國大會再度通過了題為「消除國際恐怖主義的措施」決議。重申不論引用何種政治、思想、意識形態、種族、人種、宗教或其他性質的考慮作為理由，在任何情況下恐怖主義都是無可辯護的；籲請各國不要為恐怖主義活動提供資助、鼓勵、訓練或其他支助；敦促有關國家作為優先事項，考慮加入有關公約和議定書，特別是《制止恐怖主義爆炸事件國際公約》和《制止向恐怖主義提供資助的國際公約》；決定由大會設立的特設委員會應繼續擬訂關於國際共同反恐的綜合性公約，並繼續努力解決有關反恐的國際公約的未決問題，希望最後發展出一個全方位的、處理恐怖主義的國際法律架構。

伍、恐怖主義份子的人權保障

法律上雖然將恐怖份子定義為「人道的敵人」，但恐怖份子本身仍舊是人，對其人性尊嚴仍應予以尊重，其人權仍應予以保障。歐洲人權法典為了配合對抗恐怖主義之需，所以在關於恐怖份子的待遇標準上留有較大的裁量空間。尤其要考慮各地方性恐怖主義的特殊情況，所造成該國政府為保護其人民而不得不採取的手段。特別是在司法的程序保障上就必需容許較低於一般情形的標準，如果這是民主社會中確實必要的話（necessary in a democratic society）。然而，歐洲人權法院也在其針對北愛爾蘭的判決一再表明，這並非意味國家在對付恐怖活動時，可以任意使用警察與軍事手段，比例

原則的要求仍舊必須被嚴格遵守。這包括對生命與身體完整的保障及禁止刑求等，其次是 1966 年《聯合國市民及政治權利公約》（IPBurg）中第 9、10、14 及《歐洲人權公約》（EMRK）第 5、6 條中有關法院程序的保障。這些法律保障是不容許任何國家假藉「對抗恐怖主義之需要」加以違背的。唯一的例外是當國家根據《聯合國市民及政治權利公約》第 4 條及《歐洲人權公約》第 15 條處於「緊急政權」（Notstandsregime）的狀態時。在法律緊急條款規定下的特殊政權，確實已無法再保證判決是經由依據法律且獨立而公正的法院所作出的，而可能必須設置軍事特別法院進行對恐怖份子的追訴。要符合緊急政權的條件是非常嚴格的，必須是國家處於戰爭狀態或是發生足以危害國家生存的緊急狀態，因此只有在非常極端的情況下才能成立（例如受到恐怖份子大規模毀滅性武器的威脅）。相關國家必須正式根據其國內法宣佈進入緊急狀態並成立緊急政權。這個正式的法律行為必須立刻通知相關組織，根據「聯合國市民及政治權利公約」為聯合國，依「歐洲人權公約」則為歐洲議會。這些嚴格的規定是為了防止一些對恐怖攻擊甚為陌生的國家，在遭受重大攻擊時會有過度激烈的反應。人權規範規定了國家對待所有處於其主權管轄下人民時應遵守的種類與方式。

我們應該認知到，一個不願維持文明社會下人權保護基本標準的國家，本身就已經變成是恐怖暴力的行為人。因此，以對抗恐怖份子的藉口，是不足以作為針對叛變族群使用過度暴力之正當化理由。因此，將敵對的一方歸類為恐怖份子是不具任何正當化效果的。例如俄羅斯雖然有權在其領域內維護法治與秩序，但對抗恐怖份子並不能成為其不顧人權標準與人道國際法的正當理由。對一般

平民使用有計劃性的暴力，如同發生在車臣與巴勒斯坦佔領區內的情況，就算是為了對抗恐怖主義，仍然是應該加以處罰的戰爭犯罪及違反人道罪行。在思考對抗恐怖主義與保護人權間的關係，我們應該隨時牢記，某些類型的暴力使用如果是有計劃地漠視無辜第三者的人權的話，在國際法上統統被視為是恐怖主義，無論它是由國家機關還是犯罪團體所為。

陸、九一一事件後國際的反恐作為

不管從質或量的角度來看，九一一攻擊事件都已經構成了國際刑事法院規約[2]第七條第一款所規定的「違反人道的犯罪」——指的是對一般平民全面性或有計劃性地的攻擊行為，包括謀殺虐待及其他嚴重犯行。因此，聯合國安理會在九一一恐怖攻擊發生的隔天，就立刻通過第一三六八號決議文，認定該攻擊為聯合國憲章第 39 條所規定的「對和平的危害」。兩個月後（12. November 2001）的第 1399 號決議說得更清楚：「國際恐怖主義是對世界和平及二十一世紀國際安全最嚴重的威脅之一。」將恐怖攻擊定位為對和平的破壞之後，安理會就可以行使其在聯合國憲章第七章中被賦予的採取強制措施（包括武裝攻擊）的權限。雖然安理會最後並未採取武裝攻擊的措施，但在其第 1373 號決議中（28. September 2001）則通過了廣泛的「對抗恐怖主義方案」。1373 號決議規定聯合國會員國在反

---

[2]　《國際刑事法院規約》（Statute of International Criminal Court），2002 年 7 月 1 日正式生效。四種涉及整體國際社會的特別重大犯罪：種族屠殺、違反人道犯罪、戰爭犯罪，還有將來列入的侵略犯罪。第 6 條種族屠殺，第 7 條規定違反人道的犯罪，第八條戰爭犯罪。

恐措施方面有以下義務：將資助恐怖主義定為犯罪；凍結涉及犯有恐怖主義行徑者的任何資金；禁止對恐怖主義團體提供任何形式的財政支助；禁止提供恐怖主義分子安全庇護所、維生物資或支助；與其他國家交換所有從事或策劃恐怖行為的資訊；與其他國家合作調查、偵察、逮捕、引渡和起訴參與恐怖行為者；在國內法中將主動或被動協助恐怖主義的行為定為犯罪，並將違法者繩之以法；儘快加入有關恐怖主義問題的相關國際公約和議定書。1373 號決議還設立了「反恐怖主義委員會」（Counter-Terrorism Committee），由安全理事會所有十五名成員國組成。反恐委員會的工作在執行第 1373 號決議並監測其執行情況，協助沒有能力履行該決議及其他恐怖主義公約或議定書所規定的各項義務之國家。

　　「反恐怖主義委員會」在 2003 年 3 月 6 日舉行首次國際性反恐怖主義會，邀請「東南亞國家國協」（ASEAN）、「阿拉伯國家聯盟」（League of Arab States）、「歐洲聯盟」（European Union）、「美洲國家組織」（Organization of American States）、「回教會議組織」（Organization of the Islamic Conference）、「北大西洋公約組織」（NATO）、「上海合作組織」（Shanghai Cooperation Organization）、「國際海關組織」（World Customs Organisation）、「國際貨幣基金會」（International Monetary Fund）與「國際刑警組織」等 60 個國際、區域與次區域組織參與，會中指出多邊機制在對抗恐怖主義組織取得大規模毀滅性武器之重要性，強調應有執法之普遍原則，同時要求不能因為反恐而犧牲人權，並盼能建立具體之全球性反恐架構。就中東地區言：支持回教世界之溫和政府；且支持獨立與民主之巴勒斯坦國發展但同時也保證以色列之和平與安

全，以尋求長期解決以、巴衝突；注意伊朗與敘利亞持續支持巴勒斯坦之「哈馬斯」（HAMAS）等恐怖主義組織及欲取得大規模毀滅性武器之作為；持續搜尋伊拉克大規模毀滅性武器與斷絕其它國外恐怖主義組織介入；鼓勵沙烏地阿拉伯在反恐作為上之持續合作等。2、就歐洲地區言：在重視人權基本要求下，持續關注受到激進車臣人民且和蓋達組織有關係之國外回教份子影響之車臣戰爭發展；要求俄國不能利用商業上軍民雙元使用之漏洞，移轉核、生、化、彈道與巡弋飛彈之科技與專家給伊朗等國家。另阻止「真愛爾蘭共和軍」（Real IRA）在北愛爾蘭採取破壞和平之恐怖行動。3、就亞洲地區言：要求中共不再成為伊朗、巴基斯坦等國家之彈道、巡弋飛彈與核武等相關科技之供應者。因應北韓之大規模毀滅性武器威脅，持續透過多元途徑進行有原則之政治交涉。南亞方面則要注意阿富汗仍存而與蓋達組織等之餘黨與有關連之犯罪活動；施壓巴基斯坦持續反恐作為。且關注印尼之激進回教勢力發展，籲印尼政府防阻「伊斯蘭祈禱團」等恐怖組織採取行動。另持續強化菲律賓、馬來西亞、泰國、新加坡、香港之合作反恐行動。4、就拉美、非洲地區言：關注哥倫比亞毒品走私與恐怖主義組織之結合及「哥倫比亞革命衛隊」（FARC）等組織採行之恐怖主義行動。在非洲則注意種族衝突、宗教鬥爭與腐敗問題，特別是在奈及利亞與肯亞，及失敗之辛巴威等國家可能助長恐怖主義之條件；另關注印度洋由三個小島構成之科摩洛（Comoros）之恐怖主義勢力發展，因為延伸之東非海岸線，從索馬利亞經由桑吉巴（Zanzibar）到科摩洛，已漸

成為回教端份子及來自蘇丹、葉門、巴基斯坦與沙烏地阿拉伯好戰者之故鄉[3]。

柒、反恐與人權保障間的緊張關係

恐怖主義的最大特徵就是製造恐懼,而且這種恐懼的製造者與其針對的對象都是不特定的,換句話說,是一種普遍性的恐懼。普遍性的恐怖主義針對的是所有的人,它的目的是用恐懼來癱瘓整個社會,讓國家統治的正當性基礎完全喪失[4]。由於現代國家的首要任務不只在為人民創造幸福與福利,而更在保障人民免於被侵害,為了避免人民認為這個保障只是空談,政治人物就會急於採取更強硬的反恐措施,制訂更嚴厲的反恐法律以營造出安全的假象。

因此,從人權的觀點下觀察反恐這個問題,一言以蔽之就是安全與自由這兩者間的緊張關係,如何能在法律規定上做一個適當的調和。所有打擊恐怖主義與防治恐怖活動的立法,都要面對這個最基本的問題。國家一方面要對抗恐怖主義保障人民安全,另一方面在打擊恐怖主義的同時也要維護人權的標準。否則,過度強化對恐怖主義及其邪惡盟友的防治,常常會將自認「為正義而戰」的思維逐步滲入政治及法律中,或濫用打擊恐怖主義為藉口,以達成其他的目的。我們應該瞭解,生命、健康、財產、社會秩序的絕對安

---

[3] 汪毓瑋,〈國際反制恐怖主義作為〉,「恐怖主義與國際反恐座談會」,中興大學全球和平與戰略研究中心主辦,網址:http://cgpss.nchu.edu.tw/modules/wfsection/article.php?articleid=295,2004。

[4] W. Sofsky, "Elemente des Terrors", in H.Hoffmann/W. F. Schoeller (Hrg.), Wendepunkt 11. September, 2001, S. 27ff., 33f.

全，不僅不可能存在也永遠不可能企及；就算有，也不值得付出個人全部或幾近全部的自由為代價。反恐安全措施主要的問題，就在於以個人自由與自律為取向的自由法治國家，及以安全及效率為追求目的的安全或預防國家，這兩者間運作邏輯的衝突，而導致漸漸形成互相排斥的趨勢。所以，一個正確的反恐安全政策應該要能夠兼顧與連結這兩種不同的需求。

捌、以反恐為名進行的人權侵害

九一一恐怖攻擊事件後，國際間為對抗恐怖主義所做的努力，也同時在各個層面上對人權保護產生了重大的影響。但是學術界在討論國際間對恐怖主義的反應時，所擔心的主要並不是刑事手段被過度的使用，或是刑法被不當的擴張，反而是對於放棄刑事工具，而主要以軍事或警察手段做為對抗恐怖活動的做法感到憂慮。因為，站在對抗恐怖活動第一線指揮的並不是檢察官，而是軍警指揮官。國際特赦組織（Amnesty International, AI）在 2002 年 1 月的一份出版品便將這種情況描寫為「處在危險中的人權」。

九一一之後許多國家為了保護其人民免於類似的攻擊，紛紛採取一系列的安全措施，其中有許多部份已經侵害到基本人權的保障。例如在法律規定上用不確定且寬鬆的概念對恐怖主義加以定義，藉此廣泛地限制人民集會、結社及意見表達的自由。其次容許未經起訴與審判的監禁，或採取隔離監禁的程序使得虐待犯人的可能性增加。又美國在 2001 年 10 通過「國土安全法」，裡面規定可以對應被驅逐的非美國公民，藉口國家安全的考量進行無限期的拘

留。2001 年總統又發布一項命令，對於有嫌疑的外國人可以用如同對待恐怖份子的方式，經由特別的軍事委員會進行拘留及審判，這不僅是歧視性的做法。也侵害了法治國的最基本原則。關塔那摩（Guantanamo）軍事基地的「恐怖份子」，便是以對抗恐怖主義之名行侵害人權之實最明顯的例子。美國違反日內瓦公約的規定，以未具有法院的特別軍事委員會決定被拘留者是否為戰爭罪犯；藉此，美國可以將世界上任何符合廣義恐怖份子定義之人都運送到關塔那摩中拘留。最近（2006-08-19），美國底特律聯邦法院又裁定，美國國家安全局未經法院授權即執行監聽計畫，「違反憲法對言論自由和隱私權的保障，破壞了三權分立的原則，必須立即中止」。這項監聽疑似涉及恐怖活動份子的計畫，是從 2001 年起由國家安全局負責執行，目的是在九一一恐怖攻擊後，藉由監聽數百萬美國民眾的電話、電子郵件等通訊往來，預防恐怖份子的可能陰謀，但這些監聽行動卻完全未經法院授權。

　　另外。英國也藉由緊急命令法的制訂而成立一個無程序保障的影子司法體系，這種作法已明顯違反歐洲人權公約，但歐盟各會員國對此卻未曾置喙。同樣的，九一一事件後歐盟也迅速通過了關於防治恐怖主義及歐洲羈押命令與引渡程序這兩個事項的指示方針，其中有許多部份已違反了人權與基本自由的保障。例如無區別地對所有犯罪均允許對罪犯的引渡，而不顧及該被引渡者是否將因此而遭受剝奪生命的威脅，其次也未禁止對赦免、豁免及老年之人員的引渡。

　　同樣的，全球反恐怖主義的運動也給了中國一個完美的藉口，在新疆實行前所未有的嚴厲取締措施和宗教控制。剝奪維吾爾人宗

教自由，以及剝奪結社、集會和表達自由，在學校和家裏也抑制宗教的活動和思想。包括監視清真寺，在政治上定期檢查所有的主持，整肅學校，開除信仰宗教的教師及學生，更有甚者對一些以政府不認可方式堅持自己的宗教信仰的和平人士，進行逮捕、虐待、甚至是處決。

玖、反恐下應有的人權保障

在全球陷入一片反恐熱潮之際，國際法學家委員會（International Commission of Jurists, ICJ）在 2004 年 8 月 20 日該委員會的雙年會中，適時發表了針對反恐行動的《捍衛人權及法治宣言》（又稱《柏林宣言》），裡面全面性地針對國際反恐措施對人權保障可能帶來的威脅，清楚而具體地加以詳列，並強調應該加以遵循的人權標準，堪稱是國際反恐行動的人權保障憲章。

1、保護之責：各國皆有義務於其領域內，包括其佔領或控制之區域，尊重並確保所有人的基本人權及自由。各國也須採取措施以保護人民免受恐怖行動之迫害。為達此目的，反恐措施必須符合合法性、必要性、比例原則與禁止差別待遇原則。

2、司法獨立：反恐措施的發展與實行中，各國皆有義務確保司法獨立及司法審查國家作為的角色。各國政府不得干涉司法程序或破壞司法判決的完整性，且判決應被各國政府嚴守。

3、刑法原則：為避免反恐措施之濫用，各國應確保涉及恐怖行動的嫌犯只依據罪刑法定原則，以法律明定之罪名被起訴。各國不得溯及既往適用刑法，或將合法基本人權及自由之行使犯罪化。恐怖行動所負之刑事責任應個人化而非集體化。各國於對抗恐怖主義之際，應適用並在有必要時，採取現行刑法而非創造出新的籠統罪名，也不可訴諸于極端的行政措施，尤其是在關於剝奪人身自由方面。

4、權利免除：各國不得凍結條約和慣例法明定不可免除之權利。國家針對在緊急形況下可免除之權利採取免除時，須確保此免除只是暫時性的，且為極度必要和適度以對抗特定威脅，而非基於種族、膚色、性傾別、性向、宗教、語言、政治或其他意見、國家、社會、種族、財產、出生、或其他地位之歧視。

5、強行規範：各國在任何時候任何情形下都必須遵守禁止酷刑和殘忍、不人道或侮辱性的待遇及刑罰之原則。違反以上所述或其他國際人權法強行規範之行為，包括司法外執行死刑和強制失蹤，永不得被正當化。此種情形發生時，各國必須即刻進行有效調查，將違法者繩之以法。

6、剝奪自由：各國不得秘密拘禁或監禁任何人，且須保有所有被拘禁者之記錄。不論被拘禁者於何處受拘禁，各國須予以可迅速接受律師辯護、與親人會面、和醫療的權利。各國有責任告知受拘禁者其遭逮捕的事由、被控罪名、和對其不利之證據，並使其盡速接受審判。所有受拘禁者在任何時候任何情形下，有權取得人身保護令或相同之司法

程序，以質疑拘禁之合法性。行政機關進行的拘禁須為特例措施，有嚴格期間限制且必須受制於經常和定期司法監督。

7、公平審判：各國在任何時候任何情形下，必須確保罪犯只由依法所設立之獨立公正法庭審判，並給予完全的公平審判之保證，包括無罪推定、檢驗證據之權、辯護權（尤其是接受律師有效辯護的權利）和司法上訴權。各國必須確保非軍人之被告不受軍事法院調查或審判，而僅受非軍事機關調查及一般法院的審判。以對被告或第三者採取酷刑或任何嚴重侵害人權的方式所得之證據，都不能在任何法律程序中被採用。法官或律師必須能夠在不被恫嚇、阻撓、騷擾、或不當干涉的情形下，行使其專業功能來審判或辯護因恐怖行為被起訴之被告。

8、基本權利和自由：實行反恐措施之同時，各國必須尊重並保障基本權利和自由，包括言論、宗教、良心或信仰、結社和集會自由、和平追求自決權的權利，以及在資訊搜集和散佈領域中尤為重要之隱私權。所有對於基本權利和自由的限制，必須符合必要性及比例原則。

9、救濟和賠償：任何人因國家反恐措施，或經國家支持或容許的非國家行為者之行動而遭受損失時，各國必須確保其能獲得有效的救濟和賠償，而侵害人權之行為人應在法院審判下為其行為負責。各國應授權獨立機關以監管反恐措施。

10、不強迫遣返原則：各國不得驅逐、遣返、或引渡被控或遭定罪之恐怖行為被告返回其人權可能遭到嚴重侵害之國家，所謂嚴重侵害指的是對其施以酷刑或殘忍、不人

　　　　道或侮辱性的待遇和刑罰、強制失蹤、判決外執行死
　　　　刑、不公平審判或被處死刑。
　11、人道法律之補充：於武裝衝突和佔領的情形下，各國必
　　　　須適用和尊重人道國際法和人權法之規定和原則，並與
　　　　此相關之法律體制相互補充和強化。

拾、結語

　　曾提出「風險社會」概念的德國著名社會學家 Ulrich Beck，針
對九一一事件後國際恐怖行動與反恐措施的演變說道：「有誰會想
得到，如今捍衛德國本土安全的工作，竟然要在阿富汗的深山縱谷
中進行。」藉此來說明恐怖活動新的特質，已經將我們原本所熟悉
的世界圖像，像是戰爭與和平、軍事與警察、戰爭與犯罪、內部與
外在安全等等、甚至何謂內、外的區別都給打破了。因此，對於恐
怖主義的防範與制裁，必須透過國際多邊合作、尤其是聯合國機制
達成國際間共同的反恐共識與措施。單一國家的反恐作為只能針對
個案反應，並無法因此建立起全面的反恐效應。

　　但執行反恐措施時，同時必須尊重人權，遵守法治原則與國際
人權規範和人道國際法。因為，安全與人權間的關係是不容許國家
恣意界定的，而必須受到國際人權及人道國際法的法律拘束。即使
在極端危險時期，也就是處於恐怖主義行動威脅下，國家也僅擁有
受到限制的裁量空間。

　　從恐怖主義的定義、到反恐所引發的人權討論，我們可以看
到，就定義上而言，恐怖主義就是對人權的侵害，而在國際社會已

對人權價值有共識下，恐怖主義行動已經是不容原諒的罪行。但另一方面，為了打擊恐怖主義而施行的手段，同樣必須經過「人權原則」的檢驗，不管是比例原則、或是對恐怖分子受審的保障，都是國際法上必須堅持的標準。因為一旦稍有放鬆，「恐怖主義」和「反恐行動」之間，就沒有區別了。如何有效透過國際合作、制止恐怖主義滋長；同時避免讓「反恐」變成侵害人權的藉口，這都是國際人權法在面對「反恐與人權」課題時，將來要努力的方向。

附錄一

醫療人權

壹、定義

　　根據聯合國在一九四八年的《世界人權宣言》中宣示：「人人生而自由，在尊嚴和權利上一律平等……」（第一條）；「人人有權享受為維持他本人和家屬的健康和福利所需的生活水準，包括食物、衣著、住房、醫療和必要的社會服務……」（第 25 條第 1 項），可以看出醫療是我們的基本人權。

　　提到醫療人權一般人會想到病患有權利接受對其最好的醫療照顧（treatment in the best interest of the patient），而且受到尊重。也有說法是認為「醫療人權」是指「人民有權要求政府增進國民健康，普遍推行保健事業及健全醫療制度；且病人亦應有尊嚴地接受妥善醫療照顧及拒絕醫療之權利[1]。」另外有一研究[2]給醫療人權的定義為：「民眾有要求政府增進國民健康，普遍推行保健事業及健全醫療制度的權利；並能以人格主體者之地位，要求尊嚴、自由、平等地接受妥當之醫療照護及拒絕醫療之權利，以維護民眾尊嚴、私密與健康。」

　　醫療不僅是去治療，也是去預防疾病的發生，讓人民擁有健康與健康的生活可以節省醫療上不必要的浪費。醫療人權是健康人權

---

[1]　黃俊杰，吳秀玲（2001）醫療正義之研究，中原財經法學，第五期
[2]　吳全峰（2000）全民健康保險制度與醫療人權相關之分析（碩士論文）國立陽明大學衛生福利研究

的一部份。Randall 在她《醫療（健康）人權》（*The Human Right to Health*）[3] 一文中提到，「每個女人、男人、青少年、兒童都有人權得到最高水準的身體與精神健康，而且不受到任何歧視。享受健康人權對一個人的生活及健康的每一方面都是非常重要的，跟其他的基本人權與自由一般重要。」健康人權包括了以下幾點：

1、有人權得到最高水準的身體與精神健康，包含生育與性方面的健康

2、不論性別、種族、或其他地位，有人權平等的得到足夠的保健和相關的醫療照顧

3、有人權得到公平的的食物分配

4、有人權得到安全、清潔的食用水與衛生設備

5、有人權得到足夠的房屋與生活水準

6、有人權生活在安全和健康的環境

7、有人權在安全、健康的環境工作，懷孕婦女也得到足夠的保護，而健康不受傷害

8、有不被歧視之自由去作醫療選擇

9、有人權知道與保健相關的資料和受相關的教育

１０、兒童有人權擁有一個適合身心發展的環境

醫療系統除了病患以外，也包括了醫生、護理人員、藥劑師、復健師、治療師等，這些給予醫療服務的專業人員（以下統稱為醫生）的人權也包含在醫療人權之範疇內。然而，病患由於需要接受

---

[3]　Randall, V. R. *The Human Right to Health*, The People's Movement for Human Rights Education, NewYork

醫生的治療，所以傳統上一般都處於弱勢或是被動的角色，他們的人權也比較容易被忽略（overlooked）。

貳、醫療人權的發展

儘管在一九四八年聯合國的《世界人權宣言》已經提出醫療為基本人權，全世界各國在執行醫療人權（和醫療改革）的時間表上都比聯合國所宣示的落後了許多。

在一九七零年代的初期世界衛生組織（WHO）進行了幾項關於改善醫療服務的研究（Hammad, 2004）。一九七一至一九七三年間作了一個名為《提升發展基本服務的方法》（*Methods of Promoting the Development of Basic Services*）的研究，得到的結論是「很多國家的醫療服務，不論在數量或素質上都趕不上正在轉變的人口……」一九七二年世界衛生組織（WHO）與聯合國兒童基金會（UNICEF）的聯合委員會預備了一份文件，名為《滿足開發中國家人口對基本醫療需要之其他方法》（*Alternative Approaches to Meeting the Basic Health Needs of Populations in Developing Countries*），繼而發展出由人民而來的保健（Health by the People）[4]。

基本保健（Basic Health Care）最主要的問題在於醫療上的不平等，而且這不僅是地區性的問題，是世界性的問題。Hammad（2004）在她的文章中提到了幾個發展基本保健（Basic Health Care）的原則：

1、一般人民要參與關於他們健康保健的發展之過程，繼而能自主不倚賴外界（self-reliant）

---

[4]　Barcelona Forum 2004

2、發展需由人民開始，覺悟到連結保健發展和社區發展的需要

3、影響人民過健康的生活（sense of well-being）的每一方面（all aspects）都需要被考慮到，就是從一開始就把這些相關的方向，如教育、農業、房屋、公共作業、通訊等列入規劃當中[5]。

基本保健可以說是一個革命性的概念，它以人民為中心。

今天，有不少國際人權的文獻是關於醫療和保健的，其中最重要的有一九六六年的《國際經濟、社會與文化權利公約》（the 1966 International Covenant on Economics, Social and Cultural Rights）；一九七九年的「除去對女性所有歧視會議」（the 1979 Convention on the Elimination of All Forms of Discrimination Against Women）；一九八九年的「兒童權利會議」（1989 Convention on the Rights of the Child）。

為了確保這些關於醫療保健的文獻照實執行，世界衛生組織（WHO）扮演了很重要的角色[6]。世界衛生組織（WHO）也參與人權委員會（Commission on Human Rights）及其下防止種族歧視及保護少數民族副委員會（Sub-Commission on Prevention of Discrimination and Protection of Minority）的工作，在一九九七年討論了許多直接或間接跟醫療保健有關的問題，包括下面幾項：

1、人權與極端貧窮

2、人權與環境

3、婦女遭暴力相對

---

[5]　Barcelona Forum 2004

[6]　Barcelona Forum 2004

４、人權與生物倫理（bioethics）

５、傳統療法對婦女和兒童健康的影響

６、人權與後天免疫力缺乏症病毒／愛滋病（HIV/AIDS）

７、人權與集體遷徙

８、殘疾人士之人權（包括精神病患者）

９、非法移取兒童身上的器官或組織之控告

１０、各地之原居民（indigenous peoples）

世界衛生組織（WHO）在一九九三年於維也納的「世界人權會議」（World Conference on Human Rights）中扮演主動的角色；許多與醫療保健和人權有關的議題也在當中討論。在往後幾年世界衛生組織（WHO）也參與了推廣醫療人權、健康人權等文件的策劃。即或在現今，保健的權利還是沒有受到應有的注重，它一直處於人權的推廣與保護的邊緣而不是主流。在未來的幾年中，將看到世界衛生組織（WHO）在保健和人權界中，與國際政府和非政府夥伴之間的角色愈來愈重要。通過這樣子的夥伴合作關係世界衛生組織（WHO）能夠：

１、條約單位共同工作，澄清保健權利的意義

２、與會員國合作，一起把目標放在保健與人權的保障和推廣

３、發展給醫療服務的專業人士、社區領袖、與其他人的保健與人權的計劃

４、確保人權組織、條約單位、非政府組織能得到保健與醫療的相關資料

5、從每天的工作中，對醫療服務的專業人士灌輸保健與人權的觀念，使每個人（包括弱勢人士）能得到最高水準的健康[7]

參、全球落實醫療人權所面對的問題

現在二十一世紀初，全世界各國（包括已開發國家和開發中國家）在醫療服務（Health Care）上遇到的基本挑戰還是幾乎都一樣的。改善醫療服務需要政府的政策，但是修訂法例或推動政策時，往往是「從上到下」（top-down approach）：由立法院（Executive Board）作決定，人民接受，缺少了專業人士（醫生）之參與及意見，和以人民為中心的決策，許多時候立法的政治領袖對醫療服務不夠了解或缺乏異象（Aynsley-Green 2004）[8]。民間有很多為民眾爭取權益的組織彷彿經常處於一個與政府、與醫療制度對立和衝撞的狀態；當兩方面常處於對立，不免會造成資源的浪費。

另外一個主要問題是人民接受醫療時的不平等，不平等的原因歸納起來大致都是因為貧窮和知識的缺乏等社會問題（Fefoame 2004）。貧窮是每一個社會幾百年甚至幾千年來都在面對的問題，在這裡暫且不討論導致貧窮的原因和解決方法，貧窮的結果是顯而易見的。在醫療照顧方面，貧窮導致病患在接受治療時受到限制。有些病患因為無法付擔昂貴的藥物、看診費、住院費、醫療器材（如輪椅）或往返醫院的交通費而使醫療效果打折扣（compromised），沒有得到最好的醫療照顧。這是在世界各國，尤

---

[7] Barcelona Forum 2004
[8] Barcelona Forum 2004

其是開發中國家，常見的現象。雖然現在到處都聽得見「人權」，但是貧窮的人還是多方面遭到歧視。

貧窮也嚴重影響到健康，當人處於貧窮的當下，能填飽肚子比所有衛生習慣、健康生活方式（good health practice）都來得重要。生長在貧窮中的小孩從小就營養不良，健康狀況不理想，長大成為不健康的成人，需要更多的醫療照顧，成了一個惡性循環；醫療成本也無形中在增加。根據世界銀行（World Bank）近期的估計，全球最貧窮的人口當中，每五個人就有一個為殘疾人士（Fefoame 2004），一般慢性病患者恐怕沒有包括在內。

知識的缺乏也引起許多醫療照顧的阻力。比較嚴重的例子是在非洲的一些部落到現在還迷信愛滋病是由得罪神明而來的（Fefoame 2004），病患不懂得或不願意去做預防工作和適當的治療，他們同時也受到同儕的歧視與唾棄，人權當然受到損害。撇開這些比較極端的例子，一般人對於醫療上的知識也是有限的。雖然看病時醫生大多都會解釋病情和治療方法，可是一般人都聽不懂醫生解釋用的專業名詞，對醫藥不懂的人在受到疏忽時，也比較不知道如何去爭取權益。當人民有知識就能自助。很多的病患如果知道求助的管道，而且能簡單的去使用，就會去尋求幫助。

醫生於社會責任的知識上也有所欠缺，醫學院的教育少有人文素養和人際溝通訓練（美國在這方面的訓練算是比較充足），病患和醫生間可能出現溝通障礙；由於醫療技術不斷地在改變進步，醫生也有可能不曉得對某些疾病最有效、最新（up-to-date）的治療方法，病患的醫療人權或多或少會有缺損。

肆、弱勢團體的醫療人權

　　雖然《世界人權宣言》發表已經超過半世紀，全球各地仍有許多人沒有享受基本人權，更不要說醫療人權。現實社會中，仍然有人以為人的價值與他對社會的貢獻之多寡成正比，對社會貢獻少的人之價值，比對社會貢獻多的人之價值為低。弱勢團體在傳統上或實質上的能力或社會競爭力上較一般人要遜色，如殘疾人士、婦女、兒童、老年人、低社會經濟階層（low socioeconomic class）人士、少數族裔和重症病人等，他們的醫療人權往往比一般人低。

　　殘疾人士（包括精神疾病與智能障礙）在很多社會中還是受到歧視，有些人認為他們是被咒詛的、不吉祥的、不正常的、浪費社會資源的；社會往往忽略了他們的需要。很多國家在設計「無障礙空間」上是落後的，例如有不少鄉鎮和城市沒有行人道，或騎樓高低不平，輪椅要通過非常困難，對他們要往返醫院以至於日常上街都做成不便（Fefoame 2004）。實際上，他們無疑是需要較多醫療保健上的關注，一旦有適當的矯正、輔助器材、醫藥治療或教育訓練，他們可以跟一般人一樣對社會有所貢獻。Fefoame（2004）在二○○四年巴塞隆納討論會（Forum Barcelona 2004）中提出一些改善殘疾人士之醫療人權的建議，歸納如下：

　　1、決殘疾人士的貧窮問題

　　2、讓殘疾人士參與政策的制訂

　　3、訓練醫療服務的專業人員從「社會模式」（Social Model）的觀點，了解殘疾人士的需要

　　4、在各層面（地方、縣、中央）都能得到所有關於醫療保健的資料

5、協調非牟利機構與社會捐款等工作

6、能得到適當的醫療輔助器材

7、消除社會對殘疾人士的成見

　　一九七九年在國際間的會議討論了婦女受歧視的問題，擺脫過往男權社會的歷史，多數國家婦女的地位也得到關注和肯定，但是在非洲跟一些回教國家，婦女的地位與人權仍然低微。雖然在社會上婦女的地位普遍得到提升，在醫療上對女性的關注，還是遠遠落後於男性。即使是現在，醫學教科書上面很多對病徵的描述，或是用藥的劑量、採用的藥物，還是以男性的為主，要知道男女身體構造的不一樣，發病的徵兆也不一樣，對藥物的反應也有所差異。例如在心臟病發病時，男女的反應就很不一樣，因此發生了女性在心臟病發時被誤診為其他病的事件。針對婦女的醫療人權，歐美一些國家就設立了以女性為主的「婦女門診」（Women's Clinic），在醫學院的授課中，女性的健康也逐漸受到關注，開始了一些專門為女性健康的研究。過去有些被認為是心理上或精神上的毛病，現在都能找到身體上的病理根據。

　　兒童的基本人權，在過去的一個世紀中有明顯的改善。在大部份的國家中，童工的現象已成為歷史，各國也有保護兒童的法律。然而兒童的醫療人權，以致於基本人權還是有很大的改進空間。兒童在很多人的心目中只是「縮小版的成年人」，在醫療方面也是如此。他們生病時的用藥，大部份也是根據成年人的研究按體重的比例縮少而已。有一些藥，儘管常用在兒童身上，藥性對兒童的影響是不很明確的，有些很普通、以前用在兒童身上的藥（如：阿斯匹

靈），現在發現對兒童的健康可能產生嚴重的問題（如：引發雷氏症候群）。

　　Aynsley-Green 在在二〇〇四年巴塞隆納討論會（Forum Barcelona 2004）中提到了關於英國方面的兒童權利。他指出英國的兒童福利無疑是比以前進步了，但由於現代社會形態的變遷，政府以及民眾還是要面對一連串的挑戰，他舉例說：

　　1、現在的青少年被「定型」了（stereotyped），民眾對他們的印象不佳，進而付出較少的關心。全英國只有一位醫生是受過青少年醫療需要的專業訓練

　　2、有疾病的兒童之需要被忽略了，尤其是那些看不見的障礙（如學習障礙 learning disability），他們需要特殊教育的機會

　　3、政府不能漠視貧窮對兒童的生活與健康之影響，如前段關於貧窮的影響，也在兒童身上反映著

　　4、坊間（包括政府的和非政府的）缺少負責任的兒童社會、保健衛生等服務

　　有些評論家對現代兒童的童年表示極度關切，在現代社會的商業化和性化的壓力，兒童的童年受到威脅，童年的時間（duration）也在快速的減少中。

　　老年人也是常被忽略、遺忘的一群，他們大多數都已經退休，經濟能力較弱；加上他們因著身體的衰老，身體機能、體力和免疫力都不如從前，健康變差，對醫療保健的需求也增加。看到現在的老年人很多都需要每天服藥，藥費對他們來說也是一大負擔。在美國早前就流行一種老人家的「買藥團」，一群老年人相約好，坐旅遊巴士到鄰近的加拿大買藥。雖然美國有政府的六十五歲以上老人

醫療保險（Medicare）、低收入的醫療保險（Medicaid）、及私人的健康保險（private insurance）等的不同給付，藥物的負擔仍在他們的總收入中佔一個大比數。美國的老年人到幾乎或完全沒有醫療給付的加拿大買藥，負擔反而來得少。

　　除了身體的健康方面，老年人的心理健康也是非常需要受關注的。根據歐美的研究，在老人院或安養院中的老年人可能有大概五成表現有憂鬱症的症狀[9]，高危險的因素有：

　　1、居住環境的改變（新搬到老人院／安養院）

　　2、個人或家庭有情緒上疾病的病史

　　3、喪失至親（家人、朋友、小孩）

　　4、喪失肢體的功能或喪失部份肢體

　　5、曾經意圖自殺

　　6、有進精神病院的病史

　　7、以前有酗酒或濫用藥物的習慣

　　8、同時並存的一些疾病（如巴金森氏症 Parkinson's disease、中風）

　　9、同時服用多種藥物[10]

全球社會人口都在老化當中，「獨居老人」漸漸變為普遍的社會現象，我們應該要積極的面對老年人的社會（包括健康）問題。

　　低社會經濟階層人士所面對的重大困擾就是貧窮，前段有提到貧窮對健康與醫療人權的影響，可能經常發生在他們的身上。根據

---

[9]　*Depression in Nursing Home Residents* (www.cmedoctor.com/depnhlt.pdf)

[10]　AMDA Clinical Practice Guidelines: Depression. May, 1996

華盛頓郵報[11]二〇〇三年九月四日的一篇報導，一項研究指出社會經濟階級影響人的智商，文中提到如果改善低社會經濟階層婦女的產前檢查和保健服務，可能會有助於提高她們小孩的智商。Henry（2001）在他的報告中指出，不同社會經濟階層人士的健康，在出生以及童年已經有所分別，繼而影響他們的一生健康，低社會經濟階層人士面對比較多的健康問題如：低出生體重、癡肥（obesity）、心臟病、肺病、吸煙、氣喘、癌症、糖尿病，以致自殺、發生意外率、曝露在暴力環境、與精神疾病[12]。另外，低社會經濟階層人士所得到的的醫療品質也往往比高、中社會經濟階層人士來得低，原因可能是經濟因素，也可能是在獲得資訊的多寡。從種種角度看，要改善醫療的不平等，要從社會的改革開始，減少各社會經濟階層的距離。

　　少數民族的廣泛定義為，一個民族在國家總人口中，佔的比例低於百分之五十。以台灣為例，「原住民」（包括各族裔）大概佔全台總人口的千分之十七到千分之十九（1.7%-1.9%）[13]，所以「原住民」在台灣也算是少數民族。原住民在文化、生活習慣上與平地人的差異，討論原住民鄉時要了解他們的一些特點。由於原住民鄉地區一般都比較偏遠，所以醫療、衛生與環境等基礎建設都相對落後於其他地方。根據網路上不同的資料來源，很多原住民鄉地區都沒有固定的門診，更遑論醫院了，通常每個星期只有幾天有醫生看病。另外，文化、語言、生活習慣的差異也造成與醫生溝通的隔

---

[11]　Washington Post

[12]　Henry, P. (2001)　An Examination of the Pathways Through Which Social Class Impacts Health Outcomes. Academy of Marketing Science Review

[13]　綜合網路資料

閡，進而影響了他們的醫療品質。一般人對原住民有些刻板的印象，就是他們愛喝酒、疾病比較多、壽命比較短，其原因很值得更深入的探討，改善原住民的醫療、衛生品質會是其中一個積極的對策。

世界衛生組織於一九九零年宣示，「免於疼痛是每一個癌症病人的權利，進行疼痛治療是對這種權利的尊重」，並提出癌症止痛治療原則：

1、盡量採用口服藥

2、定時給藥

3、三階段式給藥

4、因病患而異給藥

5、注意各項細節

行政院衛生署統計，台灣地區癌症病患的止痛藥用量，近年來明顯增加，但與美、日相較仍有改善空間，主要原因是病人的迷思及醫生的保守觀念，使得相當多的癌症病人忍受不必要的疼痛。中央社在二〇〇五年十月六日報導，台北醫學大學附設醫院血液腫瘤科主任戴承正指出，病人對於癌症止痛治療有迷思，例如以為癌症末期快死了才要止痛、使用止痛藥會上癮，其實有些癌症侵犯到神經或骨頭時，不到末期也會疼，治療時應併行緩合治療，減少疼痛，不必等到末期安寧療護才止痛。戴承正認為有些醫生的用藥觀念保守，或不知道止痛藥的給藥時機及使用劑量，使得病患白白受苦，這也顯示，疼痛治療的醫學教育要廣泛推廣[14]。

愛滋病／後天免疫力缺乏症的病患，在過去二十幾年來一直受到誤解與歧視。他們的醫療人權，尤其在歐美各國，近年比較被重

---

[14] 中央社報導

視，隨著對愛滋病的了解，新的治療方法可以更有效的控制病情。但是在很多開發中國家，沒有足夠的經濟能力，就不能得到治療的藥物；所以在非洲很多的國家，愛滋病/後天免疫力缺乏症的死亡率一直沒有下降的趨勢（Fefoame 2004）[15]。

伍、台灣醫療人權的狀況與案例

台灣在落實醫療人權的情形與其他各國是大同小異的，台灣被列為「先進的開發中國家」（advanced developing country）—如南韓、新加坡、香港、中國、以色列等地，面對已開發和開發中國家兩者的狀況。貧窮和知識的缺乏仍然是台灣落實醫療人權的最大的絆腳石；另外一個沒有解決的困難就是台灣加入世界衛生組織（WHO）的問題。

在前段提到世界衛生組織（WHO）在保健與人權上扮演非常重要的角色，台灣因為政治與歷史的因素，在加入世界衛生組織（WHO）的行動上遇到困難，這樣一來對台灣人民的醫療人權將是沒有保障的。台灣近年為推動加入世界衛生組織大會（WHA）而努力，加入世界衛生大會（WHA）的訴求也被美國、日本等各國注意並支持台灣以世界衛生大會（WHA）觀察員的身份參加。在《我國參與世衛組織的國際助力及困境》一交中，潘錫堂（2002）提出了幾個對台灣加入世界衛生大會（WHA）訴求和有利條件：

1、陳水扁總統曾指出，台灣是以「衛生實體」的身份參與世
　　界衛生大會（WHA），無關主權爭議

---

[15]　Barcelona Forum 2004

2、國際社會應該就「衛生無國界、醫療無國界、人道無國界」的精神和理念，正視台灣參與世界衛生組織（WHO）的權利和義務

3、台灣有完善的醫療設備與先進的醫療水準

4、台灣長期對國際社會的捐輸與幫助

5、台灣二千三百萬人的醫療人權不應受漠視，台灣更不應該成為疾病防疫的缺口

6、台灣若能參與世界衛生組織（WHO），不僅能使人民的身心健康與生活品質得到最好的照顧關懷，而且更能將台灣的醫療水準和公共衛生成果，回饋國際社會

7、台灣具有促進他國衛生和健康水準的意願和能力，也應享有世界醫療衛生資訊的權益，台灣參與世界衛生組織（WHO）是權利，也是義務

　　最近全球各國的政府與衛生單位都在關注防止禽流感（以 H5N1 和 H7N3 病毒為普遍）的擴散和治療方法，禽流感是流行性感冒的一種，由於它是一種來自家禽或鳥類的流行性感冒病毒所引起，因此，這種感染人類的疾病稱為「禽流感」。禽流感可能造成的傷亡與破壞預估可以比擬二十世紀初（一九一八年）的西班牙流感（Spanish Flu）。公衛專家 Nabarro 警告：「全球性禽流感，最多將有一億五千萬人感染致死。」他是反制禽流感工作中，聯合國官方指定的全球層次總負責人。世界衛生組織（WHO）的官方估計，則認為死亡人數將二到五百萬間。禽流感病毒（H5N1）不是一個新的病毒，牠在禽鳥類中一直存在，只是牠的基因（H5N1）類似但有別於一般人類流感，人類一般不會受到感染，歷年來於家禽產業所發

生的高病原性家禽流行性感冒，其 H 抗原皆屬於 H5 或 H7 兩種亞型，而於人類流行的 A 型感冒，都屬於 H1、H2 或 H3 亞型，可是近年來禽流感病毒似乎有變種（mutate）的現象，人類從鳥傳人的方法受到感染，如果禽流感病毒再有變化，而成為可能由人傳人的病毒，即使是有人傳人，也是極低效率的傳播。。由於禽流感病毒的基因突變快速，所以對於就有的抗流感藥物已經有免疫力，但是經由臨床證實，新的流感藥物 Tamiflu 及 Relenza 仍有效。

　　國際厚生健康園區[16]編輯群編輯林怡君表示，為了因應即將爆發的流感危機，日前世界衛生組織（WHO）不僅向各國疾呼共同增加抗病毒藥物「克流感（Tamiflu）」的國際儲備量，同時也和羅氏藥廠簽訂了「克流感」的生產保留合同，那麼，究竟目前台灣在「克流感」的儲備情形又是如何呢？據指出，政府原本擬定投資的四十四億元採購及儲存「克流感」的來源，將可能由全部進口，改為全數向國內廠商採購，故國內已有十家藥廠提出合作意向書要生產。羅氏藥廠瑞士總部原本已經宣布克流感的產量將提高為原有的四倍，市場預估實際產量為四百萬顆，不過為了因應世界各國的需求，現在則已計畫明年將提高產量到最初的八至十倍，但最多一年僅能生產一千萬顆的劑量。若以每人需要十顆用量來估計，其實羅氏明年的產量僅能滿足一百萬人的需求而已，離預估的感染人口仍有一段距離。羅氏指出，目前全世界已有二十五個國家向他們訂購克流感，其中法國、瑞士、英國等國家甚至希望儲備足以滿足它們二成至四成人口的數量。面對危機明顯而立即，再加上諸國似乎已展開搶藥大作戰，國內原本預計向外進口購藥的計劃也跟著急轉

---

[16] www.24drs.com.tw

灣，決定改向國內藥廠直接購買。目前已由政府與國外原廠洽談中，爭取授權同意國內自製克流感，未來在國家緊急需要時，將運用國衛院這套克流感合成與製程研發技術，由衛生署及時啟動國內進行克流感藥物之大量生產，維護國人生命安全。衛生署署長侯勝茂表示，將儘速齊備相關單位的技術能力證明，回覆羅氏，爭取自給自足製造克流感。在與羅氏談判的同時，衛生署也委託常在法律事務所，代表衛生署與智慧財產局討論緊急狀況發生時的專利權問題。他強調，一旦鄰近國家發生新型流感大規模流行，將由國衛院自製克流感，之後會再與羅氏談專利補償的問題。

　　台灣有些電視台、電台和報刊常常播出或刊登成藥的廣告，有傳統中藥的，也有西醫的。當中有合法經衛生署核准的，但也有一些屬於偽藥、禁藥。藥品經稽查或檢驗有下列各款情形之一者皆稱為偽藥：

　　1、未經核准，擅自製造者

　　2、所含有效成分之名稱，與核准不符者

　　3、將他人產品抽換或摻雜者

　　4、塗改或更換有效期間之標示者[17]

　　台北市衛生局根據查緝偽藥品的數量推估，流通在市面上的偽藥品約有一成五（15%）至二成（20%），且大部分的偽藥通路都來自於藥局。根據業者評估，偽藥對於正廠的銷售量大約有一至二成的影響，威脅合法業者的營業額。除了政府和業者的查緝，民眾也要多加留意，千萬不要因為貪便宜，購買來路不明的藥物。由於偽藥問題日益嚴重，民眾如果服用了這一類偽藥，輕者對病情沒有幫

---

[17] 衛生署資料

助或延誤病情，重者會對身體做成永久性的傷害，甚至死亡。常常可以看到的例子是減肥藥物的泛濫，不僅在台灣，在全世界每年都導致很多人的健康受損和死亡。至於如何避免買到偽藥，理想的方式是取得醫生的處方籤，然後在醫院或健保藥局領藥。因為藥師通常會有專業的系統採購方式，消費會者買到偽藥的風險[18]。

辜公亮和信治癌中心醫院藥劑部方麗華臨床藥師表示，另一項大宗偽藥就是市場用量很大十分盛行的健康食品，這也是供應者可以不經過專業人員，例如醫生藥師，就可以訴之於民眾的產品，因此風險相當高。當廠商利用媒體或直銷人員大肆渲染功效，並且將價位技術性提高來佐證價值，許多民眾因此經常是一窩蜂的盲從，而大部份的消費者都先入為主的吸收了廣告的內容，就不再用心去注意該項健康食品或是所謂的營養輔助品的來源。由於民眾的專業知識之缺乏，而且銷售利潤豐厚，使得不法商人有機可乘，企圖魚目混珠，欺騙消費者，從中牟取暴利。民眾該省思的是：不要一廂情願的認為「天然」、「健康食品」就是對人體有益無害，平常還是要多費心收集相關資訊，建立自己的諮詢管道[19]。

台灣在一九九五年三月十日開始實施全民健保，至今已經超過十年。憲法增修條文第十條第四項：「國家應推行全民健康保險，並促進現代和傳統醫藥之研究發展。」又，全民健保法第一條規定：「為增進全體國民健康辦理全民健康保險，以提供醫療保險服務，特制定本法。」換言之，維護人民健康是政府的政策，也是政府的職責。

---

[18]　方麗華《藥品真偽辨分明，廣告誇張勿輕信》
[19]　方麗華《藥品真偽辨分明，廣告誇張勿輕信》

　　呂秀蓮副總統在二○○四年的「全民健保與醫療人權」座談會中表示，由於健保初期是採用「論量計酬制」（fee for service），即依看病的量、所開的藥、所做的檢驗而計酬金，因而導致病愈看愈多，藥也愈開愈多，檢驗也愈做愈多，因此，醫生、醫院收入也愈多。當然，此種制度難免造成浮濫與浪費，終致健保財務告急，縱使有種種管制措施，卻也無濟於事。衛生署與中央健保局終於 2002 年執行「健保雙漲」，即將健保費率由 4.25%調昇為 4.55%外，同時加徵藥費、檢驗費、高診次部份負擔，使國民負擔過重，民間大為反彈，民怨處處，終演變為政治事件。其後，衛生署遭到監察院糾正。健保局近年應對入不敷，所作更改的策略：

　　1、改採「總額支付」制度抑制費用成長

　　2、要求醫院自主管理，藉以提昇醫療品質[20]

　　醫生有時候在面對這種達官顯要求診時，真正可以承受的住政治壓力的人實在很少。然而，像前次某秘書長被人士以拳擊中後腦，某長官頭部輕微的外傷，也被作頭部電腦斷層檢查。其實這是對民眾的一種錯誤示範。在面對這種輕微的頭部外傷時理應以真正的病人需要為作檢查的依據，而不應作不良的示範。這樣，醫療服務的公平才能得到保障，健保局的資源才不會被浪費。

　　台灣的「全民健康保險」屬強制保險、一體適用性質。即使覺得政府的保單不符合個人的需求、保費不合理、或是醫療品質不好，一般國民若不依規定加保，會被罰款，並要被回溯追繳保費。健保晶片卡系統的賣點，在於可將被保險人的就診紀錄，記載於卡

---

[20]　轉載自哈佛健康雜誌

片的晶片，希望達到控管醫療資源的使用[21]。健保晶片卡對個人隱私的侵犯，就其癥結，在於個人不能決定其晶卡片上的記載項目及其內容正確性；在於個人無法控制其個人醫療資料在系統中的私密性；也在於個人別無選擇（莊 2002）

　　民視在二○○二年十二月三十一日的報導，十七年前台灣出現第一名愛滋感染者，到今天已經累積了四千六百六十六名，這麼長的時間，他們的醫療權益有沒有跟著提昇，二○○二年愛滋人權報告指出，高達五成的醫療人員不願意照顧愛滋病患，九成怕被感染。根據另外的調查研究顯示，在對愛滋感染者進行醫療行為時，有八成的醫護人員擔心被感染，八成四的受訪者贊成對高危險群進行血液檢查，有七成六的醫護人員承認自己缺乏照護愛滋患者的專業知識和相關訓練，九成醫護人員更擔心因照顧患者或帶原者遭受感染，超過九成七的人更認為法律應強制規定病患必須告知醫護人員特殊病史。根據台灣愛滋病學會網頁上的例子，「愛滋患者黃先生，同事到醫院探病時，因為護士小姐脫口問他，愛滋的藥吃了沒，意外讓同事發現他的病情，不僅不再來往，黃先生出院後，上司也約談黃先生，以他工作態度不佳，要求他自行離職。」病患的隱私權在這個情況下，就因為病因而受到侵犯[22]。

　　由於華人一般比較重視家庭的團結，在台灣有不少病患在看病時是由家人陪同的。有些對病患隱私權不敏感的醫生，在徵求病患

---

[21] 自由時報
[22] 台灣愛滋病學會

或是病患的監護人[23]同意前，就對家屬透露了病患的狀況。這樣一來，病患的隱私權也受到了侵犯。

隱私，為「獨處之自由」，也就是不受他人（包括政府）干擾之自由。維護個人隱私的權利，也就是個人決定自己如何被揭露於外界的自主權利，是人的基本尊嚴，也是個人抵抗侵犯的最後防線。以個人資料受保護的情形看來，台灣還有改進的空間。就連香港（中華人民共和國的特別行政區），也設有「個人資料私隱專員公署」[24]，主動將保障個人資料的重要訊息推廣至社會各階層，並接受查詢與投訴。（莊 2002）[25]

台灣二○○五年一月發生受虐的邱姿文小妹妹在送醫過程中，被以沒有病床為由從台北遠送台中縣醫院的案例。對一位稚齡受虐、危在旦夕的小生命，卻無法獲得及時、應有的照護。邱小妹病況醫療發生事件簿[26]：

◎1/10

邱小妹遭醉父毆傷，急送台北仁愛醫院，昏迷指數 7，清晨 5 時轉診至台中縣梧棲童綜合醫院；上午 7 時 30 分抵達台中，昏迷指數降 4，院方緊急進行顱內手術取出血塊，昏迷指數升 6

◎1/11

晚上 10 時 10 分出現腦血腫，昏迷指數降 4，12 日零時緊急進行第二次顱內手術

---

[23] 對未成年、精神狀況被診斷為不能自行判定者等。
[24] www.pco.org.tw
[25] 自由時報
[26] 資料來源：梧棲童綜合醫院

◎1/12

凌晨 1 時 30 分，開刀取出 8 公分見方頭蓋骨，腦壓 60，瞳孔放大，昏迷指數降 3

◎1/13

出現尿崩，後獲控制

◎1/14

血氧濃度一度降至 75%，出現肺水腫

◎1/15

肺水腫改善，是術後情況最好的一天

◎1/16~1/17

昏迷指數 3，但生命狀況穩定

◎1/18

大腦生理活動停滯、腦幹反應遲鈍，存活率大幅降低

◎1/19

腦幹反射測定無明顯反應，病情危急

◎1/20

台中榮總小兒醫學部主任遲景上建議「做腦死判定準備」，但家屬有不同意見，暫緩判定

◎1/22

父母簽署腦死判定同意書

單純病例來說，顱內出血的邱小妹不算罕見病例，但是父親施暴加上醫療人球，小個案變成大輿論。短短來到世上只有五年，衛生署醫懲會記劉奇樺、林致男二名醫生警告，輿論認為醫醫相護，期許醫生盡本分。

　　二〇〇三年亞洲爆發「嚴重急性呼吸道症候群」（Severe Acute Respiratory Syndrome，SARS）的疫情，台灣也受到影響，其中台北和平醫院更是首當其衝。據中央社二〇〇五年十月三十一日報導，前和平醫院醫生周經凱在 SARS 流行期間，因未即時回院隔離、照護病患，遭市府記兩大過免職，並依違反醫師法停業處分；台灣高等法院二〇〇五年九月判決市府停業處分敗訴，撤銷停業處分。本案目前[27]上訴最高法院審理中。周經凱說，SARS 期間，市府以「集體生活」的不當隔離政策，召回和平醫院醫護人員，影響員工健康與生命安危，對員工人格權、自由權造成嚴重傷害；又將他逾期晚回和平疫區，解釋成拋棄病人、不執行醫生職責，記兩大過免職處分[28]。

　　根據統計，全世界每年約有五千兩百萬人死亡，其中十分之一死於癌症，令臨終照護的重要性日益增加；在台灣，癌症更連續十多年高居國人十大死因之首，每年約三萬五千人死於癌症，其中約有兩成的末期病患接受到安寧療護服務。衛生署國民健康局專門委員馮宗蟻表示，將安寧療護視為末期病患人權的指標，早已成為各國政府的共識，台灣是世界上第十八個建立安寧療護服務的國家，更是亞洲唯一完成立法的國家，並正式納入健保給付。過去國內安寧照護的模式，往往是等到病患末期時，才轉入安寧病房，由於整個醫療團隊的轉移，常讓病人有「被放棄」、「等死」的感受及誤解，但現在的作法已有大幅改變，醫療團隊多會到非安寧病房實施安寧照護，讓病患在早期即可以了解，當面臨治療無效時，其實還有其他更人性化的選擇。前衛生署國民健康局專門委員馮宗蟻表

---

[27]　二零零五年十一月
[28]　綜合網路新聞

示，將安寧療護視為末期病患人權的指標，早已成為各國政府的共
識，台灣是世界上第十八個建立安寧療護服務的國家，更是亞洲唯
一完成立法的國家，並正式納入健保給付[29]。

　　《安寧緩和醫療條例》於二〇〇〇年六月七日公布施行，醫院
對於不可治癒的末期病人，施行安寧緩和醫療時，即不虞沒有法律
依據；並可釐清醫療責任，有利於醫療服務品質的提升。據該條例
規定，末期病人可以在意識清楚時，先行簽署「選擇安寧緩和醫療
意願書」及「不施行心肺復甦術意願書」，或是預先指定代理人，
一旦陷入昏迷時，即可代為做決定。另外，二十歲以上具完全行為
能力的人，也可藉由「預立」意願書的方式，選擇接受安寧療護。
目前台灣每年死亡人數約為十二萬人，其中三萬人死於癌症，若再
加上慢性病患，推估每年至少有十萬人可受惠；未來對愛滋病患的
照護也會有所助益[30]。

　　從過去「邱小妹妹人球案」暴露醫界醫德、轉介等等問題來
看，國人似乎應以更謹慎面對、有效防治的心態來看待此事。二〇
〇五年十月十一日的中時晚報社評有謂：台灣「公共衛生過度醫療
化、醫療過度財團化」所造成的公共衛生崩盤，SARS 風波中，導致
疫情擴散。各項防疫措施只在於「早一點」發現可能病源並加以防
堵，防疫真正主角，恐怕仍在於健全的公共衛生體系及激勵人心的
醫療環境。台灣婦產科醫學會秘書長謝卿宏在自由時報中評論：
「在『卓越計畫』的指導下，醫院管理者都已頻頻指責醫生門診看
病人或開刀，做一個賠一個，如果給予『院方』太多操弄成本會計

---

[29] 中國時報
[30] 二〇〇〇年七月十三日民生報

的機會，則醫生人權受到限制，而病人也將會面臨像加拿大健保被保險人[31]一樣的困境；在現在的健保制度下，醫院的經營者完全掌控財務的解釋權，與醫療品質和醫療人權的控制權，在大多數的醫生都是在大醫院服務的生態下，政府或許不應該給予大醫院太多自主管理的權力[32]。」

陸、台灣的醫生和醫療服務專業人員的醫療人權

　　台灣的醫生的醫療人權的保障與實踐，比病人的醫療人權好很多。這是因為百年來台灣醫生的政經社教地位與實力都很優越，且醫療事務是由醫事團體所能掌控的立法機構及衛生機關分別來制定及執行有關[33]。但是近年來，醫生因醫療糾紛被告的案例愈來愈多。相信台灣大部份的醫生都是有責任感及有醫療道德的，但是在醫療行為，上有一定的風險，不可能百分百把病患治癒或改善病情，有時候病患的情況會變壞甚至死亡。如果醫生在緊急情況下，沒有對病患及其家屬解釋所有有關風險、醫療方法的選擇（treatment options），或彼此間有所誤會時，就會造成所謂的醫療糾紛。

---

[31] 加拿大政府替病患支付了所有醫療過程的費用，且加國政府每年只用了 9.5% 的國家稅入於健康醫療，甚至比美國的三分之一還少。許多人都認為加拿大是美國所應該效法的對象，不過，在醫療成本較低的情況下，相對的，加拿大的醫療技術卻也較難更新。加拿大的健保制度依舊讓病人陷入等待的不安中，很多加拿大人每年在他們或醫生認為該住院的最佳時刻，卻無法獲准入院，他們必須等到醫療設備有空檔時才能入院。對加拿大人而言，等上三、四個月才能接受比護士或是診療醫生所提供的服務更進一步的服務，是很稀鬆平常的事，這些長期的等待已使得許多加拿大人寧願到美國花錢看病，也不願意在家裡坐以待斃，甚至在報紙刊登了社論。（成功大學企業管理學系網站資料 http://www.ba.ncku.edu.tw/teacher/yong/econom_life/1NORTH/7.doc）

[32] 謝卿宏（2004）也談醫療人權，自由時報

[33] 李聖隆再談台灣醫療人權

　　根據台灣日報一九九九年九月七醫療版刊載了一名醫生的意見：「台北縣深坑有一名李姓醫生在急救休克的病患時，因為診所所連絡的救護車久久未到，醫生對患者作了四十分鐘的急救而沒有催車或另叫救護車，讓病患喪失最後生機，因此被台北地方法院依『業務過失致死』罪名判刑八個月，沒有緩刑。……面對真正病危的病患時，其病情可說是極不穩定，隨時可能會有變化，此時醫生的職責，應當是盡力醫治，對病患作急救，而非負責連絡或者催促救護車的工作。至於救護車姍姍來遲，這是救護車系統的問題，怎麼會要醫生來承擔責任呢？可以預期的是，由於這個判例的成立，下次在面對有需要立即救治的瀕臨死亡的病患時，所有在小醫院的醫生們的職責就是守在電話邊，隨時督促連絡救護車，盡快將病患送上救護車，根本別費心考慮應該給予高級心臟救命術還是高級外傷救命術，再依據病患的情況判斷是否適合轉往別家醫院繼續治療，只要將病患送上救護車就會沒事了……」

　　現在很多醫生和醫療服務專業人員都對上述所提的情況有所警惕，提倡建立醫療保險制度，使醫生可以減輕負擔，病患也可以獲得應有的補償[34]。根據行政院衛生署的統計資料顯示，台灣醫生在補償病患醫療傷害之支出，約六億七千萬元，平均每位醫生負擔

---

[34] 目前醫療過失責任保險的概念屬於「第三人責任保險」，包括汽車責任險、公共責任險與產品責任險等都已經納入現行法律規範之中。醫療過失責任屬於「專門職業責任保險」的一種，該責任保險係指被保險人於執行業務時。因過失行為（negligent acts）、錯誤（errors）、疏漏（omission），或業務錯失（malpractice）導致第三人遭受損害，依法應由被保險人負賠償責任，而由該第三人於保險期間內提出賠償請求時，由保險人負賠償之責。「醫師業務責任保險」就是被保險人於執行醫生業務時，因過失，錯誤或疏漏，違反其業務上應盡的責任，直接引致病人體傷或業或死亡，依法應由被保險人負賠償責任，而在保險期間內受賠償請求時，承保公司對被保險人負賠償之責。

23,690 元，除了金錢補償的損失外，醫生為處理醫療糾紛架件所花費的處理成本，平均每件為十三萬元，利用此一分析結果得知台灣地區醫生在過去一年中，為處理醫療糾紛案件所花費的時間、成本、請託、訴訟費用及律師費等，約為八億九千萬元，平均每位醫生花費 28,535 元。台灣地區醫生為醫療糾紛案件所花費的每一元支出中，有六角是交易成本，只有四角用於補償病患，顯示現行醫療糾紛處理制度是一個浪費資源相當昂貴的制度。如果建立和實行醫師責任保險制度，首先可以明確醫療損害賠償的責任主體，也對醫生的專業技術水準設立高標準，對業已合格的職業醫生，可促使其提高責任心（在國外，醫生每出一次錯，保險公司就會相應提高其醫療職業保險費用。那些屢屢出錯者，最終將走下手術臺），還會促使醫生在實施醫療行為的過程中盡到最大注意義務及對患者的告知義務，可在最大程度上有效地預防和減少醫療事故，對醫病雙方都有利；而醫療機構和醫生的賠償額大部分由保險機構承擔，又減輕了醫療機構和醫生的經濟壓力，同時，患者屆時直接向保險機構求償，減少了醫生和患者因陷於醫療糾紛而不能正常工作的情形，有利於社會的安定[35]。台視新聞在二○○五年一月十七日的報導[36]，有醫生私下透露，台北市市立醫院的人力嚴重不足，每位醫生一星期工作時間超過一百個小時，體力常常無法負荷，呼籲衛生局能夠從制度面進行全面檢討。其實不止醫生常常因為人力不足而要超時工作，護理師（護士）超時工作也沒有所謂的加班費或假期的補休，

---

[35] 邱永仁（2004）醫界實施醫療保險制度之我見台灣醫界第四十七卷第 10 期
[36] 在美國，有許多醫生及診所因為醫療保險的費用過於昂貴至不能負擔，而停止執業。

因為護理工作主要是採責任制。醫護人員超時工作就如同開車時數過長的駕駛一樣疲累，無法仔細照護所有的病人，使得醫療事件發生機會提高，這對於病患到醫院看病、住院是很危險的[37]。

　　一位護士對中國時報表示，白天平均要照顧九名病人，小夜班十二人，大夜班十五至廿人，除了病人，家屬也要照顧，只要一位病人有狀況，就要等著加班，而加護病房的護士平均一人要照顧二至三位病人，一有狀況就沒有辦法上廁所或吃飯。而沒有家屬照顧的病人吃喝拉撒都要護士負責，有時候還要哄騙病人說病情不嚴重。如果病人不合作，不得已還要把病人「約束」起來，但經常換來沒愛心的責難。有些病人喜歡亂拔點滴管線，導致護士常挨醫生罵，甚至要寫意外報告、扣薪水。而除了照顧病人，護士還要做文書工作、品管標準、在職教育、儀器保養、專案報告，經常要利用假日趕寫開會作業[38]。有時候放假日，單位徵召還要立即趕回，否則會被扣績效。屏東縣護理師護士公會理事長賈佩芬（屏基行政副院長）亦曾表示，護理人員實在很辛苦，長期以來在台灣社經地位、待遇都偏低，很多護士久站都有靜脈曲張的職業病。護理人員是一大職業族群，政府應當有計畫的提昇護理人員的社會地位，同時扭轉以醫生為思考主軸的醫療政策，要知道護理是延伸到醫院之外，例如公共衛生、醫療保健、學校社區的健康教育管理，護理不再只是醫院的急性照護。

---

[37] http://nurses-rights.yam.org.tw/
[38] 二〇〇五年五月十二日中國時報《護士薪少事繁三聲無奈》

柒、改善台灣醫療人權與醫療品質的探討

文明社會的參與、民主的提升、遵守法律守則、遵行人權的原則、減少各國內與國際間社會的不平等，都是讓全球居民享有和平與生活穩定的重要因素（Hammad 2004）[39]。

民間有一些非政府或非直隸政府的組織，例如一些基金會、促進會、協會等，這些民間組織，尤其是與健康衛生有關的，在文明社會中有肯定的角色，他們普遍的貢獻有：

1、為民眾提供支持和服務

2、針對權利和政策，為民眾爭取權益

3、針對知識和管理，做研究及推廣健康生活習慣等[40]

他們提出許多醫療改革的訴求與建議，希望民眾的醫療人權得到保障。

在二〇〇一年的「非營利組織與醫療改革」座談會[41]中，主持人與與談人談到了台灣醫療改革的方向與策略。醫療改革會希望工作推動出來，給醫界有揚善抑惡的作用。醫療改革基金會工作可以很順利的話，應該對醫界是正面的效果。而且會讓醫療品質變得比較好。他（她）們提出了以下的一些很不錯的經驗與建議：

---

[39] Barcelona Forum 2004

[40] Barcelona Forum 2004

[41] 二〇〇一年六月一日於台北市客家文化會館舉行，主持人為「台灣醫療改革基金會」籌備處召集人張苙雲，與談人包括：智障者家長總會陳節如理事長、陽光基金會舒靜嫻主任、羅慧夫顱顏基金會王金英執行長、董氏基金會心理衛生組葉雅馨主任、中華民國醫療人權協會楊秀儀顧問、罕見疾病基金會曾敏傑執行長、台北市女性權益促進會蔡宛芬秘書長、台灣醫療改革基金會籌備處劉梅君籌備委員、自由時報記者羅碧女士（來賓）

1、真的非常渴望醫療改革基金會的成立。我們認同籌備會的
　　理念，希望未來能夠提供台灣的老百姓們有品質、有正義
　　的醫療環境。品質與正義當然不是單方的，我們也很認同
　　到時候不是病人變得很大，然後醫療體系變得很弱勢，絕
　　對不是這個樣子。我們只是透過教育和概念的建立，讓雙
　　方都能夠清楚每個人的權益和角色[42]。

2、以目前的醫療環境看，醫生覺得他們也是受害者。有時候
　　嚴重的醫療資訊不足，以及醫生他在新知上的缺乏，使醫
　　生給予病患一些錯誤的訊息[43]。

3、某些專科的醫事人員，在醫院體系裡面也是很弱勢的。那
　　病患很弱勢，醫生也很弱勢，所以整個環境看起來就不是
　　非常理想[44]。

4、醫療人權促進會主要的目的就是幫助醫療糾紛裡面的受害
　　人。醫療人權促進會做的第二件事情，就是去年參與世界
　　人權日的時候，也對台灣的醫療人權做了一次評比。把過
　　去一整年在法規面，社會工作面，媒體報導面，各式各樣
　　關於醫療人權的指標，參酌國際的標準，做了一個評比。
　　記得那一次的記者會還算成功，因為相當多記者來。但他
　　們只擔心到底得幾分。所有都不及格，唯一及格的是民間
　　的參與[45]。

---

[42] 陽光基金會舒靜嫻主任
[43] 羅慧夫顱顏基金會王金英執行長
[44] 罕見疾病基金會陳芳茹研究專員
[45] 中華民國醫療人權協會楊秀儀顧問

5、各個組織要從社會獲取一些必要資源的時候，也發現困難
重重。問題其實在於說醫療品質是一個公共財，每個人都
可以受惠。可是大家都說：「那你來做。」事實上每一個
人從生到死，生老病死一定會跟醫療發生或多或少的關
係。可是民眾為什麼會這樣冷漠？我想就是公共財的想法
在那個地方[46]。

6、改革這兩個字其實很有意思，絕對不是說要革誰的命，這
樣我想的是改面革心，那個面談的是醫療的行為面……那
個心我們是希望從心出發[47]。

7、身心障礙者大概還有 0.3%還沒有加入健保可能就是一些偏
遠地區社會經濟地位比較低的家庭他們沒有訊息或管道加
保。政府部分也沒有徹底去清查……在復健部分，也許我
們身心障礙者，尤其是我們腦性痲痺的小孩……智障者家
長總會從一九九三年成立之後，早期療育一直在推動，其
實早期療育、發展遲緩並不代表是障礙。障礙兒童裡頭，
也很多是需要作復健工作。可是目前有大部份沒有接受復
健的治療。原因是這些小孩全部在外面的機構裡頭，或者
是在幼稚園……在早期療育當中非常缺乏，全國現在除了
台北市、高雄市之外，很多縣市都非常缺乏物理治療的人
員……還有在醫院總額支付、論人計酬，醫療整個控制之
下，影響到病人的權益這部分，因為他總額分配之後，他
就要篩選他的先後次序，可能身心障礙醫療的給付，有些

---

[46] 台灣醫療改革基金會籌備處劉梅君籌備委員
[47] 台灣醫療改革基金會籌備處劉梅君籌備委員

就會減掉。其實這部分裡頭有些特別藥物及用量可能都被刪除了。而往往談到復健，我們都是最後的。總額分配制，復健一定排在後面[48]。

8、剛剛提到針對醫學生人文素養的培育，也是比較根源的作法之一。每個醫生的特質相當不同，有些人非常尊重病人的意見和想法，有些人是非常獨斷的，病人的話好像根本不值得去聽，大家都要聽他的話，有這樣的醫生。這方面是深有感受，所以從醫學生的人文關懷、養成教育，是非常值得推動的[49]。

9、專業間的互相尊重還不太夠，我們未來可能在這部分也要有些倡導……治療師跟醫生的溝通過程當中，他們並不尊重復健治療的專業。他們在他們的專業裡頭非常權威。這也反映在醫院裡頭還是醫生獨大。我們很多是社工的背景，我們看重的是病人的社會心理層面，但是醫生不見得會關心到這個部分。即使在跟我們好像不相關的醫療體系裡頭，我們也會呼籲他們彼此尊重彼此的專業[50]。

10、對於健保不給付的一些治療，希望至少有公定價格的制訂[51]。

11、醫生其實沒有惡意，只是不會人際溝通技巧。所以就因為這個技巧不好，就會引發很多的糾紛。所以覺得這部分是真的要加強[52]。

---

[48] 智障者家長總會陳節如理事長
[49] 陽光基金會舒靜嫻主任
[50] 陽光基金會舒靜嫻主任
[51] 陽光基金會舒靜嫻主任

１２、另外剛提到的專業的互相尊重，其實以羅慧夫顱顏基金會的經驗來講……比如說我們一直推動 total health care 的觀念，一直去打這個概念。也讓一般的消費者瞭解說你這個疾病，他是要一個團隊，team 的資料。裡面還要有心理師、語言治療師等等。我們會推薦他，你去選擇的醫療機構體系，就是要包涵這麼多治療，那才是一個好的治療……這是有非常多重的相互提升跟鼓勵，除了從醫生，也從家屬、患者本身去做這樣的教育[53]。

１３、醫師法跟醫療法，裡面一個很重要的修正，就是關於醫生證照六年要換一次。它會跟繼續教育結合在一起。這時候會發現醫生不只是基礎教育醫學教育的改革，現在醫界有在做……現在繼續教育法是通過了，可是內容都在施行細則，一條也還沒寫出來。所以應該更積極介入的，不只是法而已，因為法通過只是一小步，後面還有很多[54]。

１４、台灣醫療改革大概可以分成上游、中游、下游。上游當然是教育的改革，分成基礎教育跟繼續教育，中游的話是立法的改革，下游才是訴訟的改革[55]。

１５、整個醫療環境在未來這段時間會有很大的變化，包括很多法案的修改，我們可以看到優生保健法要修，罕病法剛過，安寧療護也是一樣。甚至於我們在整個二代健

---

[52] 羅慧夫顱顏基金會王金英執行長
[53] 羅慧夫顱顏基金會王金英執行長
[54] 中華民國醫療人權協會楊秀儀顧問
[55] 中華民國醫療人權協會楊秀儀顧問

保，目前衛生署也正在規劃當中。我們過去都把這些問
題丟給專家，丟給醫生，但是我們很少從病患或民眾，
或是從消費者的觀點去表達我們的需求跟我們的看法[56]。

16、所以那時候在討論醫療改革的時候……在我們整個環境
裡面有兩個階級，一個階級是醫生，另外一個階級是醫
院的經營者。我們今天談很多立法上或基本資源分配的
問題，還有醫生倫理的問題，很多都是在一個架構上，
在一個體制裡面去實踐。所以我們重點想要切在整個醫
療體制本身運作的透明化[57]。

17、其實只要醫療環境好，大家就不需要去告醫生……所以
最重要是要有這種體制性、機構性、制度性的改革[58]。

18、健保給付上的一些困難，是否可以透過民間的力量來籌募
一些資金跟資源，針對民間版本二代健保作一些規劃？如
果這是可行的話，結合醫療改革基金會一些學術界的力量
或是我們基金會手上服務的對象碰到健保給付等等這些相
關的問題，就丟到這個去發展、運作一些規劃[59]。

對於原住民族的政策，必須從尊嚴與人性的關懷出發，積極推
動原住民族自治的改革方向，同時，政府應主動邀集原住民族參與
改革內容的討論，而非一套以漢人的觀點，去設定原住民族自治改
革的內涵。同時，配合行政區域重劃與高道德標準的要求，政府必
須積極協助原住民族能維持一定的生活水準，並努力使其能夠早日

---

[56] 罕見疾病基金會曾敏傑執行長
[57] 台灣醫療改革基金會籌備處張苙雲召集人
[58] 中華民國醫療人權協會楊秀儀顧問
[59] 罕見疾病基金會曾敏傑執行長

在自已的土地上，享有更多的自主權，助其發展原住民族的主體意識，確保其永續生存與發展[60]。政府每年應該提供特別預算，提供原住民族平等發展的機會。

醫療正義之概念，似得有各種不同角度之觀察面向及其內涵。在醫療資源方面，政府應有足夠合理數量之財力投入與相當品質之建設提升[61]。其次，醫療資源係社會資源，亦為國家資源，應為全民所共有，故全體國民應不分男女、老幼、婦孺、宗教、種族、階級、黨派等差別待遇，平等享有相同或近似質量醫療資源之權利。並且，人民對於醫療資源之運用與分配，應擁有參與決策之權[62]。由醫事人員與病患等二大族群所組成之醫療社會，其發展需仰賴醫療正義之彰顯。醫療正義之概念，似得有各種不同角度之觀察面向及其內涵，而醫療正義的核心內容，則應係在於醫療人權之落實。針對醫療資源之有限性及個人需求之差異性，在合理之醫療負擔前提下，應有效地分配醫療資源，使多數人能公平受到健康之保障，以調和生存權及平等權之可能衝突[63]。

捌、結語

生物技術、醫療技術正以驚人的速度進步著，只在短短十年前認為不能救治的絕症，現在已經能夠被治癒。科技的進步在理論

---

[60] 王順文（2003）*資源，尊嚴盡失，原住民族面臨生存危機*
[61] 李聖隆（1996）《醫護法規概論》
[62] 黃默（1998）《人權宣言與醫療人權》中指出，專業醫療人員、病人與社區之參與，應係享有醫療權、健康權不可或缺之條件，從另一方面來看，這就是民主的參與，其保障了健康權、醫療權之享有。
[63] 黃俊杰，吳秀玲（2001）*醫療正義之研究*，中原財經法學，第五期

上，讓現代人們享有很多以前的人所沒有的選擇（options）與方便。然而，因為醫療成本的昂貴，這些選擇與方便並未普及；但是從另一個層面看，非最新、醫療成本較低的醫療技術，是否就不是「足夠的保健和相關的醫療照顧」，使人享有「最高水準的身體與精神健康」？醫療成本與醫療水準之間不一定是正比例的（directly proportioned）。

醫療人權乃醫療正義之核心內容，醫療正義之概念，似得有各種不同角度之觀察面向及其內涵。針對醫療資源之有限性及個人需求之差異性，在合理之醫療負擔前提下，應有效地分配醫療資源，使多數人能公平受到健康之保障，以調和生存權及平等權之可能衝突[64]。

無論是醫療服務專業人員或是病患，都是一個人、一條珍貴的生命，而不是一個個案或是統計數字。設立有關醫療人權的政策是非常重要的，醫療人權需要有政治和法律上的保障，政府若能與民間團體和民眾，不論政治立場的，多加合作（雖然這是易說難行的），並帶動全民參與，相信距離每個人，不論性別、年齡、種族、經濟地位、社會地位，享有平等的醫療人權的時日不遠了。以前有一位政治學系的教授[65]說過，如果用一句話簡單來形容政治，就是「誰」在「什麼時間」「怎樣」得到「什麼」（Politics, simply said, is *Who* gets *What When How*），如果「人民」在「有需要時」「有效率地」得到「最妥當的醫療照顧」，大概也算是簡單地形容醫療人權了。

---

[64] 黃俊杰，吳秀玲（2001）*醫療正義之研究*，中原財經法學，第五期

[65] Paul E. Parker, Ph.D. professor of political science, Truman State Univeristy

參考文獻

方麗華*藥品真偽辨分明，廣告誇張勿輕信*，行政院衛生署國民健康局，健康九九—衛生教育網

王順文（2003）*資源、尊嚴盡失，原住民族面臨生存危機*，財團法人國家政策研究基金會：國政評論 092-018 號

吳全峰（2000）*全民健康保險制度與醫療人權相關之分析*（碩士論文）國立陽明大學衛生福利研究

李聖隆（1996）*醫護法規概論*

呂秀蓮（2004）「全民健保與醫療人權」座談會摘要

邱永仁（2004）*醫界實施醫療保險制度之我見台灣醫界第四十七卷第 10 期*

莊庭瑞（2002）*從健保 IC 卡談個人資料保護*，自由時報

黃俊杰，吳秀玲（2001）*醫療正義之研究*，中原財經法學，第五期

黃默（1998）*人權宣言與醫療人權*，醫望，第 29 期

潘錫堂（2002）*我國參與世衛組織的國際助力及困境*，財團法人國家政策研究基金會：國政評論 091-213 號

謝卿宏（2004）*也談醫療人權*，自由時報「*非營利組織與醫療改革*」座談會紀錄（2001）台灣醫療改革基金會

Aynsley-Green, A. (2004) *What Priority in Policy do Governments Internationally Give to Children and Childhood?*, Forum Barcelona 2004

Djukanovic, V & Mach E.P. (eds.) (1975) *Alternatives Approaches to Meeting Basic Health Needs in Developing Countries.* WHO, Geneva

Fefoame, G. O. (2004) *Priorities for Disabled in Developing Countries (Health and Development: Challenges for the 21st Century)*, Forum Barcelona 2004

Hammad, A. (2004) *The Role of Civil Society in Health Development (Health and Development: Challenges for the 21st Century)*, Forum Barcelona 2004

Henry, P. (2001) *An Examination of the Pathways Through Which Social Class Impacts Health Outcomes.* Academy of Marketing Science Review

Mahabal, K. B. (2004) *Access to Essential Drugs – a Human Rights*, Express Health Care Management

Newell, K.W. (ed.) (1975) *Health by the People.* WHO, Geneva

Randall, V. R. *The Human Right to Health*, The People's Movement for Human Rights Education, NewYork

Randall, V. R. *Human Rights Violations in Health Care*, http://academic. udayton.edu/health/07HumanRights/

Convention on the Rights of the Child (1990), Office of the High Commissioner for Human Rights, United Nations

Health as a Human Right, Islamset http://www.islamset.com/

People's Charter For Health, People's Health Movement http://www. phmovement.org/

Universal Declaration of Human Rights (1948), Office of the High Commissioner for Human Rights, United Nations

附錄二

獨立的婦女人權？——國際婦女人權理論[1]

作者：Hilary Charlesworth[2]
譯者：江雅綺

壹、國際人權之演進

　　人權思想是二次世界大戰的產物，其發展可約略分為三代[3]：第一代的「人權」以公民及政治權利為主。這一代的人權觀念，不但是最原始的「人權」觀，直至目前，也還是國際人權思想的主流，

---

[1] 本附錄中第二篇「獨立的婦女人權？」，節譯自 Hilary Charlesworth，"Women's International Human Rights?" pp58-76 from Rebecca J. Cook，(ed.)*Human Rights of Women /National and International Perspectives*, University of Pennsylvania Press, (1994).介紹「獨立婦女權人權」的概念，並從理論出發看與婦女息息相關的家暴問題。文中註釋亦均遵照原文中所引出處，但為了讓一般入門讀者更易了解國際人權理論，以收導讀之效，原文中文字較深奧部分，則有部分刪節、改動。

[2] 作者 Hilary Charlesworth 為澳洲國立大學（Australian National University）法律系教授，亦是該校國際法及公法研究中心的主任（Director of the center for international and public law at ANU），對人權、女性、國際法議題著作甚豐。

[3] Introduction of Hilary Charlesworth，"Women's International Human Rights?" pp58-76 from Rebecca J. Cook，(ed.)*Human Rights of Women /National and International Perspectives*, University of Pennsylvania Press, (1994).

甚至，某些西方學者仍然認為政治及公民權是唯一可能的通用國際人權形式[4]。

第二代的人權，則涵括經濟、社會及文化人權。第三代「人權」觀，則最為廣泛，包括族群、種族人權。但其實這三代不同的人權觀，仍有爭議。因為從這三種不同的人權觀，可以看出不同的指涉重點。多數的西方國家，認為公民及政治權利是最迫切的人權種類，但是一些社會主義者，則認為第二代的經濟、社會及文化權利才是重要的人權。至於族群人權，自然而然，就成為開發中國家最關心的部分。

這三代人權觀念或有爭議、但從女性主義者的觀點而言，它們都有一個共通之處：那就是國際法上仍然缺乏獨立的婦女人權系統，現有的人權光譜並沒有真正照顧到婦女的需要[5]。

貳、獨立的婦女人權概念

何謂婦女人權？婦女人權有沒有獨立於「人權」之外存在的必要？針對這兩個彼此相關的問題，有一種常見的說法認為，婦女人權就是女性應該享有和男性同等的權利、反對任何形式的歧視，簡言之，就是「男女平等」。從這個觀念衍伸：追求婦女人權，就意謂著希望將現有的「人權」觀念落實在婦女身上。

---

[4] Maurice Cranston, "Are There Any Human Rights?" *Daedalus* 112(1983):1.

[5] Introduction of Hilary Charlesworth , "Women's International Human Rights?" pp58-76 from Rebecca J. Cook , (ed.)*Human Rights of Women /National and International Perspectives*, University of Pennsylvania Press, (1994).

雖然上述「男女平等」的主張，在推動婦女權利的歷史上，向來扮演很重要的角色，但它能不能照顧到在性別關係中淪為附庸的婦女真正的需要，則值得大家進一步深思。畢竟，從女性的觀點來看，現有的人權觀念是以男性為主導所建立的、權利的內涵亦以男性為中心，本質上就容易忽視婦女的需要[6]；同時，大部分保障婦女人權的法律，也比保障男性的缺乏執行力量。因此就算僅僅要求婦女能與男性享有同等的人權，實際上也缺乏有力的法律做為後盾[7]。

因此，發展一個獨立的「婦女人權」概念是有必要的。婦女人權有必要在「人權」篇章中獨立出來討論。雖然有人認為「婦女人權」沒有必要獨立於人權而存在。但我們只要看看，許多婦女在現有的人權體系裡，仍然遭受迫害，而所謂的「人權法律」在立法時，婦女都是沉默不出聲的一群。

因此，更根本的婦女人權問題，並不在於爭取和男性平等的待遇，而應在於關注婦女真正的人權需求。

婦女在現有的社會中，處於性別的劣勢，不管在公、私領域，都是弱勢的一方，而現有的人權法律、組織都更加強化了這個現象。就像 Noreen Burrows 所觀察到的[8]：「對婦女而言，所謂活得像個人，

---

[6] Andrew Byrnes, "Women , Feminism and International Human Rights Law—Methodological Myopia , Fundamental Flaws or Meaningful Marginalization? Some Current Issues, " *Austil. Y.B. Int'lL.* 12(1992) 205, 215.

[7] Noreen Burrows, "International Law and Human Rights: The Case of Women's Rights" in *Human Rights: From Rhetoric to Reality,* ed. T. Campbell et al.(New York: Basil Blackwell, 1986), 8.

[8] Noreen Burrows, "International Law and Human Rights: The Case of Women's Rights" in *Human Rights: From Rhetoric to Reality,* ed. T. Campbell et al.(New York: Basil Blackwell, 1986), 82.

大概就意味著長期在家中或在農地勞動，並且得到極少或不成比例的報償，此外還須面對著一些忽視她們需要的政治、法律程序。」

因此，要從根本上來看待婦女人權的問題，應該重新審視這已被單一性別所扭曲的人權體系，而非在現有的體系架構之內追求假象的男女平等。

當然發展獨立婦女人權的看法，相對於一般通說「男女平等」，是比較激進的，是故當然也有不少反對的聲浪。以下將就兩種主要的反對主張加以討論，最後將於結論中再次確認婦女人權有獨立存在的必要性。

第一種反對意見，來自於某些女性主義者認為，若試圖在國內法律的架構之下爭取婦女法律上的人權，無非是浪費時間，要不然就是對婦女有害[9]。這種看法是源於批評法學（The Critical Legal Studies Movement），它有幾個層面。第一，它認為所謂「權利」的內涵是不固定的，因此極易被人為操縱[10]，爭取「權利」對婦女的權益未必有利；其次，討論「權利」很容易流於法律文字遊戲，在實證經驗上少有用處，反而常常模糊了政治及社會背景的變化。這些批評法學家認為，任何一種法律上的權利主張，都是基於社會經驗的扭曲，另一方面，主張「權利」也無異重新確立了國家的主導地位，反而弱化了人民的主體性[11]。

---

[9] Hilary Charlesworth , "Women's International Human Rights?" pp58-76 from Rebecca J. Cook , (ed.)*Human Rights of Women /National and International Perspectives*, University of Pennsylvania Press, (1994), in the section of Feminist Critiques of Rights .

[10] Mark Tushnet, "An Essay on Rights," *Tex. L. Rev.*62(1984): 1363, 1371-72

[11] Peter Gabel and Paul Harris, " Building Power and Breaking Images: Critical Legal Theory and the Practice of Law, " *N.Y. Rev. L& So. Change* 11(1982-83): 369, 375-76

因此，這些女性主義者認為，「平等權利」的觀念，或許是有用的第一步，但是過分汲汲於爭取權利，並不見得是好事。因為婦女的經驗及需要，往往不能被那些窄化的、個人主義式的權利語言所概括。就此派反對意見的角度來看，討論「權利」的語言，總是過分簡化社會上不同權力之間的複雜牽扯；此外，因為婦女在決策機構裡的力量相對弱小，這些「權利」的承諾內涵，也總是容易受到權力結構上的男女不平等所影響。尤其某些「權利」：例如宗教自由或是保護家庭的存在，甚至可以說是對婦女的壓迫。

這些女性主義者的聲音或許微弱，但她們的質疑卻值得探究：究竟婦女應不應該花力氣在爭取「權利」上面？其實答案仍然應該是肯定的。因為在這個男性為主的世界裡，「爭取權利」仍然是一種主要的手段。而當婦女仍是社會中的弱勢，有關「權利」的討論，可以為政治、社會上的不公不義現象，提供了一個多數可以承認、可以溝通的語言。

Martha Minow 曾說[12]：「我擔心那些對權利及相關法律語言的批評，對那些一直缺少權利、或最近才爭取到權利的人們，弊多於利。我也擔心這些批評者，其實本身已經享有權利的好處，卻不斷告訴那些還沒有享有權利的人說：『你不需要它們。』」Patricia Williams 也指出[13]，對非裔美國人來說，權利是一種希望：「對黑人而言，權利還是一種很新的語言，說出來就讓人覺得有力量……就

---

[12] Martha Minow, "Interpreting Rights: An Essay for Robert Cover," *Yale L. J.*96(1987): 1860, 1910.

[13] Patricia J. Williams, "Alchemical Notes: Reconstructing Ideals from Deconstructed Rights," *Harv. C.R.-C.L. Rev.*22(1987): 401, 431

像一個魔法棒……」這種具有力量的權利語言，尤其是在國際法的領域裡，仍然有一定的價值存在。

　　「權利」的討論，也可以提供國際女權運動者一個行動方向。以非裔美國人的處境為例，Patricia Williams 就指出[14]：「關於權利的討論，問題並非出在這討論本身，而是因為我們在一個受許多限制的世界中討論。」這種現象，在國際婦女人權的議題上尤其明顯。因為目前的國際人權法律，就是在一個相當狹窄的國際人權法令世界中運作。

　　因此，發展一個屬於女性的人權觀點，認知到現有人權體系中所存在的性別差異，是相當重要的。是故，我們應該來發展一套婦女專屬的權利語言，改變目前這套由性別不平等所扭曲的經濟、社會及政治權利的系統。不過這項工作，在非西方的社會裡，可能會遇到更多困難。如 Radhika Coomaraswarmy 所指出[15]，在南亞地區，權利是很弱的觀念，更不用說是有關婦女及家庭關係的議題。以下就將繼續討論發展中國家與先進國家的差異。

參、發展中國家與先進國家婦女人權概念之異同

　　在運用女性主義的分析方法時，常常會被問到一個根本的問題：是否應該假設所有的婦女都有類似的天性及經驗，而忽視如種

---

[14] Patricia J. Williams, *The Alchemy of Race and Rights*(Cambridge, MA: Harvard University Press, 1991), 159.

[15] Radhika Coomaraswarmy " To Bellow like a Cow: Women, Ethnicity, and the Discourse of Rights",　Chpater 2 of Rebecca J. Cook , (ed.)*Human Rights of Women /National and International Perspectives*, University of Pennsylvania Press, (1994)

族、階級、財富、及各種差異在婦女身上所造成的影響？這問題在國際法領域尤其嚴重。因為國際法理論上是要跨越國界的，必須在世界各地都能適用才行。

有些來自發展中國家的女性主義者，於是質疑一種「國際」通用的女權是否有可能存在？還是西方國家的女性主義者已經錯誤的假設了她們所關心的事就是全世界婦女都關心的事？總之，由西方世界所定義的「國際女權」，可能無異是披著女性主義外衣的殖民主義[16]。

雖然有這種疑慮存在，但婦女遭受歧視、剝削的處境，則是全世界共通的現象。而女性主義的理論，必然建基於婦女的經驗之上。因此在國際婦女人權的域裡，如何尋求一個全世界通用的理論、同時兼顧在地的經驗，自然成為一個重要的課題。誠然，不同的種族、階級、及國籍一定會在各婦女團體中造成不同的影響，但是當我們同意全球統一的「婦女觀點」並不存在時[17]，也應該同意：關於婦女問題，確實具有某些跨文化的共通性。

肆、婦女與國際人權法律

為什麼單性化的國際人權法律遲至最近才開始引進婦女觀點呢？有幾個可能的原因如下[18]：第一，不管在任何領域的國際法中，

---

[16] Elizabeth Spelman, *Inessential Woman: Problems of Exclusion in Feminist Thought*(Boston: Beacon Press, 1988).

[17] Deborah L. Rhode, " The "No Problem" Problem: Feminist Challenges and Cultural Change", *Yale.L.J.*100(1991): 1731, 1790

[18] Hilary Charlesworth , "Women's International Human Rights?" pp58-76 from Rebecca J. Cook , (ed.)*Human Rights of Women /National and International*

從立法、執行到監督的程序，婦女總是被排除在外，一直到最近，才有一些非政府組織開始正視婦女被漠視的問題。但是讓婦女發聲的管道還是太少，婦女在國際法律的領域中仍然是處於邊陲。

另一個原因，可能是由於國際人權法律的特性：因為人權法律先天就體質脆弱，而國際法的約束力也相對較國內法弱、更加難以落實。這種種先天不足的特性，某些程度上也讓批評者卻步、刻意不去批評。第三個原因，則可能是女性主義理論對法律體系的衝撞所造成，這在國際法的領域中尤其明顯。

其實，女性主義學者已經指出西方法律體系的發展和婦女之間的關係，也試圖在國際法中找出相對應的關係[19]。最早的女性主義，通常會提到「自由女性主義」（liberal feminism），主張男女平等，認為法律不應考慮任何男女之間的基本差異。這些自由派女性主義的主張，是希望法律維持其客觀性，透過法律改革，讓女性能夠和男性得到一樣的待遇。這種觀點背後的假設是，被歧視的女性，可以透過法律上保障「男女平等」的待遇而改善。這一套機制，也認同現行法律的語言、實務運作及其後的政治理論。

這種機制同時劃出了現存婦女國際人權法律的特徵。以 1953 年聯合國婦女政治權利公約（the United Nations Convention on the Politial Rights of Women of 1953）為例，及 1957 聯合國結婚婦女的國籍公約（The United Nations Convention on the Nationality of Married Women of 1957），以及 1960 年的反教育歧視公約（the UNESCO

Perspectives, University of Pennsylvania Press, (1994), in the section of Women and International Human Rights Law.

[19] Frances Olsen, " Feminism and Critical Legal Theory: An American Perspective", *Int'l J. Soc. L.* 18(1990): 199.

Convention on Discrimination in Education of 1960）。上述這些條約的精神都著重在公共領域（public sphere）中，將女性放在與男性平等的地位[20]。聯合國婦女地位委員會大部分的努力，也是朝這個方向在前進。因此目前國際上禁止性別歧視的主流精神，即是強調「男女平等」，對那些能夠適應於男性社會模式中的婦女，給予她們平等權的承諾，但是對於其他不同處境的婦女，幫助卻很少。

　　這種強調「男女平等」的態度，其實很有問題。因為就如 Nicola Lacey 所言[21]，在國家法的體制中，光是批評或改變這個以性別歧視為本的資源分配體系，是不夠的。這無異假設世界上所有的個體，都是從同一個起跑點開始、並且都能夠自由做選擇，如此根本上忽略了女性和男性是跑在不同的跑道上。「平等權」及「機會平等」的主張，巧妙的加強了社會男女不平等的基本結構。因此，對女性「（男女）平等權」的承諾，只是讓她們有機會參與這個結構早就被決定的社會而已。

　　更廣的歧視定義，我們可以舉聯合國消除一切婦女歧視公約（the United Nations Convention on the Elimination of All Forms of Discrimination Against Women）為例，內容包括了形式平等及實質平等[22]。不過它也是基於同一種思考模式，主張的平等仍然是「男性」的平等，而強調的「反歧視」仍然受限於現有的人權及基本權觀

---

[20] Hilary Charlesworth , "Women's International Human Rights?" pp58-76 from Rebecca J. Cook , (ed.)*Human Rights of Women /National and International Perspectives*, University of Pennsylvania Press, (1994), in the section of Women and International Human Rights Law.

[21] Nicola Lacey, "Legislation Against Sex Discrimination: Questions from a Feminist Perspective", *J.L.& Soc.* 14(1987): 411, 415

[22] Article 1 of UN Convention.

念。因此，如果用性別的角度來審視這些現有的人權及基本權，即使讓女性得到這些權利，其實並沒有增加太多實質的平等[23]。因為現有的人權及基本權，是以男性的需要為中心而建立。

以男性為主的觀點，在上述人權公約所強調的公共生活、經濟、法律等各領域無所不在，卻極少提到私領域中女性所受到的壓迫。一直到 1992 年的消除性別歧視委員會所提出的建議書中才指出，任何以性別為基礎的暴力，都是一種對女性的歧視，並開始強調私領域中女性所受到的壓迫[24]。

就如 Noreen Burrows 所觀察到的，從 1966 年的消除各種形式的種族歧視公約以降，很少人去關注到「男女平等」對爭取婦女人權，是不是一種正確的態度、是不是能解決婦女所面對的問題[25]。其實，在國際人權法律的領域中，婦女所遇到最嚴重的一個問題就是，大多數人認為性別壓迫和種族壓迫等問題比較起來，並不是一個大問題。這或許可以解釋為什麼有關婦女人權的公約，其執行機制相較於種族公約，總是薄弱許多。

另一支女性主義法學則從不同學科的觀點出發，例如從女性文學著手，號稱「文化女性主義」，試圖刻劃出法律領域中女性的聲

---

[23] Hilary Charlesworth , "Women's International Human Rights?" pp58-76 from Rebecca J. Cook , (ed.)*Human Rights of Women /National and International Perspectives*, University of Pennsylvania Press, (1994), in the section of Women and International Human Rights Law.

[24] U.N.Doc.CEDAW/C/1992/L.1/Add15.

[25] Noreen Burrows, "International Law and Human Rights: The Case of Women's Rights" in *Human Rights: From Rhetoric to Reality,* ed. T. Campbell et al.(New York: Basil Blackwell, 1986), 86-88.

音，並重新評價它對法制所能發揮的影響力[26]。如 Carol Gilligan 從心理學的角度出發，對這種形式的女性法理學有很深的啟發[27]。Gillian 從心理學的層次，注意到女性經驗及人類發展表現的差異。一般對女性在整體人類文化發展中較男性落後的解釋，是因為婦女自身的侷限，而 Gilligan 則轉而認為，這是因為婦女無法適應現有人類發展的模式，因而突顯了我們對所謂「人類」的了解其實是受性別所限的，而所謂的「學術」也不是性別中立的。

「文化女性法學主義者」由此觀點推出，在國內法體制裡，也不是性別中立的，相反的，它是由男性所控制、偏重男性的觀點。而更多的女性主義者指出，法律其實就是男性統治世界的工具。法律特有的階層化、對立性強的形式、還有抽象的權利競爭模式，都強化法律的父權性。法律只展現出極少的人類生活面向，而這些面向通常只和男性有關，但和向來以感情、主觀、及感官思考的「女性」領域無關[28]。

強調女性和男性的不同氣質，並將其設為在法律分析的前提，其實也有爭議。因為一直有人認為所謂「女性的氣質」是被父權體制所定義的[29]。但即使如此，「文化女性主義」仍然有其價值，因為

---

[26] Elaine Showalter, *A Literature of Their Own: British Novelists from Bronte to Lessing* (Princeton, NJ. Princeton University Press, 1977)

[27] Carol Gilligan, *In a Different Voice : Psychological Theory and Women's Development* (Cambridge, MA: Harvard University Press, 1982)

[28] Hilary Charlesworth , "Women's International Human Rights?" pp58-76 from Rebecca J. Cook , (ed.)*Human Rights of Women /National and International Perspectives*, University of Pennsylvania Press, (1994), in the section of Women and International Human Rights Law.

[29] Catharine Mackinnon, *Feminism Unmodified: Discourses on Life and Law*(Cambridge , MA: Harvard University Press, 1987), 45

它強調出：女性經驗幾乎是全盤被排除在法律的發展之外，因此法律所號稱的客觀性與中立性是很可疑的。即使國際人權法已經是一個相對柔性、父權性相對微弱的法律領域，但婦女經驗仍然多數被排除在外。

Noreen Burrows 則認為，獨立於現有「人權」體系的婦女人權觀念，是一種對抗國際人權法律內涵的反性別歧視的手段[30]。Burrows 同時也舉出一些獨立的女權項目為例：例如生育的選擇及生產的選擇，應該是國際婦女人權的中心；而其他的婦女人權應該包含在家工作、幫忙農事的最少工資權利、以及學習讀寫的權利。易言之，婦女人權應包含所有提升婦女劣勢地位的權利。利用這種策略，將能夠使國際權利的語言，置放於「私」領域中，然後更精確的回應現實中婦女的生活，而比前述「自由女性主義」在公共領域的反歧視策略更為有效。

當然，一套獨特的婦女人權概念，也可能在現有國際人權的體系中被邊緣化。Laura Reanda 就描述了這個策略上的困境[31]：如果要在聯合國中提出獨立的女性運作機制，一定會被視為「女性特區」，而僅能得到少數的關注與資源。但另一方面，如果要採取第一種作法，婦女的需求又常常埋沒於一些「全球」議題中。

---

[30] Noreen Burrows, "International Law and Human Rights: The Case of Women's Rights" in *Human Rights: From Rhetoric to Reality,* ed. T. Campbell et al.(New York: Basil Blackwell, 1986), 85.

[31] Laura Reanda, "The Commission on the Status of Women", in *The United Nations and Human Rights: A Critical Appraisal*, ed. Philip Alston(Oxford: Oxford University Press, 1992), 267.

　　第三種策略，則是不管婦女在女性法學中的弱勢地位是由男性還是女性所造成，它強調：性別是天生的不平等。Catharine MacKinnon 是這一派的大將[32]，MacKinnon 指出，上述理論的問題是將「平等」與「平等待遇」或「差別待遇」連在一起，而這無異是出於一種男性的假設：女性是與男性一樣或不同的形式。她觀察到，社會關係中，女性和男性是被組織成「男性主導而女性順服」。法律則是一種以性別為主的階層體系，用來控制女性的流動。MacKinnon 用不同的法學分析工具來分析「平等」，並認為最根本的問題應該是「這套政策或是運作是否維持了一種以性別為主的剝削位置」。法律的功能，應該是幫助體制所造成的性別弱勢問題，而非對性別更加視而不見。

　　Mackinnon 的方法較為複雜。因為我們對現有的法律體系早已習以為常。被訓練成看不見那些存在的問題，即使有性別的主從關係，也早就暗含在法律中，看來很自然。不過，依照 Mackinnon 的說法，如果將不平等的問題定位為主從關係的問題，那只是承諾平等待遇的性別法律，好像也沒有太大用處。因此我們應該擴大傳統法律未包含的範圍，努力將現有法律視而不見的女性問題「法律化」，例如色情及性騷擾等。稚有透過這樣，性別關係才能逐漸被轉變。

　　Mackinnon 的分析，以女性在職場上所受到的性別歧視為例，因為職場主要是以男性生活形態為主而建置的場所。Christine

---

[32] Catharine Mackinnon, *Feminism Unmodified: Discourses on Life and Law*(Cambridge , MA: Harvard University Press, 1987), 417.

Littleton[33]則提議將平等的目標，定義為「接受」，讓社會場所可以回應性別差異、而重新建置為適應女性需要及生活形態的地方。但如何將看來似乎「激進」的女性法學加以轉換、並置於國際人權法律的文本之中呢？Littleton 主張應該要轉換這個陽剛的「人權」領域，擴張至保護各種形式的性別不平等。我們必須要清楚認知，在社會中何種政策及實務運作將會導致女性的弱勢地位，然後堅定要求這些人權法律提供相對應的保護措施。

不過，上述三種女性法學，是否也犯了過於向法律權威低頭的毛病？它們都一再強調人權理想應和法律一致的重要性，但無可避免的，也同時強化了法律的力量、以及與其相附的父權體制。Carol Smart[34]就曾質疑，是否有必要建立一個偉大的「女性主義理論」？因為這種方法，或許不能抓住已經定形而性別不中立的知識本質。更何況，如果我們得出正確的法律理論，法律實務就會跟上腳步嗎？再好的法律也可能被一些不懂得性別歧視問題的實務運作者破壞。因此 Smart 說我們應該避免一般性、抽象性的理論，而應該專注於女性的實際生活，從生活的微觀政治面去行動，而非突然的改變法律。簡言之，Smart 的想法可謂，做一個具有女性主義概念的記者、實際參與社會生活之中，比一個大聲疾呼人權理論的女性主義律師要好。

其實，在對抗國際性的女性壓迫時，所有上述的方法都可以交互運用。因為「不平等」有巨觀與微觀的形式。交互運用不同的分

---

[33] Christine A. Littleton, "Equality and Feminist Legal Theory", *U. Pitt. L . Rev.*48(1987): 1043, 1052.

[34] Carol Smart, *Feminism and the Power of Law*(New York: Routledge, 1989),70-72, 81, 88-89

析模型，可以改變通用的權利語言，而提供個體有限的解決歧視的方法選擇。不過，當我們試圖去平衡國際人權法律中的性別特質，可以從尋找一套新的「婦女人權」開始，改變現有的獨斷的男性「人權」觀。但當我們想透過法律達成任何社會改革時，不管我們所面對的是國內法或是國際法，同時也必須對法律保有一些務實及一些懷疑的心態。

伍、轉化「男性」的人權法律

想要推動一個真正的人權法律，一定要了解目前國際人權體系的限制。現在我們要繼續發展之前提到的概念，也就是現在大家認識的國際人權法律其實完全是性別不平等的。雖然三代的人權都有不同的哲學基礎，但從女性的觀點看來它們都差不多[35]。

值得注意的是，除了兒童權利公約（the Convention on the Rights of the Child）以外，其他一般的人權條款都只指涉到「男性」。使用語言時，婦女被邊緣化的情況，一直是很多女性主義者討論的重點[36]，而那些人權法律所使用的「陽剛」語言，可說是直接、間接的排除了婦女的空間。更根本的是，所有國際人權法律都依靠在公、私領域（private and public sphere）的區別（dichotomy）上，但這種區別通常造成女性意見被消音。

---

[35] Hilary Charlesworth , "Women's International Human Rights?" pp58-76 from Rebecca J. Cook , (ed.)*Human Rights of Women /National and International Perspectives*, University of Pennsylvania Press, (1994), in the section of Transforming "Men's" Rights Law.

[36] Dale Spender, *Man Made Language* (Boston: Routledge and Kegan Paul, 1980).

　　公、私領域的區別化，一直是女性主義者的課題[37]。公、私領域之間的差異，也是自由主義的重要課題，而自由主義則是西方世界最重要的政治、法律哲學基礎[38]。自由主義向來假設有一理性的公共空間存在，法律、政治及有關公權力的活動，在此一「公共」空間進行，而與「私人」的、主觀的空間區隔開來。1957 年的英國同性戀及賣淫報告（British Government's Wolfenden Committee's Report on Homosexual Offences and Prostitution）有句話很能夠代表這種「公私分明」的想法：「有些事屬於私領域的道德問題，簡單的說，那就不是法律所應該管的事。」

　　自由主義者認為，公私領域的差別，對個體的影響是客觀中立的。但在西方社會裡，女性總是被貶低至私領域（如家庭）中。公領域例如職場、法律、經濟、政治、智性及文化生活，總被視為男性的領域。這現象常被解釋成兩性的天性、社會生活的便利或是個人選擇。但女性主義者的回應則是，公私領域的區別，其實是為了掩飾男人對女人的宰制真相。因為公私領域的區別，是基於性別：這是一個社會性別規制的隱喻，一種社會實踐的描述，一種差別待遇的經驗；公私領域的區別，也是一種社會標準的區別，因為更大的意義及權力，附著於公的、男性的世界。女性僅能附著於私領域，讓她們與男性更不平等，因為她們被視為須依賴男性才能生存。況且，私領域的「私密性」讓女性的需求更加無形，而有利於保持性別歧視的現狀。

---

[37] Hilary Charlesworth, "The Public / Private Distinction and the Right to Development in International Law", *Austl. Y.B.Int'L. L.*, 12(1992): 190

[38] Jean B. Elshtain, *Public Man, Private Women*(Princeton, NJ: Princeton University Press, 1981)

　　一些女性主義者注意到，分析這種公私領域區別的現象時，一定要避免只是從生物面向上來解釋女性的弱勢地位[39]。如人類學家 Maila Stivens 就指出[40]，在南亞的農業社會裡就很難區別何謂「私領域」，Stivens 觀察到性別歧視影響到公、私領域，以及各種社會生活的面向，因此認為，應該擴張政治的概念，而不是用西方一貫「公私區分」的標準，來分析這些不同的社會。

　　但其實，所謂「區別公私」的分析架構，僅能限用於西方社會，應該是就這些領域的定義基於西方社會的經驗而言。如果某些性別之間的不平等，在各種社會都適用：例如女性在社會發展上處於弱勢地位，是因為她們總是必須負擔養育小孩的責任。如此，重要的不是觀察這些公或私領域的「活動」本身，而是這些活動的「人」。這正是因為：女性相對於男性的卑微地位，是透過公私領域的區別操作而來。

　　在一個社會中，「公」領域可能和「私」領域有所重疊，但女性的活動總是被貶抑為歸屬「私領域」之中。事實上，「公私領域」區別的西方觀點，存在於國際公法的本質之中。因為國際公法相當程度上是由西方價值與觀點決定的。在這種意義之下，國際法成為傳播這種「區別化」意識型識的媒體，並將它從西方傳播到第三世界，猶如殖民者強迫推動的「改革」措施，而更加弱化的殖民地女性的地位[41]。

---

[39] Janet H. Momsen and Janet G. Townsend , *Geography of Gender in the Third World* (Albany : State University of New York Press, 1987).

[40] Malia Stivens, "Why Gender Matters in Southeast Asian Politics", *Asian Stud. Rev.* (1989): 4, 7.

[41] Henrietta L. Moore, *Feminism and Anthropology* (Minneapolis: University of

　　女性主義者對西方法學思想架構下的「公私領域」區別的憂心，有兩個層面：一個是法律藉由專業、市場或是選票，被用為排除女性進入公領域的工具；第二個則是關於基本的區別形式，亦即何者應受法律所規範，何者不是。就後者而言，可能對婦女人權更加重要。

　　為什麼在缺乏法律規範的社會生活領域，會對女性特別重要？某些女性主義的法學家認為：法律的缺位是對女性的輕視，認為女性不值得法律來規範。但我們應該認識到，即使國家刻意採取不干預的方法，並不代表沒有任何控制或是中立。例如：缺乏規範婚姻中強暴的法律，無異合法化的丈夫對妻子的施暴權力。再來，對受僱、稅制、犯罪及社會安全等的法律規範，直接或間接地強化了私領域中的家庭形式。而男女分工的核子家庭形態。以保護隱私為名、沒有法律介入的狀況，可能會遮掩了私領域中的不平等及性別宰制的狀況。在西方的家庭法中，公私領域的區別，進一步支持了父權體制下的性別暴力。它為平日法律所不許的暴力創造了「空間」。以致對婦女而言，最常見的傷害往往見於私領域中：家庭。

　　就像所有的國內法系統，國際法也是建立於「公」領域中。即使「國內」和「國際」的「公領域」可能有不同的定義。在所有的國內「公領域」中，國際法是屬於最「公」的那一塊。看聯合國憲章即可得知，它將國際法置於「公共」領域中，而非內國法的「私」領域。一個存在實體能夠得到國家人格或是國際人格，就可以獲得「公共」的地位。例如：在管轄權而言，代表性以及所有

Minnesota Press, 1988), 44.

權。國家責任法律同時確定了國家應該就哪些「公共」領域的行為負責，哪些「私領域」的行為又不必負責。人權法律的發展則稍稍改變了傳統國際法的公私之分，因為它允許法律介入個人及群體的權利損害。但這種發展，並沒有挑戰到更深層的以性別為主的公私區別。而在國內法的情況，私領域的法律缺位，合法化了「家庭自治」的現象，而無異加強了男性對女性的宰制。

　　以下我們將重新審視三代不同的人權觀，並指出它們對婦女的歧視何在。

陸、第一代人權

　　用「政治及公民權」來定位傳統的第一代國際人權，正是典型公私領域的區別觀念。第一代人權的內涵，主要是個體可以用來對抗國家的權利：國家的公共領域之中，必須在某程度上承諾對個體的保護及自由。傳統上也可以看出，西方的哲學家及國際人權律師，對這些政治及公民權利的主張，主要是為了保障男人在公共領域的生活，保障他們與政治的關係。但這些並不是女性最需要的。

　　以性別為基礎的公私領域區別觀念，在第一代人權看得最清楚。特別是那些對個體免於暴力的保障：那些規範的建立模糊了對女性最常見的傷害。舉例而言，政治及公民權利公約（the Civil and Political Covenant）第六條是「人權中的人權」，而且已成為國際法的慣例。這個權利是關於用不合理的公共行動剝奪生命或自由。但這項保障，並沒有顧及到做為女性本身所遭受的危險，以及女性需要的法律保障。

　　傳統上，身為女性之所以充滿危險，可能因為各種社會及經濟的壓力：因為生一個兒子而流產及或殺嬰；因為社會習慣以男人或男孩優先給他們食物，因為有營養不良的危險；較男性更少的健康管道；還有最常見的家庭暴力。即使這些實證經驗是如此明顯且不容置疑，國際人權法律的發展並沒有反映出這一點。由許多人權相關文件中可見，保障女性不受暴力所害，並沒有在國際人權法律對「生命權」的保障上面顯現，因為對女性的暴力行為，通常不是由國家的「公」領域行為所造成。

　　另一種類似的歧視現象，可以從國際法上禁止虐待的規定看出（關於這一點，於本章第二節中將有更詳細的論述）。國際人權法律對虐待的定義，一個最重要的特質就是它在公共領域中發生：它必須是由一個公務員或是行使公權力的人所為。雖然也有很多女性所受的暴力合乎這樣的定義，但是最大加諸於女性身上的暴力並不是政府，而是來自於「非政府」的私領域行為。

　　一項以「巴西婦女免於暴力所害」為目標的婦女權利計畫（Women's Rights Project of America Watch）[42]，指出了在婦女遭受暴力的議題上，再去區別「公私」領域是多麼不合理。這項計畫研究結果，發現有三種對婦女的暴力，極易不被起訴、不受重視、社會甚至認為是合理的：那就是殺妻、歐打，還有強暴。就殺妻而言，以妻子不忠為由的案子，在某些地區有百分之八十的案例成功的脫罪或大幅減刑。相對而言，殺夫就被看得非常嚴重。雖然在巴西，有百分之七十的女性受暴力案件是發生於家庭之中（男性則只

---

[42] Americas Watch, *Criminal Injustice: Violence Against Women in Brazil* (America Watch, 1991).

有百分之十），家暴仍然被視為在刑法規範以外、是不重要的犯罪問題。由這項研究計畫，我們也可看出，女性受害人在巴西面對法律的困難。

有一個原因可以解釋在巴西女性受暴的情況，為什麼這麼不受重視：那就是社會上明示或暗示的認為，這是一個「私」的事件，因此不在一般司法體制的關注範圍之內。

但是，如果大家能夠理解，女性所受的暴力，不只是一種社會上的異常現象，而是源於一種世界性的女性被宰制的架構之下，它就絕對不是一種「私」的事情。Charlotte Bunch 指出[43]，這種暴力是源自於「社會結構上男女不平等的權力、宰制關係。對女性的暴力行為，乃是有效維持在家庭中、職場上以及各種場所的男女宰制關係的方法，且這些結構將被父權體制所強化。以 Catharine Mackinnon 的角度看來。維持一個讓性別暴力或性別歧視得以生存的法律及社會系統是常見的，但國家應負有責任讓這樣的情況減低影響。因此，重新思考傳統的國家責任觀念，在婦女人權議題上是很重要的。1992 年，婦女地位委員會（the Commission on the Status of Women）採行一個「反對對女性施加暴力宣言」（Draft Declaration on Violence Against Women）的草稿[44]。這在國際女性人權上是一個很大的進展，因為它讓女性受暴力的議題國際化。這個宣言，描述了一個長久存在的問題。但這項進步，仍然有限，因為除了前言，這個宣言並沒有清楚的從人權角度，呈現女性受暴力所害的問題：

---

[43] Charlotte Bunch, "Women's Rights as Human Rights: Toward a Re-vision of Human Rights", *Hum. Rts. Q.* 12(1990), 491.

[44] U.N. Doc. E/CN.6/WG.2/1992/L.3.

它所呈現出來的，只是讓婦女受暴問題成為一個值得關注的議題，而並不是一個更為根本的生命權或平等權的問題。

　　除了生命權和免受虐待的自由，其他傳統的政治及公民權也僅提供極少的保障給女性。在「公民及政治人權公約」的第九條，提及自由權和人身安全，僅考量了國家採取行動的狀況。它並沒有考慮到性暴力的問題，但這正是女性的重要課題。另外，言論自由在某些國內法的解釋中，則包含製造、散佈、及使用色情資料的權利，而這正直接涉及對女性施加暴力的問題。此外，隱私權的保障，甚至可以被解釋為壓迫女性的工具，因為它保障了女性受壓迫的主要地點——家庭得以不受監視。

柒、第二代人權

　　第二代人權包含社會、經濟及文化權利，這些項目似乎能夠擺脫傳統的「公私區別」思考，而為保障女性權益帶來一絲曙光。當然，第二代人權並不像第一代人權強調「國家 vs 個人」的二分法，也因此它的地位仍有爭議，而且國際法的執行機制也較弱。但依「經濟，社會和文化權利公約」（The Covenant on Economic , Social and Cultural Rights）中的定義，它似乎也借用了早期人權法律「公私領域區分」的思考，預設了一個公共領域的存在，假設一切有效的權力在國家手上。但，就如 Shelley Wright 指出的[45]，「對大部分女性而言，大多時候，女性與國家的關係是間接的、總是透過和個別

---

[45] Shelley Wright, "Economic Rights and Social Justice: A Feminist Analysis of Some Human Rights Conventions", *Austil.Y.B.Int'l L*.12(1992), 249.

男性或男性團體的直接關係而發生。」因此這公約並沒有觸及女性
在經濟、社會及文化脈絡下的問題。例如，在公約第七條中提到，
在職場上應享有正當受保障的工作條件，但這卻只包含公共領域的
工作。Marilyn Waring 指出[46]，全世界女性對經濟活動的貢獻，遠大
於表面上可見的經濟數字。因為女性的許多勞動付出，常常是在私
的、家庭中的領域完成，得不到薪資，其經濟價值往往被低估、或
是不被計算在內。當女性為經濟所做的貢獻程度及價值總是被忽略
時，公約第七條對女性「得到不亞於男性工作待遇」的保障，變成
只是一種聽來空洞的「齊頭式保障」。另外，公約第十一條「取得
食物的權利」，雖然和私的、家庭中的場所非常有關係，卻被精巧
的寫成無法提供女性太多幫助的條文。

尤其是，某些文化和宗教的權利觀念，甚至可以加強公私領域
區別，而對女性更加不利：文化和宗教總是被看成應該不受法律干
預，有其獨立空間，然而它們常常提供男性對女性壓迫的理由。如
果一面強調性別平等，一面又容許性別歧視的文化及宗教權利存在，
從這個角度看來，文化和宗教權利有共通的、要解決的優先性。

國際社會目前並沒有打算承認由現有的經濟、文化、社會權利
保障，所造成的性別不平等現象。以 1992 年由預防歧視和保障少數
的次委員會（the Sub-Commission on Prevention of Discrimination and
Protection of Minorities Special Rapporteur on the Realization of
Economic , Social, and Cultural Rights）所提出的報告為例，一位提出
落實經濟、社會及文化權利的報告委員 Danilo Turk，提出了他對這

---

[46] Marilyn Waring, *If Women Counted: A New Feminist Economics*(San Francisco: Harper and Row, 1988)

些權利的觀察[47]。他指出了許多問題：例如從應結構面調整政策、收入分配還有顧及女性較低的政治參與意願，但並沒有提及這些權利根本上和女性的關連，即使女性佔了世界一半的人口。沒有將性別觀點納入考慮，意味著第二代的經濟、社會與文化人權，對女性提供的幫助仍然很少。

捌、第三代人權

第三代人權包含集體人權（collective or group rights），主要由發展中國家所提出，並成功的挑戰了西方社會的主流人權價值觀。集體人權的基本哲學在於認同「群體福利高於個人的個別利益」。從這觀點看來，似乎對女性有利，因為傳統上女性總是為他者而活，以家庭、群體、社會為重心，更甚於個人考量。但第三代人權的理論與實務發展，實際上對女性的幫助卻不多。以「發展的權利」（The Rights to Development）為例，不管從定義上或執行上，都是針對支持男性的經濟宰制情況。而「自主決定權」（Self Determination）亦然，雖說是「允許所有人自由的決定他們的政治地位，自由的追求他們的經濟、社會和文化發展」，但在實際的運用上，卻常被用來壓迫女性。而女性在國族主義與去殖民過程中的複雜地位，也被廣為討論。就像 Halliday 所觀察到的[48]，「國族主義運動……一再強調了男性為主的價值」，然而，在一個主張自主決定的團體之中，對女性的壓迫被視為和自主決定的效力與形式所必

---

[47] U.N.Doc.E/CN.5/Sub.2/1992/16.

[48] H. Hilliday, "Hidden from International Relations: Women and the International Arena", *Millennium* 17(1988): 419, 424.

須：因為在此意義之下，這種自主決定權必須在公共領域中落實：也就是又歸於男性的政治生活領域。第三代的自主決定權和「由種族、文化上所定義的人民、實體」有關，但並不在乎佔有一半的女性人口，在群體中只有極少的力量。

因為沒有考慮到女性在公、私領域均受到男性宰制的情況，自主決定權和國家的概念，都可能和這男性壓迫與暴力的系統為共犯結構，實際上強化了對女性的壓迫[49]。一個很好的例子，是美國從1979 年蘇聯入侵後，開始支持阿富汗的反抗運動，但並沒有考慮到傳統的阿富汗社會情況。當反抗軍領袖 Mujahadeen 勝利之後，他就剝奪了女性受教育及社會上的可能性[50]。另一個例子是：伊拉克 1990年入侵柯威特，聯合國馬上提出強有力的反應，強烈要求讓科威特的人民自主決定其命運，但卻沒有任何「重建或解放科威特」計畫，考慮到該國否定女性參政權的問題。雖然在戰後，來自國際上的壓力，迫使科威特政府建立一套更為民主的政治制度，但那重點並不在於解放女性所受的政治壓迫。科威特的「自主決定」成就，只有一些可以參與政府及公共生活的男性菁英族群受惠，反而對女性在私領域的活動，有些負面影響：一份近期的中東觀察報告（Middle East Watch）指出[51]，科威特「解放」之後，許多在科威特

[49] Christine Chinkin, "Gendered Perspective to the International Use of Force", *Austl Y.B. Int'l L.* 12(1992), 279.

[50] Hilary Charlesworth , "Women's International Human Rights?" pp58-76 from Rebecca J. Cook , (ed.)*Human Rights of Women /National and International Perspectives*, University of Pennsylvania Press, (1994), in the section of Third Generation Rights.

[51] Middle East Watch, *Punishing the Victim: Rape and Mistreatment of Asian Maids in Kuwait*(New York: Middle East Watch, 1992)

工作的亞洲女傭飽受肢體和性暴力之害，而科威特政府卻無能提供法律手段，解決此一問題。

玖、結語[52]

　　國際人權法律應該如何處理世界性的女性受壓迫問題？完整的婦女人權概念，應該要從幾個不同的面向發展。當然，傳統的人權觀念對女性也有一定的重要性，而在「第一波」國際法運動中，所建立的女性機構也應該繼續擴展。不過，我們應該更致力於推動，一個可以讓個別女性提出申訴管道的公約；同時，將「權利」的觀點帶進「私」領域，挑戰「公私領域區別」的概念，進一步發展有關女性所受傷害的權利；但最重要的是，我們要致力讓女性的聲音，可以找到一個公共的管道發聲，並重新規劃傳統人權的定義，以讓這群受忽視的女性的觀點能被理解、考慮進去。總而言之，就婦女人權而言，國際人權法律應該前進的方向正是：挑戰以性別為基礎劃分的「公私」領域，落實女性的需要，建立一套獨特的婦女人權體系。

---

[52] 本段結語為譯者所加，顧及篇幅，譯者試將作者所提出之概念與主旨濃縮、簡化，並寫成結論。

附錄三

親密關係中的暴力——家暴與虐待[1]

作者：Rhonda Copelon[2]
譯者：江雅綺

壹、從人權理論了解家暴事件的內涵

　　女性受到男性伴侶的虐待，可謂是最常見也最嚴重的性別暴力[3]，受害者比最殘酷的獨裁政權還多。雖然在全球女性的共同努力下，女性在公、私領域所遭受到的暴力行為，逐漸成為一個人權議題。

---

[1] 本篇主要在說明「家暴」與「虐待」的共通性，其架構及內容均節譯自 Rhonda Copelon, "Intimate Terror: Understanding Domestic Violence as Torture", pp116-139 from Rebecca J. Cook(ed.) Human Rights of Women/National and International Perspectives, University of Pennsylvania Press, 1994. 延續附錄第二篇所介紹的獨立婦女人權概念，具體探討「親密關係中的暴力」。註釋亦遵照原文所引出處，同樣的，為了行文流暢、篇幅所限並顧及一般讀者的理解程度，本節略過該文較深奧的章節部分，文字上亦有刪節。

[2] Rhonda Copelon 為紐約市立大學法學教授（City University of New York），並為該校國際婦女人權研究中心主任（Director of the International Women's Human Rights Law Clinic）。在家庭法、女性人權、性別正義、憲法方面研究、著作甚豐。

[3] UN Center for Social Development and Humanitarian Affairs, *Violence Against Women in the Family*, U.N. Sales No. E.89.IV.5(New York,. United Nations, 1989)，以下簡稱 U.N. Report.

但截至目前為止，比起公部門的暴力，家庭暴力仍然不被注意：仍然常被社會認為不嚴重、且較不值得國際性的譴責或制裁。

有兩個原因讓家庭暴力不被視為人權侵害之一種：第一，就是上一節所提到的，國際法有一種「區別公私領域」的傾向；第二，就是本篇的主題，家庭暴力——除了少數特殊的例子——人們傾向認為它是「私人的」「私事」，「家裡的事」，或是「家庭的事」，因此對維繫家庭成員的紀律來說，有其必要性。不過究其實質，除去「私人化」「性別主義」及「情緒化」的觀點，性別暴力一點也沒有比其他的暴力來得可恕。何況，其他的暴力行為，已經由國際條約、國際社會承認為人權保障的普世法則（Jus Cogens），或是普世承認、不可危害的人權價值。

本文將舉本質雷同的「虐待」為例，與「性別暴力」互相對照。一方面，禁止虐待已經是國際法所承認的普世法則（Jus Cogens），但另一方面，包含毆打、強暴、性虐待的家庭暴力，從傳統人權法律的觀點看來，卻是「很難成立」的人權案例，即使從受害女性的眼光來看，它是如此明顯的嚴重人權侵害。

接下來本篇的第一個部分，將從國際人權法律為何認為「暴力」不可饒恕開始，並從對「虐待」的理解出發，解釋為何家庭暴力具有不人道、貶低人格、及殘酷等特性，同時也將會強調，家庭暴力屬於「私領域」的事實，一也不影響到它的惡性、不因此減少國際制裁的需要。第二個部分，則將「虐待」與「家庭暴力」做一比較，檢視家暴是否應被視為一種罪大惡極的人權侵害，並視其為普世法則之一。

在論述開始之前，有幾點應先說明清楚。首先，公領域的虐待和家庭暴力並不一樣，各有其獨特性及惡性。把它們兩放在一起比較的原因，是為了更能清楚說明它們的共通性、以及突顯出家暴與性別的特殊性。有些人或許認為，虐待有一套固定的特定模式，不管政治、社會、經濟及文化甚至性別的差異。但從基本教義派的女性主義觀點出發[4]，跨越種族、階級、文化及性別位置差異的共通性女性觀點，是有可能存在的。這樣的預設雖然是西方世界的主流，但也有事實的根據：因為性別暴力與南北半球的差異無關，也不僅見於傳統的社會。因此本節關於家暴的討論，試圖跳越文化的差異性，將家庭暴力與「虐待」並列，並審視各種可能的對應策略，而最終，則期待能有助於建立一套可以無視文化差異，解決家庭暴力的方法。

貳、由虐待的觀點來看家暴

（一）以性別為基礎的恐懼

家暴絕不是性別中立的。固然在極少數的異性戀案例中，女性會打另一半男性，以致於對方受傷甚至死亡，但絕大多數的家暴，男性都是施暴者。這種暴力也不是單一的、隨機的事件，甚且也無法用加害人與被害人的不正常人格來解釋。研究指出，已開發國家，有百分之二十的異性戀女性，在親密關係中曾經被施暴；而在

---

[4] Elizabeth V. Spellman, *Inessential Woman: Problems of Exclusion in Feminist Thought*(Boston: Beacon Press, 1988).

開發中國家，這比例變成百分之六十七[5]。毆妻的普遍性，指出了它其實是一種「正常」，具有一定的「功能」。性別的不平等，正是關鍵所在。以聯合國的「女性所受到的家暴」報告（the U.N.report: Violence Against Women in the Family）為例，它指出：「……家暴沒有一個簡單的解釋，更和個別男性、女性、家庭的特性無關。必須深入到兩性關係的結構及社會為維持這結構在其中所扮演的角色。在本分析的結論中，或許最好是將家暴視為有「功能」存在，因為絕大多數的文化總是要我們相信，男人是較優秀的，女人是他們的擁有的物品，因此他們可以隨意處置。」

是的，家庭暴力是結構性的問題，源自於一個男性所建立的、男尊女卑的宰制結構，根基於兩性的制式角色、男人對經濟、社會及政治的主導優勢。並且，即使不同文化之間的法律制度、社會結構都有一些差異，但我們卻能發現一個驚人的共通性：那就是對女性施暴，不但是維持父權體制的必需品，也是加強此一男女不平等體制的工具。施暴者將女性視為非人的「他者」，一個奴僕、一種財產。暴力行為對維持男性的優勢及女性所受的限制而言，也是不可或缺的。這個不公平的體制—或說其潛在的緊張—即反映在女性可以抵抗這種命運的潛能上。例如嫉妒，就是很常見的暴力藉口。女性讓男性恐懼，因為她們是有性吸引力的、是騙子、是女巫，或是女同性戀。女性的秉賦和力量引發了男性的攻擊。不管男性提出的原因是什麼，男性就是想要否定、毀滅這股女性的力量。從暴力行為中，男性企圖讓女性貶值、並否定其人格。

---

[5] U.N.Report, 14-33

即使在現代社會，父權體制的陰影仍然透過暴力的形式，發揮它的影響力。雖然，大部分的家暴研究來自西方社會──大部來自於英國和美國──這些被認為父權體制較不嚴重的地區，同時也證明了父權體制頑固的生命力及正視性別暴力問題的重要性。

（二）虐待與家庭暴力

虐待，是被視為罪大惡極的一種暴力型式。因此，我們可以藉著「虐待」的架構，來分析家暴的內涵。幾世紀以來，虐待在西方社會，可謂起源於司法或半司法系統中的刑求。而虐待的形式，進展到十六至十七世紀的「獵殺女巫」可謂達到高峰[6]。隨後，啟蒙運動開始，推翻封建王室及人權思想的萌芽，造成虐待不再被認同，也導致犯罪偵查程序的轉變，還有新的刑罰型態及社會控制手段，都給了國家更多權力侵入人民的生活，讓虐待看來更加罪不可恕。但虐待並沒有徹底消失，反而變成殖民者的工具，國家主義者的工具，法西斯主義和史達林主義者的工具。在納粹統治下的德國，虐待是一種工業，它的複雜性及恐怖性都到達前所未有的程度。

納粹倒台以後，禁止虐待及各種殘酷、不人道的處置變成普世價值[7]。

近代虐待再次興起，與國際特赦組織及其他人權組織的反虐待運動並行，讓虐待有更詳盡的定義、也有更多的制裁手法，在國際及國內法的層次皆然[8]。

---

[6] Joseph Klairs, *Servants of Satan: The Age of the Witch Hunts* (Bloomington: Indiana University Press, 1985)

[7] The Universal Declaration of Human Rights, the International Covenant on Civil and Political Rights(ICCPR) , the Geneva Conventions.

　　國際人權理論在考慮虐待的定義時，通常會提到有四個要素[9]：1.劇烈的生理或是心理痛苦；2.施暴者的主觀故意；3.施暴者具有特定意圖；4.具有某種形式的公權力介入，不管是消極的或是積極的。依據上面這四個要素，接下來我們將比較虐待和家暴。

參、劇烈的生理或心理痛苦

　　西方歷史傳統上將虐待定義為對肉體的侵害。Torture 源於拉丁字 tortura，本義是「扭曲、遮蔽、痛苦」[10]。但將肉體傷害視為虐待的必要元素，並不符合現在意義下的虐待—強調利用恐懼達到對個人自主意志的破壞性。它模糊了暴力行為及虐待內涵。虐待可以是生理上的痛苦、也可以是心理上的壓力，或是破壞人性的尊嚴。而且它也忽略了身體上的虐待事實上造成心理上的屈辱感，而施暴者的目的則是為了透過身體的宰制做為對精神控制的途徑。Elaine Scarry，提出生理痛苦摧毀了這肉體所感知的外在世界及心靈，而心靈再回頭告訴肉體這是「痛苦」[11]。

　　相反的，國際特赦組織（Amnesty International）強調[12]，微妙的心理虐待手段提供生理和心理的幻象。因而，當認知到虐待可以是

---

[8]　J.Herman Burgers and Hans Danelius , *The United Nations Convention Against Torture-A Handbook on the Convention Against Torture and Other Cruel, Inhuman or Degrading Treatment or Punishment* (Boston: Martinus Nijhoff, 1988)

[9]　參考 Article 1 of UN Torture Convention, and Article 2 of the Inter-American Torture Convention to Prevent and Punish Torture.

[10]　*Oxford English Dictionary* (Oxford: Clarendon Press, 1933).

[11]　Elaine Scarry, *The Body in Pain: The Making and Unmaking of the World* (New York: Oxford University Press, 1985), 29.

[12]　Amnesty International, Report on Torture (New York: Farrar , Straus and Giroux,

生理也可以是心理層面時，我們也應認識到在與虐待類比的家暴議題上，生理和心理層面也是分不開的。

（一）生理要素

　　根據國際特赦組織，在公權力的虐待形式中，生理痛苦是一種共通的原素。有些手段是很原始的：例如夾手指、拔指甲、淹在髒水中……等。除了電擊以外，大部分的生理虐待例如打、踢都不需用到什麼特殊器材，頂多是用刀、菸、罐頭。對女性而言，性虐待或是強暴，或是強塞異物、動物進陰道中，是很常見的。常見的性暴力有強迫脫光、恐嚇強暴、或是性表演。換句話說，虐待在日常生活中是一種常見的手段，從日常生活中無害的物口轉變為一種殘酷行為的工具[13]。

　　就像虐待一樣，家庭暴力也經是以生理上的痛苦顯現。家暴的形式和虐待的基本形式很像[14]，通常包含歐打、吐口水、拳打腳踢、燒、使窒息或淹於水中等。這些暴力行為會造成生理及心理的痛苦，身體殘障、流產甚至死亡。強暴和性待待常常和歐打連在一起。性虐待包含許多形式：綑綁、塞入異物、強迫與他人或動物性交、強迫性交、有些女人甚至被恐嚇割掉乳房或陰蒂。家庭暴力讓女性的生命無時無刻不受威脅，而且是女性的重要死因之一[15]。

1974), 39-40.

[13] J.Herman Burgers and Hans Danelius , *The United Nations Convention Against Torture-A Handbook on the Convention Against Torture and Other Cruel, Inhuman or Degrading Treatment or Punishment* (Boston: Martinus Nijhoff, 1988), 117.

[14] F.Allodi and S. Stiasny, "Women as Torture Victims", *Canadian J. Psych.* 35(March 1990), 144-148.

[15] Diana E. Russel, *Rape in Marriage* (New York: Macmillan, 1982), 21-22.

（二）心理要素

心理上的虐待包含羞辱、使痛苦、及因為生理上受侵害所致的虛弱及恐懼。這種生理侵害可能包含各種感官的剝奪、死亡、強暴或各種設計用來影響受虐者自由意志的方法。身體和心理虐待的緊密相連，很清楚的呈現在女性受性虐待的案例中，因為在這些案例中，女性受到的生理傷害或許沒有歐打那麼多，但卻被體驗者指為最嚴重的一種侵害[16]。

心理上的虐待可包含三種形式，一種是由於生理上的痛苦，進而產生的心理上痛苦；第二種是不明顯的生理侵害：例如監獄中強迫犯人不能睡覺，或不讓其見到光亮，在這些虐待形式中，並沒有對人體的傷害，但卻一能造成被害人心理上的恐懼感；最後一種則純粹是心理上的技倆，例如恐嚇要殺死對方。

而不管是哪一種，最終的目的都是要破壞受害人的自由意志，破壞其人性的尊嚴。

在家暴的情況中，Lenore Walker 提出一個有趣的概念「後天習得的無助」[17]，意即在家暴中受害的女性，因為施暴者長期對她們說，她們自己是得到這些非人待遇的主因，長期下來，即使她們並非沒有逃離的管道，但由於對自己沒有信心、她們在面對暴力的情境時，顯得非常無助。這正是典型的「受暴女性症候群」。

---

[16] Ximena Bunster-Burotto, "Surviving Beyond Fear: Women and Torture in Latin America", in *Women and Change in Latin America*, (ed). June Nash and Helen Safa(Boston: Bergen and Garvey, 1986), 307-8.

[17] Lenore E. Walker, *The Battered Woman*(New York: Harper and Row, 1979), 42-55.

（三）國際法的標準

在國際法中對「虐待」的定義，逐漸承認虐待中的生理痛苦和心理層面是不可分割的，同時也承認單單心理層面就足以構成虐待。聯合國的《反虐待公約》（the UN torture Convention），將虐待的定義包含了生理及心理上的痛苦，並且縮小了虐待與不當處置的區別[18]。另一分美洲防止虐待公約（The Inter-American Torture Convention to Prevent and Punish Torture.），也著眼於拉丁美洲許多獨裁國家的統治，強調沒有生理痛苦的心理控制方式也是虐待之一種[19]。

但是，地區再縮小一些，標準反而不太一樣。歐盟委員會（European Commission）將殘酷、不人道或是降低人格尊嚴的待遇區分開來[20]。

雖然，家暴的許多形式，實質上與「虐待」的定義沒有兩樣，但社會上對有關家暴的判斷，不管是生理上或心理上的痛苦，似乎都有視而不見的傾向。這一切當然都和性別議題有關。一方面，受暴女性的生理受侵害，易被週遭社會所忽略；另一方面，心理上的家暴某層度與「女性化」特質連在一起，而使得它更難被認出[21]。

---

[18] J.Herman Burgers and Hans Danelius , *The United Nations Convention Against Torture-A Handbook on the Convention Against Torture and Other Cruel, Inhuman or Degrading Treatment or Punishment* (Boston: Martinus Nijhoff, 1988), 117-118.
[19] Ibid.
[20] Nigel Rodley, *The Treatment of Prisoners Under International Law*(Oxford: Clarendon Press, 1987), 92-93.
[21] Rhonda Copelon, "Intimate Terror : Understanding Domestic Violence as Torture", pp116-139 from Rebecca J. Cook(ed.) Human Rights of Women/National and International Perspectives, University of Pennsylvania Press, 1994., in the section of "the International Legal Standards"

肆、主觀故意

要構成「虐待」，施虐者必須是「故意」的行動，以便與意外或疾病所造成的痛苦有所區隔。但這種「故意」，只要是一般的行為故意、施暴者可預見其行動將造成受暴者的痛苦後果、而仍然意願實行其行動即可，而並不需要「惡意的意圖」[22]。Stanley Milgram的研究指出[23]，施暴者被訓練為否定受暴者的人性，讓他們可以更無心理負擔地進行虐待行為，這些施暴者平日可能和一般人沒什麼兩樣，也不是什麼變態分子。

相對的，常見對男人對妻子施暴的情況，一般認為大部分的施暴者不是故意的、而是一時衝動之下的行為。但從法律上而言，主張自己「情緒失控」並不能做為暴力合法化的理由。只要不能證明該行為是因為「心智喪失」或是「過失」所造成，行為就符合故意的件，並且有責。在英美法體系中，因為情緒上的激動或是憤怒之下的行為，所造成的殺人罪，只是可以法官酌量減輕刑罰的原因，但並不會讓行為「無罪」化。在家暴的案例子，那些殺害、虐待妻子卻被無罪釋放的男人，其實是因為性別歧視在做祟[24]。在某些法制中，甚至容許丈夫以「吃醋」或是對妻子的行為不滿，做為殺妻「正當防衛」的理由。不過這種寬大的處置只限於男人，而且不管

---

[22] J.Herman Burgers and Hans Danelius , *The United Nations Convention Against Torture-A Handbook on the Convention Against Torture and Other Cruel, Inhuman or Degrading Treatment or Punishment* (Boston: Martinus Nijhoff, 1988),41.

[23] Stanley Milgram, " Some Conditions of Obedience and Disobedience to Authority", *Hum. Rel.* 18(1965), 57-74.

[24] The U.N. Report, 68. Melissa Spatz, "A Lesser Crime: A Comparative Study of Legal Defense for Men Who Kill", *Colum.J.L.& Soc.Probs.*24(1991), 597.

是一時衝動或是早就計劃的行動，都一體適用。再看戰爭中的強暴罪也是一樣，在許多國家，這還是一種大家心照不宣的「正當防衛」[25]。

　　某些觀點認為家庭暴力是施暴者情緒失控的結果，但這已經受到強烈的質疑[26]。受暴女性的報告指出，男性施暴者通常是有計畫的行為[27]。而且，那些會打女人的男人，在別的情況下並不會表現出一樣的「情緒失控」，這些男人「情緒失控」的客體僅限於家庭中的女性、小孩或是寵物。另外有論點指出，酒精是施暴的原因，這也忽略了很多會喝酒的男人並不會施暴，而施暴者也不全都喝了酒。某種程度而言，酒精固然增加了男性施暴的機率，但是它只是週遭影響的因子，而不是問題的根源[28]。再來，家暴的施暴者對自己的行為並沒有罪惡感，即使他會一再請求對方原諒，但通常只是防止女性離開的手段，同樣的暴力行為仍然一再發生[29]。

　　相反的，另一種認為施暴者總是「理智的行動」的觀念，也忽略了家暴通常包含了計畫性、及隨機的暴力行為。在「虐待」的案例中，施虐者通常在執行虐待的過程中，要喝酒或吃藥。同樣的，某些家暴的施暴者，在施暴的過程中也會感受罪惡或羞愧，因為有人因為他們的為而受傷。但不管是哪一種觀點，即使施暴者聲稱他

---

[25] More discussion on the Defense of Honor, can be seen at Brazil, Women's Rights Project and Americas Watch, *Criminal Injustice: Violence Against Women in Brazil*(New York: Human Rights Watch, 1991), 20-26.

[26] Susan Schechter, *Women and Male Violence*(Boston: South End Press, 1982), 17

[27] R.Emerson Dobash and R. Dobash, *Violence Against Wives: A Case Against Patriarchy*(London: Open Books, 1980), 24.

[28] The U.N Report, 26.

[29] James Ptacek, "Why Do Men Batter Their Wives?"in *Feminist Perspectives on Wife Abuse*, ed. Kersti Yilo and Michele Bograd (Newbury Part, CA: Sage Publications, 1988), 133-45.

是「依命令行事」，也不能免除這種暴力行為在國際法架構下的有罪本質。

　　因此不管是公權力的虐待或是親密關係中的暴力，行為者有沒有惡意都無關緊要，是否情緒失控也不是免除罪責的理由。太過看重行為人的主觀層面模糊了他們的行為惡性，對行為人過於寬待而對受害人過於苛刻。尤其是有關家暴是「一時性的衝動行為」，事實上是刻意讓這個問題變成是「行為人個人」的問題，而對男性不平等的深層宰制社會結構視而不見。目前人權法應該致力於讓這些行為人，為他們的家暴行為負起責任，來對抗傳統法律上習於給這些施暴者「一時衝動」的免責藉口。

伍、虐待的目的

　　並不是所有的暴力行為都是對人權的侵害或是具有惡性的。行為本身的「目的」是一個關鍵因素。聯合國及美洲防止虐待公約中都有提到若是為了執行刑罰的目的，則「虐待」是合法的；反而，如果是為了恐嚇、私刑、歧視等目的，虐待就是不合法的。不過，在國際場合上，「目的」在虐待的案件中，並沒有太大的影響力。事實上也不應該有。因為故意的行使虐待本身就是一種權力的濫用、對人性尊嚴的違害。

　　不過行為的「目的」必須和上面所提及的「故意」加以區分。在家暴的情況中，我們必須認清家暴就是一種對女性人權的侵害，因而也是一種人權的侵害。它侵害了女性的人格及人性尊嚴。就性別的角度而言，這種行為也造成對女性集體的歧視，並且這種行為

的目的是為了維持現有個別或所有的女性的弱勢地位。以下將就個別的虐待目的，以家暴及一般虐待行為做比較說明。

（一）取得資訊

最常被用來區分一般虐待及家庭暴力的行為目的，就是「取得資訊」。不過這是誤解了「虐待」是一種引起人性恐懼的工具。更奇怪的是，當一般抵抗虐待的受害人拒絕吐露資訊時，往往被當作英雄來看得，但家暴的受害女性卻被認為是「活該」。

其實在一般以虐待「取得真相」。做過質問手段的一種，真相並不是最後的目的，這一點可由女巫獵捕的歷史中得知。虐待者乃是經過一連串的問題，達到弱化、羞辱受虐者的目的，並進而確保自己優於受虐者的地位。

一般虐待以追求真相為名，反過來，家庭暴力好像與「追求真相」連不上關係。但這也是一種誤解。就像虐待可以是生理上的或是口頭上的行為，家暴也是。不管引起家暴的原因是憤怒、嫉妒、情緒失控……家暴有專屬的「質問」形式，由一連串的問題、指控、羞辱所組成：妳今天去哪裏？和誰在一起？誰來看過妳？你說要出去工作是什麼意思？為什麼這咖啡是冷的？你真蠢、太醜、太老……家暴的「質問」，目的並不在獲得真相，而是企圖讓受暴者感到恐懼、受到羞辱、因此而更加服從施暴者。一般虐待下取得的自白，在家暴中等同的是受暴者的解釋、自責、道歉，懇求。在一般虐待的形式中，有時當事人的告白是假的，而有讓第三者陷入危險的可能；但在家暴中，告白則常是為了保護家庭中的其他成員免於受傷害。「質問」並不一定伴隨著暴力行為，但卻是家暴案例中

很常見的情況。而就如一般虐待中，施虐者要的是權力而不是真相，家暴的施暴者要的也是受暴者的屈服。

（二）以懲罰為目的

　　《美洲防止虐待公約》（The Inter-American Torture Convention to Prevent and Punish Torture）中提到「禁止以虐待為私刑」，可謂間接說明了，在非為私人刑罰目的下，虐待可以是「一種例外的懲罰工具」。例如臨時政府或是軍事政權，就常常不依照一般法治程序來運作，此時虐待於正常司法程序之外，遂成為另一種懲罰工具的選擇。但這種事只能做不能說，虐待被用來恐嚇大眾的同時，它也被官方所否認。

　　性別暴力亦然。家庭中對女性的暴力是一種「自外於正常司法程序的行為」，一種「私刑系統」。Alda Facio 和 Rosalia Camacho 兩人從女性主義的觀點來審視犯罪學時指出[30]，犯罪學只關注在些來自公領域的懲罰形式與社會控制，而不關心那些非正式的、發生於私領域而危害到女性生存的家暴。家暴如同是「國中之國」，在正式國家的默許或同意之下，悄悄地運作另一個系統。同時，它也和國家互動，披著羊的外衣，包著一匹性別歧視的狼。

　　總之，家暴是一種系統性的懲罰系統，避開了一般法治程序中所必備的「正當法律程序」。當我們說「家庭是一個人的保壘」，或許只意味者家庭中的施暴者所行使的虐待行為確實比國家來得少。

---

[30] Alda Facio and Rosalia Camacho, "In Search of the "Lost" Women: A Critique of Criminology: An Approximation",20-21, paper prepared by the United Nations Latin American Institute for the Prevention of Crime and Treatment of Delinquents , Women and Penal Justice Project, San Jose, Costa Rica, April 1992.

（三）以恐嚇為目的

一般以恐嚇為目的的虐待，可分為三個層次：第一是恐嚇個別的受害人，再來是受害人所認同的群體，最後是整個社會。受虐的恐怖經驗，是要讓受虐人因為恐懼而不敢從事任何「反抗性」的活動，即使是本質無害的行為，只要被施虐者解讀為「具有反抗性質」的都算。

家庭暴力也可以用同樣的三個層次來審視：恐嚇個別的女性、恐嚇所有的女性。在個別女性的層次，家庭暴力的目標是讓這個女性「居家化」，成為順服的家奴，防止她有任何異心或自主的主張。而家庭暴力行為破壞的也不只是女性居家的安全感，還有她獨立自主的可能性，追求人的基本權利的可能性、以及發展自我的可能性。聯合國女性發展基金（The United Nations Development Fund for Women）指出：暴力是一種控制的工具，防止女性走出家門到校園、職場還有其他的公領域……而且也阻礙了女性的發展。

以恐嚇為目的的家暴，明顯是為了讓女性成為男性的奴隸。同時，家暴也讓女性持續在經濟、社會及心理層面上無法獨立，惡性循環的結果，讓女性面對家暴，更為無助。

（四）基於歧視或是其他原因

為了矯正 the Convention to Eliminate All Forms of Discrimination Against Women(CEDAW)在女性受暴的議題上，默不作聲，CEDAW在其後的解釋建議書（Interpretative recommendations）中提到「對女性的暴力就是一種歧視」[31]。

---

[31] CEDAW Recommendation, para.15, at 4.

　　確然如此，僅只關注暴力影響到女性的生活、或是相關法律不或執行不力，都沒有碰觸到性別暴力的根本問題：它是對女性的歧視。

（五）以抹除受虐者人格尊嚴為目的

　　美洲防止虐待公約（The Inter-American Torture Convention to Prevent and Punish Torture）也提到虐待是「一種用來抹除受虐者人格及減低受虐者生理、心理能力的方法，即使這虐待本身並沒有引起生理上或心理上的痛苦。」這公約提出了虐待在心理層面上的重要性，以用藥成癮為例，這將讓一個人漸漸失能而並不會覺得痛苦。

　　家庭暴力的情況亦然。而以抹除受虐者人格尊嚴為目的的虐待與家暴，構成了對人性尊嚴的嚴重損害。它們將會讓受害人變得消極退縮、畏服順從，沒有自信，沒有自尊，最後也沒有了反抗的能力。它是一種對受虐者人格的貶抑與羞辱、在對受虐者的人格價值造成長遠的傷害。就此而言，家庭暴力不管在生理及心理層面，都是完全符合美洲防止虐待公約所提及的虐待是「減低一個人的生理及心理層面的能力」。

陸、結語[32]

　　家暴正是最好的「私」領域中婦女人權受侵害的例子，透過本文的檢視，我們可以發現「家暴」其實在內涵上，與「公」領域的

---

[32] 因篇幅所限，本文僅節譯原文有關虐待與家暴的異同性分析部分，為便利讀者了解，結論為譯者所加，與前篇「獨立的婦女人權？」所介紹的概念再相呼應，以便讀者回思第二篇中所舉的人權概念，進一步比較本篇中所舉的「家暴」實例，更能了解有關婦女人權的新思維。

「虐待」惡性相等，既然「虐待」已經成為國際法上不可容忍的惡行，「家暴」也應值得同等的關注與對待。可是諷刺的是，家暴所受到的關注與保障完全不及於「虐待」。

　　防止家暴當然只是我們追求婦女人權的一個面向，婦女人權的內涵仍然有待充實，我們也期待一個完整的、獨立的「婦女人權」的定義與架構，不再受限於傳統上以男性、公領域為主的人權體系。而這樣的目標，正要從顛覆傳統的人權價值體系開始。

國家圖書館出版品預行編目

人權思潮導論 / 蔡明殿等著；卓春英主編. --
一版. -- 臺北市：秀威資訊科技, 2007.09
面； 公分. -- (社會科學類；AF0070)

ISBN 978-986-6732-17-1 (平裝)

1. 人權

579.27   96018484

 社會科學類　AF0070

人權思潮導論

作　　者 / 卓春英主編、蔡明殿等著
發 行 人 / 宋政坤
執行編輯 / 詹靚秋
圖文排版 / 黃莉珊
封面設計 / 莊芯媚
數位轉譯 / 徐真玉　沈裕閔
圖書銷售 / 林怡君
法律顧問 / 毛國樑　律師
出版印製 / 秀威資訊科技股份有限公司
　　　　　台北市內湖區瑞光路 583 巷 25 號 1 樓
　　　　　電話：02-2657-9211　　傳真：02-2657-9106
　　　　　E-mail：service@showwe.com.tw
經 銷 商 / 紅螞蟻圖書有限公司
　　　　　台北市內湖區舊宗路二段 121 巷 28、32 號 4 樓
　　　　　電話：02-2795-3656　　傳真：02-2795-4100
　　　　　http://www.e-redant.com

2007 年 11 月 BOD 一版
定價：350 元

讀　者　回　函　卡

感謝您購買本書，為提升服務品質，煩請填寫以下問卷，收到您的寶貴意見後，我們會仔細收藏記錄並回贈紀念品，謝謝！

1.您購買的書名：＿＿＿＿＿＿＿＿＿＿＿＿＿＿＿＿＿＿

2.您從何得知本書的消息？

　□網路書店　□部落格　□資料庫搜尋　□書訊　□電子報　□書店

　□平面媒體　□ 朋友推薦　□網站推薦 □其他＿＿＿＿＿＿

3.您對本書的評價:(請填代號　1.非常滿意 2.滿意 3.尚可 4.再改進)

　封面設計＿＿＿　版面編排＿＿＿　內容＿＿＿　文/譯筆＿＿＿　價格＿＿＿

4.讀完書後您覺得：

　□很有收獲　□有收獲　□收獲不多　□沒收獲

5.您會推薦本書給朋友嗎？

　□會　□不會，為什麼？＿＿＿＿＿＿＿＿＿＿＿＿＿＿＿＿＿＿＿

6.其他寶貴的意見：＿＿＿＿＿＿＿＿＿＿＿＿＿＿＿＿＿＿＿

＿＿＿＿＿＿＿＿＿＿＿＿＿＿＿＿＿＿＿＿＿＿＿＿＿＿＿＿＿

＿＿＿＿＿＿＿＿＿＿＿＿＿＿＿＿＿＿＿＿＿＿＿＿＿＿＿＿＿

＿＿＿＿＿＿＿＿＿＿＿＿＿＿＿＿＿＿＿＿＿＿＿＿＿＿＿＿＿

讀者基本資料

姓名：＿＿＿＿＿＿＿＿＿＿＿ 年齡：＿＿＿＿　性別：□女 □男

聯絡電話：＿＿＿＿＿＿＿＿＿ E-mail：＿＿＿＿＿＿＿＿＿＿＿

地址：＿＿＿＿＿＿＿＿＿＿＿＿＿＿＿＿＿＿＿＿＿＿＿＿＿

學歷：□高中(含)以下　　□高中　　□專科學校　　□大學

　　　□研究所(含)以上 □其他＿＿＿＿＿＿＿＿

職業：□製造業 □金融業 □資訊業 □軍警 □傳播業 □自由業

　　　□服務業 □公務員 □教職　□學生 □其他＿＿＿＿＿＿

秀威與 BOD

BOD（Books On Demand）是數位出版的大趨勢，秀威資訊率先運用 POD 數位印刷設備來生產書籍，並提供作者全程數位出版服務，致使書籍產銷零庫存，知識傳承不絕版，目前已開闢以下書系：

一、BOD 學術著作—專業論述的閱讀延伸
二、BOD 個人著作—分享生命的心路歷程
三、BOD 旅遊著作—個人深度旅遊文學創作
四、BOD 大陸學者—大陸專業學者學術出版
五、POD 獨家經銷—數位產製的代發行書籍

BOD 秀威網路書店：www.showwe.com.tw
政府出版品網路書店：www.govbooks.com.tw

　　永不絕版的故事・自己寫・永不休止的音符・自己唱